선교,
이제 어떻게 하지?

이 책은 2022년 3월 29일부터 31일까지 글로벌리더십포커스(GLF) 주관으로 열린 한국해외선교회(GMF) 포럼-"팬데믹, 선교, 새로운 이정표"(부제 : 코로나 팬데믹 이후의 선교)-에 발표된 발제들을 모아 편찬한 것이다.

글로벌리더십포커스
Global Leadership Focus
글로벌리더십포커스(이하 GLF)는 한국해외선교회(GMF) 산하 훈련 기관으로 타문화 사역자들을 21세기 글로벌 선교 시대에 부응하는 지도력으로 향상시키기 위해 2007년 설립된 선교사 연장 교육 기관이다. 비형식적, 비공식적, 공식적 교육을 효율적으로 사용해 타문화 사역자들로 하여금 자신이 하고 있는 사역 분야에 대하여 전문성을 준비하여 성숙한 지도자가 되는 것을 목표로 한다. 특히, GLF 사역의 일환으로 2012년에 출범한 KGLI(Korean Global Leadership Institute)는 말레이시아침례신학대학(MBTS)와 공동으로 선교학 박사학위(D. Miss.) 과정을 통해 한국의 선교 지도력이 성장하도록 돕고 있다.
Homepage: www.glfocus.org

선교, 이제 어떻게 하지?
새로운 선교 패러다임의 모색

1 판 1 쇄 발 행	2022년 7월 4일
발 행 처	사)한국해외선교회 출판부(GMF Press)
지 은 이	폴 벤더 사무엘, 정민영, 임태순, 권성찬 외 4인
발 행 인	양승헌
출 판 편 집	한국선교연구원(KRIM)
주 소	서울 양천구 목동중앙본로18길 78, 4층
전 화	(02)2654-1006
이 메 일	krim@krim.org
등 록 번 호	제21-196호
등 록 일	1990년 9월 28일

© 2022년 한국해외선교회 출판부(GMF Press)

이 책의 전부 혹은 일부를 서면 허가없이 전재 및 복사할 수 없습니다.

선교,
이제 어떻게 하지?

새로운 선교 패러다임의 모색

Copyright © 2022 by GMF Press.
Seoul, Korea

목차

| 간행사 | 7
| 출간을 축하하며 | 9
| 권두언 | 11

1_변한 게 있는가? 코비드 팬데믹 상황에서 하나님의 선교 참여하기   21
폴 벤더 사무엘

2_Divine Reset—본질 회복을 요구하시는 하나님의 섭리적 개입   53
정민영

3_지난 세기의 선교 패러다임 변화들과 코로나 이후의 선교   63
임태순

4_낯선 코로나19 상황에서 기독교의 본질을 발견하고 회복하다   99
권성찬

5_진정한 동반의 길을 찾아서 123
한종석

6_새 시대, 새로운 세대를 위한 새로운 선교전략: 143
  아랍 MZ 세대 분석을 통한 로드마스터(Road Master) 사역을 중심으로
제이홍

7_메나(MENA) 지역에서의 코로나 이후 선교적 도전들 171
이브라함

8_코로나19 팬데믹 시대에 선교사 역할 재고와 All-Line 선교방식 제안 191
박아브라함

9_Has anything changed? 207
  Participation in God's mission in the light of the Covid-19 pandemic
Paul Bendor-Samuel

| 주 | 235

간행사

권성찬(GMF 대표)

한국해외선교회(GMF)는 11개 선교 기관이 함께 모여 있고 900여 선교사님들이 속해 있다는 통계적인 사실보다는 다양한 선교 기관들이 선교의 전기능(full-functioning)을 발휘하려 한다는 목적에 더 큰 의미가 있습니다. GMF 선교 포럼은 그 목적을 회복하고자 한 하나의 노력입니다. 포럼에 참석한 어느 선교사님은 이제야 GMF에 속해 있다는 것이 실감난다고 했습니다. 그런 마음을 담아 이렇게 책으로 내게 되니 더욱 실감납니다.

정민영 선교사님은 반추의 방향을 제시했고 OCMS의 폴 벤더 사무엘 학장은 변화하는 현 세상을 보여주었으며 임태순 선교사님은 근대 역사를 통해 논의되어 온 선교의 중요한 키워드를 제시했고, 필자는 본질에 대한 반추를 제시했습니다. 이렇게 본부에 속한 발제만이 아니라 코로나로 인해 새롭게 보아야 할 현장 선교에 대해 일선에서 사역하시는 여러 선교사님의 발제가 실렸습니다. 제이홍 선교사님은 중동의 개인, 특히 MZ 세대에게 이전에 볼 수 없었던 개인의 영역이 확장되었다는 관찰과 더불어 새롭게 시도하는 사역 이야기를 전해 주었고, 한종석 선교사님은 코로나의 상황에서 새롭게 인식하게 된 현지인과의 동반자 관계를 좀 더 깊은 차원으로 안내해 주었으며, 이브라함 선교사님은 전통적인 북남 관계의 선교가 아니라 새롭게 남남선교가 이루어지는 사례를 소개하며 그 과정에서 한국교회의 새로운 역할을 제시해 주었고, 박아브라함 선교사님은 코로나 이후 새로운 환경에서 온라인과 오프라인을 병행하는 올라인(all-line) 선교를 이야기하였습니다. 이렇게 현장과 본부의 시각이 보완되고 각 현장의 상황이 어우러져 함께 나아가는 것, 이것이 GMF를 시작한 선배들이 꿈꾸던 전기능 선교를 이루어가는 과정이 아닐까 생각합니다.

자율이 최고의 가치처럼 여겨지는 신자유주의 시대에 시대적으로는 너무나 비효율적으로 보이지만 GMF의 연합과 전기능 선교, 하지만 성경의 가치를 온전히 이해할 때, 그 자체로 교회와 세상에 메시지가 되는 이 진정한 연합과 전기능 선교를 향한 여정에 이 책은 중요한 이정표가 될 것이라 확신합니다. 책의 간행을 위해 수고해 주신 모든 분에게, 포럼에 참석해 주셨던 각 나라의 모든 선교사님들에게, 그리고 GMF의 모든 가족들에게 깊은 감사를 드립니다.

출간을 축하하며

이태웅(GLfocus 원장)

2020년 1월 첫 확진자가 발생 후 코로나19는 순식간에 세계적 팬데믹(pandemic) 현상으로 변화하여 전 인류를 공포의 도가니로 밀어 넣었다. 이런 변화는 거의 같은 속도로 세계 선교계를 맹타했다. 한국 선교계도 예외는 아니었다. 그럼에도 불구하고 지난 선교역사를 돌이켜 볼 때 고난의 고비마다 하나님께서는 새로운 성숙도 경험하게 해 주심으로써 지금 우리가 누리고 있는 선교적 발전도 이룩하게 되었다. 이번 한국해외선교회(Global Missionary Fellowship, GMF)를 중심으로 코로나19 팬데믹 현상과 그 이후에 관한 여러 주제를 놓고 포럼을 열 수 있었던 것도 어려운 상황에 대비한 발전의 발돋움이라 본다.

이러한 상황적인 변화들은 선교 현장에도 여러 모양으로 영향을 미쳤고 그 과정에서 선교사들은 다양한 질문들에 직면하기도 했다. 이는 선교의 성숙과 발전을 도모하는 계기가 되었다고 필자는 본다. 예를 들어 삼위일체 하나님의 선교 개념은 선교신학적 발전의 토대가 되었고 신구약 성경 전체에 기초한 선교 개념의 발전을 가능케 했다. 다른 한편 교회가 선교사들을 파송함으로써 전 세계 각처에 교회들을 세울 수 있었던 근대 선교운동의 동력을 이어가게 함은 물론이고, 영혼구원과 교회 개척에 대한 열정을 식지 않게 만든 면도 있었을 것이라 믿어 마지않는다.

특히 이번 포럼을 통해 긴 시간 동안 진행된 선교 패러다임 변화들에 대해 되짚어보고, 그 변화들을 선교현장에서 어떻게 적용할 것인가를 놓고 논의한 것은 미래를 위한 중요한 진전이라 생각한다. 이는 단순히 서구 선교계가 형성한 이론들을 소개하는 것에 그치지 않고 한국 선교사들의 관점에서 이를 재해석하고 한국적 상황에 적용해 보려 애쓴 점이 큰 의미가 있다고 보기 때문이다. 선교학은 현장 지향적인 학문이기도 하지만 동시에 현장의 상황들에 의해 끊임없이 변화되고 발전되는 학문이기도 하다. 그런 점에서 현장 선교사들을 중심으로 이번 토론을 이어갔다는 것 역시 귀한 발전이라 할 수 있다.

비록 한 번의 포럼을 통해 그동안 제기되었던 다양한 쟁점들에 대해 모두 정리하기는 어려울 수 있다. 하지만 이러한 과정이 없다면 더더욱 정답을 찾기 어려울 것이다. 그런 의미에서 이번 포럼의 진정한 의미는 팬데믹 이후에도 계속 하나님께서 원하시고 기뻐하시는 길이 무엇인지 알기 위해 씨름을 이어가는 데 있다고 본다. 이번 포럼을 시작으로 좀 더 다양한 선교적 쟁점들이 성경적이며 동시에 상황화가 이뤄진 自선교학化까지 이어지는 것을 기대하며 그동안 수고한 모든 분들께 깊은 축하의 말씀을 드리는 바이다.

권두언

임태순(GLF 사역본부장)

팬데믹의 위기는 고도의 과학문명이 가져다준 밝은 미래와 함께 그 뒤를 잇는 어두운 그늘들을 동시에 보여주고 있다. 전 지구적으로 엄청난 변화를 예고하고 있다. 이러한 상황은 기독교 선교에도 커다란 도전과 함께 기회를 제공할 것이다. 하나님은 지구촌 전체를 급격한 변화 속으로 몰아가고 있는데 주님은 이 전환을 통해 우리에게 무엇을 말씀하고 계시는 걸까? 교회가 하나님의 음성에 귀를 기울여야 하는 이유이다. 과연 우리가 이미 들어와 있는 21세기의 기독교 선교운동을 향한 하나님의 이정표는 무엇인가?

88 서울 올림픽을 기점으로 폭발적 성장을 한 한국교회 선교는 이제 청년기를 지나 장년기에 들어서고 있다. 그동안은 서구 교회가 세운 기존의 틀 위에서 열심히 달려왔는데 이제는 '잠시 멈춰서서' 지나온 시간을 되돌아보면서 그간의 시행착오들을 반성하고 21세기의 상황에 맞는 새로운 선교 패러다임을 고민해야 할 때다. 우리 안에는 하나님의 선교의 틀 안에서 바른 선교를 위해 수십 년 동안 고뇌하고 몸부림쳐 온 많은 선교사가 있다. 선교 현장 경험과 다문화 상황에 대한 통찰력을 갖춘 선교사들은 새로운 시대의 선교 운동을 위한 소중한 자산이며 점차 선교지로 변화되고 있는 한국교회에도 유용한 자원이다.

이 책은 긴 세월 선교를 위해 씨름해 온 현장 선교사들, 선교지도자들의 글을 소개하고 있다. 땅끝에서의 섬김을 위해 익숙하던 모든 것을 내려놓고 선교지로 떠나 현장에서 하나님의 선교를 성취하기 위해 몸부림쳤던 저들의 삶이 녹아 있다. 하나님의 뜻에 합당한 성숙한 선교를 위한 고민의 흔적이 담겨있다. 이들의 통찰은 점차 다문화 사회로 변화되면서 다문화적 패러다임이 요구되는 한국교회 상황에도 도움이 될 것이다.

이 책에는 국제 지도자의 글과 국내 본부 지도자의 글, 그리고 현장 선교사의 글 등 총 8개의 논문이 포함되어 있다. 이 글들은 다음 몇 가지 점에서 팬데믹 이후 선교의 변화에 대해 새로운 접근을 시도하였다.

첫째, 위기에 대한 단기적 대처나 극복보다는 위기가 가리키는 새로운 방향성, 즉 제기되는 새로운 선교 패러다임을 가늠해보려 애썼다. 두 국제 지도자의 글이나 본부 지도자들의 글은 이 점에 초점을 맞췄다. 현재의 위기를 잘 대처하자는 입장보다는 이 위기를 기존에 제기되었던 문제들을 극복하고 새로운 패러다임으로의 전환의 계기로 활용해야 한다는 제안을 담고 있다.

둘째, 여러 지역, 특히 선교가 어려운 지역에서 사역하는 선교사들의 현장에서의 질문과 성찰을 다뤘다. 이 점에서 신학교 교수/학자나 교회 지도자들 중심으로 대안을 모색한 기존의 세미나나 포럼들과 구별된다. 코로나 위기로 인해 바뀌고 있는 선교의 흐름에 대해 현장 선교사 입장에서 논의하고자 했다.

한편, 많은 현장 선교사들이 이번 포럼에 참여해 함께 변화되는 상황에 대한 다양한 목소리를 들려주었다. 3일 동안 온라인으로 진행된 포럼에 70-90명의 현장 선교사가 함께했고 의미 있는 토론이 진행되었다. 현장의 급박한 상황들 속에서 대안을 찾고 있는 현장 선교사들의 입장에서 볼 때 패러다임 전환에 대한 논의가 너무 추상적으로 들릴 수도 있었을 텐데 포럼에 참여한 대다수 선교사는 오히려 제시된 의견들에 대한 논의에 진지하게 참여했고 이런 자리를 마련해 준 것에 대해 고마움을 표했다. 새로운 선교의 패러다임 전환에 대한 현장 선교사들의 관심을 볼 수 있었던 기회였다.

이번 포럼에 발표된 각 글에 대해 간단한 설명을 하면서 권두언의 글을 마무리할까 한다.

개회 설교를 통해 정민영 선교사는 "더 이상 '꿩 잡는 매'나 '약발 있는 방법론'(What works?)의 모색을 멈추고, 본질(What is biblical?)을 분별하고 회복하는" 포럼이 되길 바라면서 세 성경 본문(전 7:13-14, 삿 6-7 장, 전 1:9-10)을 중심으로 이번 포럼의 전체적인 방향성을 제시해 주었다. 이 중경청, 즉 성경 말씀과 현장의 상황이란 두 창구를 통해, 하나님의 음성을 들으면서, 동시에 변화되는 상황에 대해 반사적(reflexive) 대응이 아니라 반추적(reflective) 분별을 통한 긴 호흡의 변혁을 추구할 것을 격려한다. 소위 'Divine Reset'(본질 회복을 위한 하나님의 손길)에 적극적으로 반응할 것을 도전한다.

폴 벤더 사무엘 학장은 21 세기 선교운동은 새로운 선교 패러다임의 도전에 직면해 있다고 전제하면서 그 대안으로서 '글로벌 교회 패러다임'을 제시한다. 19-20 세기 근대 선교운동을 이끌었던 '크리스텐덤' 방식의 선교 패러다임은 붕괴되었으며, 전 세계 모든 지역에 존재하는 활동적인 교회들 중심으로 진행되는 새로운 선교운동이 이미 시작되었다고 주장한다. 21 세기 선교 현장은 이 변화를 담아낼 수 있는 새로운 선교 패러다임이 필요하다. 선교단체 중심의 전문화된 선교사 파송구조가 아니라 선교적 본질을 회복한 전 세계 모든 곳의 토착교회들에 의한 복음화 운동으로 전환되어야 함을 강조한다. (교단 선교부를 포함해) 전문 선교단체 중심의 선교운동에 익숙한 우리에게 있어 '글로벌 교회 패러다임'은 새로운 개념이지만 벤더 사무엘 박사의 글은 신선한 토론을 자극한다.

아프가니스탄에서의 현장 사역과 국제 위클리프 선교회에서 지도자 사역을 거쳐, 현재 한국해외선교회(GMF) 대표로 사역하고 있는 권성찬 선교사는, 21세기 선교운동 변화의 방향성을 '번역성'(translativity)의 개념을 중심으로 설명한다. '번역성'은 성육신을 통해 하나님이 보여주신 선교 운동의 본질이며 지난 2천 년 선교역사를 통해 확인되는 기독교 선교 원리의 핵심이다. 지구촌화된 21세기 기독교는 서구 기독교의 전 세계적 확산의 결과가 아니다. 각 지역 문화에 뿌리를 내린 다양한 자신학화된 기독교들의 연결이다. 그리고 그 근간은 복음의 번역성에 있다고 설명한다.

현장에서 오랫동안 무슬림 사역을 감당한 후 GMP 본부 대표 사역을 역임한 임태순 선교사는 선교 패러다임 전환의 필요성을 역설한 서구 교회의 지난 세기 선교학적 토론들을 정리한다. 그리고 그 논의들이 21세기 선교, 특히 코로나 팬데믹 이후의 선교 패러다임 변화에 어떻게 연결될 것인지에 대해 전망한다. '삼위일체 하나님의 선교', '세계 기독교 개념' 그리고 '번역가능한 복음'의 세 개념을 중심으로 미래 선교 패러다임의 윤곽을 제시한다. 한편 21세기의 새로운 선교 패러다임이, 소수의 특별한 선교사 파송을 중심으로 진행되는 교단 또는 초교파 선교단체에 어떤 영향을 미칠 것인가를 분석한다. 21세기에도 파송 전문단체는 계속 필요할 것이다. 그러나 그 역할은 글로벌 교회 상황에 맞게 새롭게 규정되어야 한다고 주장한다.

현장 선교사들의 글들은 대부분 본인의 사역 상황에서 얻은 통찰을 중심으로 새로운 변화의 가능성을 논의한다. 지도자들의 거시적 관점과 짝을 이루면서 각 지역적 변화를 가늠할 수 있는 유익한 관점들을 제시하고 있다.

남아시아 P국에서 사역하는 한종석 선교사는 국제단체(위클리프 성경 번역 선교회) 소속으로 사역하면서 느낀 현지 교회와의 진정한 파트너십을 위한 고민과 대안을 논의한다. 현지 토착교회 중심의 '글로벌 교회 선교 패러다임'이 가능하려면 선교사와 현지 교회와의 진정한 파트너십이 전제되어야 하나, 선교사 중심으로 운영되는 기존의 선교적 구조 안에서는 진정한 의미의 파트너십이 이뤄지기 어렵다고 평가한다. 진정한 파트너십을 위해서는 선교운동을 주도해 온 선교사들이 자신의 기득권을 내려놔야 하며 우월한 재정이나 전문성이 아니라 그리스도의 몸 된 교회의 지체로서 진정한 동반자 관계를 세워야 함을 도전한다.

중동 아랍지역에서 사역하는 제이홍 선교사는 새로운 (MZ) 세대를 중심으로 진행되는 아랍지역의 변화를 분석하고 이에 따른 새로운 선교적 기회들에 대해 설명한다. 외부인의 눈에는 난공불락처럼 보이는 아랍 사회지만 전 지구적으로 진행되는 변화에서 예외일 수 없다. 특히 글로벌 시대를 살고 있는 젊은 세대들 가운데 조금씩 열리고 있는 복음화 가능성을 내부자의 관점에서 예리하게 분석한다. 팬데믹의 위기는 아랍지역처럼 견고한 지역에서 새로운 기회가 되고 있음을 보여주었는데 이는 유사한 상황에서 사역하는 사역자들에게 큰 격려가 될 것이다.

이브라함 선교사는 매우 독특한 자신의 사역 경험을 토대로, 남남(南南) 교회 간의 협력을 21세기 선교의 새로운 방향성으로 제시한다. 그는 남아시아의 A국에서부터 시작해 중동의 B국, 중동의 또 다른 C국, 그리고 현재 사역 중인 북아프리카의 D국에 이르기까지 선교의 장벽이 가장 견고한 여러 나라에서 사역했는데 이 경험을 통해 깨닫게 된 것을 설명한다. 크게 두 가지 새로운 접근을 제시하고 있는데, 하나는 교회 개척 중심이었던 전통적인 선교 패러다임에서 벗어난 비즈니스 형태의 복음 유통으로서의 선교 패러다임이다. 다른 하나는 비서구 교회들 간의 교류를 통한 새로운 선교운동의 돌파이다. 핍박 가운데 성장했고 어려움 속에서 타문화 선교를 시도하는 중국교회와 극심한 핍박 가운데 생존해 온 중동교회들을 연결해 소위 남남 협력을 통해 진행되었던 자신의 선교 경험을 소개하고 있다. 세계 선교운동의 중심축이 북반구에서 남반구로 전환된 상황에서 가장 주목을 받고 있는 주제 중의 하나가 남남 교류를 통한 선교운동이라 할 수 있는데, 이브라함 선교사의 글은 이를 잘 보여준다.

　마지막으로 복음에 적대적인 동남아 국가에서 사역하는 박아브라함 선교사의 글이다. 그는 기술과학전문인선교회(FMnC) 소속으로서 팬데믹으로 가장 많은 변화를 겪고 있는 IT를 통한 선교, 비대면 사역, 메타버스 등의 새로운 테크놀로지를 활용한 선교에 대해 논의하면서, 온라인(on-line)이냐? 오프라인(off-line)이냐?의 대립적 구도를 넘어 이 둘을 통합하는 올라인(all-line) 선교 패러다임을 제안한다. 코로나 위기를 통해 우리에게 성큼 다가선 온라인 세계를 하나의 선교현장으로 수용하면서 동시에 기존의 오프라인 선교를 병행하는, 올라인(all-line) 선교를 새로운 선교 방향성으로 제시한다.

　이 책에는 포함되지 않았지만, 이번 포럼에서는 한국선교연구원(KRIM)에서 실시한 "코로나 이후 선교 상황 변화에 대한 GMF 선교사의 인식 조사" 결과가 발표되었다. 이후 이를 바탕으로 더욱 확대하여 한국 선교사 전반에 대한 조사가 이루어지기를 기대한다.

　코로나 팬데믹이 끝난 뒤 한국교회 선교는 어떤 새로운 도전에 직면하게 될까? 또 선교사들이 사역하고 있는 각 지역 상황은 어떻게 변화될까? 아직은 불확실하다. 미래에 일어날 일을 예측하기는 쉽지 않다. 그러나 한 가지 분명한 것이 있다. 21세기의 새로운 상황 속에서도 하나님은 여전히 선교의 하나님이란 점이다. 주님은 당신의 교회를 통해 자신의 선교를 지속할 것이다. 우리의 역할은 현재 우리가 통과하고 있는 상황을 세심하게 살피고 그 가운데서 일하시는 하나님의 음성에 귀를 기울이는 것이다.

1

변한 게 있는가?
코비드 팬데믹 상황에서 하나님의 선교 참여하기

변한 게 있는가?
코비드 팬데믹 상황에서 하나님의 선교 참여하기
Has Anything Changed?
Participation in God's Mission in the Light of the Covid-19 Pandemic

폴 벤더 사무엘(Paul Bendor-Samuel)

임태순 번역

들어가는 말

코비드-19 팬데믹으로 인해 하나님의 선교를 이해하고 참여하는 데 본질적인 어떤 변화가 일어나고 있는가? 어떤 이들에게 이 질문은 속히 팬데믹이 끝나 예전의 삶으로 돌아가고자 하는 바람의 표현일 수 있다. 팬데믹으로 인해 여행이 중단되고 개인적 삶은 여러 면에서 제한을 경험하고 있다. 문제해결 과정은 사람들 사이의 불평등을 더욱 심화시켰고 이는 선교 영역에도 여러 질문을 제기하고 있다. 물론 팬데믹이 부정적 면만 있었던 것은 아니다. 모든 것이 정지된 상황은 새로운 기회를 가져다주었고 또한 하나님이 말씀하시는 것에 귀를 기울이게 만들었다.

새로운 감염 질환들이 계속 발생하고 있다.[1] 코비드-19는 일회성으로 종결되지는 않을 것 같다. 우리는 전염병과 팬데믹이 지배하는 시대로 접어들고 있다. 질병, 극단적 기후 변화, 경제적 불안정, 그리고 전쟁에 이르기까지 파괴적 사건들이 반복적으로 발생하는 미래를 직면하고 있다. 몇 주 전 이 원고를 부탁받았을 때 나는 '코비드 이후의 세계'(post-Covid-19 world)에 초점을 맞춰 글을 쓰면 될 것으로 생각했다. 그런데, 요 몇 주 사이에 세상은 더 급격히 변하고 있다. 전 세계인의 관심은 지구 전역을 강타해 1,800 만 명2의 목숨을 앗아간 전염병의 위협에서 유럽을 휩쓸고 있는 전쟁으로 옮겨가고 있다. 제 2 차 세계대전 이후 지구촌이 경험하는 가장 거대한 전쟁의 위협이 진행되고 있다. 우리는 급격한 변화와 붕괴의 시대를 살고 있다.

이어지는 글에서 필자는 변화와 불안정, 그리고 붕괴의 상황이 진행되는 세상, 즉 '뷰카'(VUCA)의 세계 속에서 어떻게 하나님의 선교에 참여할 수 있을 것인가에 대해 논하고자 한다. '뷰카'란 불안정성(volatility), 불확실성(uncertainty), 복잡성(complexity), 그리고 모호성(ambiguity)의 첫 글자를 조합한 단어이다. 뷰카는 냉전이 종식된 이후 직면한 불확실한 미래를 설명하기 위해 35 년 전 미국 군대에서 처음 사용되었다. 저명한 리더십 학자인 버트 나누스(Bert Nanus)와 워렌 베니스(Warrren Bennis)에 의해 발전된 개념들이다.

오늘날의 뷰카 세계는 강대국들 간의 역학관계에 의해 규정되기도 하지만, 동시에 이들과 별개로 진행되는 일단의 전 지구적 변화의 흐름(a host of other global trends)의 영향을 받기도 하는데, 기독교 선교지도자들은 이것들을 주목할 필요가 있다. 다른 논문에서 이 주제를 설명한 적이 있긴 하지만3 선교운동에 미치는 이들의 영향력이 매우 크므로 여기서도 간단하게 그 변화의 흐름을 설명해야 할 것 같다.

본 소고에서는 간략하게 전 지구적 변화의 추세를 다룬 뒤, 이 변화의 흐름에 비춰 선교를 어떻게 바라봐야 할지를 설명할 것이다. 하나님은 교회뿐 아니라 역사의 주인이기도 하다. 하나님은 그의 백성 안에서 그리고 그들을 통해서 세상에 영향을 미치시기도 하지만 동시에 주권자로서 세계 역사를 직접 이끄신다. 뒤에서 살펴보겠지만, 선교의 변화들은 교회 안에서 행하시는 하나님을 통해서 나타나기도 하지만 이 세상의 상황에 영향을 받기도 한다. 마지막으로 이 변화 속에서 어떻게 선교를 재구성할 것인가에 관한 세 가지 초청을 제시하면서 이 논문을 마무리하고자 한다.

전 지구적인 상황적 변화의 추세

우리는 전 세계가 하나로 연결된 세상을 살고 있다. 당연히 전 지구적 변화 추세를 알아야 한다. 이 점은 하나님의 백성의 지도자들에게도 해당된다. 주님은 우리가 시대의 표적을 분별할 줄 알아야 한다고 말씀하셨기 때문이다(마 16:2-4). 시대의 징조를 분별하는 것은 다음 두 가지 면에서 중요하다. 하나는, 세상 가운데서 충성스러운 증인의 역할을 감당해야 하기 때문이고, 다른 하나는 이들 변화가 경계를 넘어 복음이 전파되기 위해 우리가 극복해야 할 도전이기 때문이다.

전 지구적 변화의 흐름을 파악하는 것이 중요하지만, 우리는 지구촌 차원과 지역적 차원의 두 극단 사이에 존재하는 긴장 가운데 살고 있음도 잊어서는 안 된다. 하나님의 선교를 향한 우리의 참여는 전 지구적 추세뿐 아니라 지역적 변화들에 의해서도 깊이 영향을 받기 때문이다. 하나님은 특정한 시기에 특정한 지역에 살고 있는 특정한 백성 가운데 일하신다. 전 지구적 추세라는 큰 그림 속에서 얻는 유익이 크지만, 동시에 하나님은 지역의 특정한 상황 속에서 역사하신다는 점도 놓쳐서는 안 된다.

한 가지 예를 들어보자. 동남아시아의 주요 도시들은 다수의 공통점을 공유한다. 역동적이며 부와 문화의 중심지이고, 종교나 인종의 면에서 다원적이다. 이들 도시에 존재하는 교회들 역시 빠른 성장, 은사주의적인 거대 교회들의 존재와 같은 유사한 흐름을 공유한다. 그러나 각 도시는 동시에 고유의 역사와 문화, 영적 유산 등이 뒤섞이면서 형성된 나름의 독특성을 갖고 있기도 하다. 전 지구적 추세 이해를 통해 이 도시들 전체 가운데 벌어지고 있는 변화의 흐름을 파악하기도 해야 하지만, 동시에 각각의 도시 가운데 진행되고 있는 필요와 기회들 그리고 성령의 움직임을 조심스럽게 파악하는 것 역시 중요하다. 다른 말로 하면, 아시아 또는 동남아시아 전체에서 하나님의 나라가 어떻게 전개되고 있는지 질문하면서 동시에 내가 살고 있는 이곳에서는 하나님의 나라가 어떻게 진행되고 있는가?에 대해서도 진지하게 물어야 한다는 것이다.

더 나아가서 이 세상을 감싸고 있는 영적 환경은 어떤가? 엄청난 다양성이 존재하며 변화의 흐름도 처한 상황에 따라 다양한 형태로 나타난다. 다음에 열거되는 상황들을 생각해 보라. 세속적/물질적인, 종교적으로 다원적인, 전체 인구 중 오직 소수의 교회만이 존재하는 지역들, 적대적이며 핍박 가운데 있는 상황들, 고향을 떠난 난민들, 빈곤 가운데 살며 권리를 빼앗긴 사람들, 수 세기 동안 교회가 존재해 왔으며 기독교에 의해 역사와 문화가 형성된 상황과 교회가 비교적 최근에 세워진 지역의 상황들 등. 전 지구적 상황 변화의 추세는 이처럼 각기 다른 상황들 속에서 서로 다르게 영향을 미치며 다른 결과들을 빚고 있다.

이제 우리는 선교에 영향을 미치는 여덟 가지 상황 변화의 추세에 대해 살펴볼 것이다. 각 추세에 대해 개별적으로 설명하겠지만, 이들은 서로 깊이 연결되어 있다.

1. 전 지구적 불평등

20세기 내내 전 세계의 빈곤 상황과 불평등을 보여주는 중요한 지표들, 예를 들면 극단적 빈곤층 비율이나 평균수명 등에 관한 지표는 긍정적 방향으로 움직여왔다. 중국의 도시화와 빈곤 국가들의 경제 개발 덕분에, 절대빈곤에 속한 인구수는 1960년대 이후 괄목할만하게 줄어들었다.

옥스팜(Oxfam: 2차 세계대전 중이던 1942년, 영국 옥스퍼드 학술위원회가 기근 구제를 위해 시작한 세계 최대 국제구호개발기구—역자주)은 2022년 1월 전 지구적 불평등과 빈곤에 관한 보고서를 발표했다. 2020년은 지난 수십 년 사이 절대 빈곤층이 증가한 최초의 해였다. 코비드 팬데믹의 영향으로 아프리카와 아시아에서 수백만 명의 절대 빈곤층이 증가한 탓이다. 팬데믹 확산을 막기 위해 부유한 국가들이 시행한 이동제한조치(lockdown measures)는 인도 같은 국가에 치명적 문제를 일으켰다. 국민 다수가 하루 벌어 하루 먹고 사는 상황에서 이 조치는 그들의 빈곤을 악화시켰다. 이로 인해 중하위의 가난한 국가들 가운데 1억 6천만의 인구가 추가로 절대빈곤 상태로 떠밀렸다. 세계 상위 10위 부유한 국가들의 수입이 두 배로 증가하는 동안, 세계 인구의 99%에 해당하는 인구는 수입 감소를 경험해야 했다.[4]

도시화와 경제성장이 절대빈곤 수준을 대폭 감소시키는 역할을 하기는 했지만, 한편 이 과정은 새로운 문제를 불러왔다. 유엔은 2050년까지 세계 인구의 68%가 도시에 살게 될 것이라고 전망했는데, 문제는 이들 중 다수가 열악한 환경에서 살고 있다는 것이다.[5] 해비타트 운동본부(Habitat for Humanity)는 전 세계 인구 중 대략 7명 중 1명이 도시 빈민가에 살고 있으며, 개발도상국에서는 이 비율이 3명 중 1명으로 높아진다고 보고했다.[6] 이 상황은 두 번째 전 지구적 변화의 추세로 연결된다.

2. 사회-경제적 시스템의 실패

지난 수십 년 동안, 통제되지 않는 자본주의와 브레이크 없이 질주하는 경제성장의 신화에 대해 근본적인 의문이 제기되어 왔다. 이 신화는 거짓이며 그 배후에 자리 잡고 있는 물질만능주의(materialism)는 성경이 경계하는 최악의 우상 중 하나다. 경제학자들은 성장의 열매인 경제적 풍요는 일부의 사람들만이 도달할 수 있다고 주장한다. 인류 전체가 누리는 것은 불가능하다. 자원의 한계 때문이다. 케이트 레이워쓰(Kate Raworth) 교수의 '도넛 경제학'(doughnut economics: 성장 중심의 주류 경제학을 비판하는 관점이다. 무한 성장의 추구는 자원 고갈과 환경 오염, 금융 위기 등의 부작용을 수반하며 결국 인류의 생존을 위협한다—역자주)은 성장과 발전 중심의 현재의 경제 구조가 왜 지속될 수 없는지에 대한 예리한 통찰을 제공한다.7

새로운 경제 모델이 필요하다. 소비만능주의는 전체 인류에게 지속적인 번영을 보장할 수 있는 새로운 경제체제로 대체되어야 한다. 경제체제의 목적이 성장(growth)에서 참된 번영(human thriving)으로 전환되어야 한다. 인간의 번영은 소유의 넉넉함에 있지 않다(눅 12:15).

경작방식, 부채 및 노예제 해결 그리고 토지관리 등에 관한 이스라엘의 경제 원칙은 흥미롭다. 이 원칙이 제시하는 제도들, 즉 안식일, 안식년(7년마다 경작을 쉼), 희년 등을 준수한다면 이스라엘 사회 안에는 빈부 격차의 문제가 발생하지 않았을 것이다. 이 경제 제도는 개인과 가족, 그리고 사회적 책임을 존중하며 동시에 땅의 주인이 하나님이심을 인정하는 제도이다. 우리 자신이 땅을 선물로 주신 하나님의 청지기임을 인정하는 것이다. 이 관점은 우리를 이어지는 전 지구적 변화 추세로 이끈다.

3. 기후변화와 생태계 오염

창조 후 인간에게 주신 최초의 위임명령은 "땅에 충만하고 땅을 정복하라"는 것이었다. 하나님은 비교할 수 없을 정도로 풍요롭고 아름다운 세상을 창조하셨지만, 이는 여전히 애정을 가지고 돌보고 질서를 부여하는 청지기의 손길이 필요했다. 그런데 돌봄과 오용은 다르다.

기후 변화와 생태계 파괴(loss of bio-diversity)는 과학계에서는 널리 인정된 사실이며 헤아릴 수 없이 많은 수백만의 생명에게 영향을 미치고 있다. 소비만능주의에 따른 과도한 소비가 주요 원인이며, 과도한 화석연료 의존, 환금 작물 재배를 위한 산림지대의 파괴, 자연 파괴적인 농업 방식에 의한 토지와 수질의 오염 등에 책임이 있다. 한편, 제한된 자원을 지배하기 위해 신제국주의, 정부 지도자, 지역 군부나 무법자들 간의 전쟁이 계속되고 있는데 이로 인해 해당 지역 주민들은 상상할 수 없는 고통을 겪고 있다. 다음의 지구적 변화 추세는 이 갈등이 만든 결과로 사람들의 대이동이다.

4. 거대한 이동과 강제 이주

유엔난민기구(UNHCR)는 전 세계적으로 약 8천 4백만 명의 난민이 있는 것으로 추산한다. 이들 중 86%가 개발도상국 출신이며 특히 68%는 다섯 국가(시리아, 베네수엘라, 아프가니스탄, 남수단, 미얀마)에서 발생했다.[8] 이들 난민은 자신들이 믿는 종교와 관계없이 도움을 받을 수 있어야 한다. 취약한 상황 때문에 쉬운 일은 아니지만 이들을 향한 복음 증거도 계속되어야 한다.

또 다른 5천 5백만은 자신의 고향에서 쫓겨나 국내 다른 곳에 머물고 있으며 그 수는 지속해서 증가하고 있다.[9] 오늘날 전 세계 인구 95명 중 한 명은 자신의 고향을 떠나 다른 곳에 머물고 있으며 이는 160명 중 한 명이었던 10년 전에 비해 엄청나게 늘어난 수치이다.

사도시대와 후기 사도시대 동안 복음의 광범위한 확산은, 교회의 조직적인 파송을 받은 예수 제자들보다는 어쩔 수 없는 상황에 떠밀려 이동한 절대다수의 성도들에 의해 이뤄졌다. 제후 핸슬스(Jehu Hanciles) 교수는 교회 역사의 초기 5세기 동안 복음의 확산은 기본적으로 비자발적 이주자들에 의한 것이라 주장한다.[10] 다시 그 시절로 되돌아가고 있는 것은 아닐까?

5. 경제적, 군사적 권력의 변화

우리는 세계 초강대국의 주도권이 전환되고 있는 시대를 살고 있다. 미국에서 중국으로의 전환이다. 경제학자들은 중국의 경제성장 속도에 놀라고 있고 그들이 세계의 자연자원, 특히 아프리카의 대다수 자원을 통제하는 것에 주목하고 있다. 인류 역사를 살펴볼 때 주요 권력 구조의 전환 과정이 평화롭게 진행된 적은 없었다. 유럽에서 진행되고 있는 최근의 변화들(러시아의 우크라이나 침공)은 아마도 세계의 주도권 전환 과정과 연관이 있다고 봐야 한다.

6. 민족주의, 종교적 극단주의 그리고 폭력

전 세계적인 권력구조의 변화는 다양한 지역(local), 권역(regional)에서 긴장을 촉발시키고 있다. 이들 긴장은 민족주의의 부활, 영토 분쟁, 그리고 종종 종교적인 극단주의의 형태로 나타난다. 지구촌화된 세계에 대한 반발로서 많은 지역에서 자신들의 고유 정체성 회복을 위한 저항이 발생하고 있다. 종교적 극단주의와 결합한 민족주의는 지구촌화(globalization)가 추구하는 단일화된 통합을 거부할 수 있는 근거를 제공한다. 이 열망은 자신의 권력을 강화하고자 하는 독재자들에게 이용당하기도 하는데 우리는 이 현상을 미국, 베네수엘라, 인도, 미얀마 등에서 목격하고 있다.

유엔은 최근 사회-정치적 위기를 경험하고 있는 90여 개 나라의 목록을 발표했다. 그들 대부분은 아시아와 아프리카에 존재한다.11 우리는 불안정하고 폭력이 난무하는 세상에서 살고 있다. 이는 여성과 어린이, 그리고 소외된 계층들에게 더욱 위협이 되고 있다.

7. 테크놀로지와 인공지능

테크놀로지 그리고 소위 인공지능(AI)이 사회 깊숙이 영향을 미치고 있다. 우리는 각종 전자기기, 여행과 빠른 커뮤니케이션, GPS에 의한 내비게이션, 필요한 정보 검색, 레저 활동 등 기술 발전이 가져다준 편리함을 즐긴다. 물론 이 혜택에는 대가가 있다. 이 기기들에는 어두운 면이 존재하기 때문이다. 지속적인 집중 방해, 중독, 소셜 미디어가 야기하는 불안, 온라인상의 성적(sexual) 악용이나 성폭력, 메타버스 등의 사회적 도피 현상, 기업과 정부에 의한 개인 사찰 등이다. 인공지능 역시 폭력적인 목적으로 악용되고 있다. 사이버 공격은 이미 현대 전쟁의 하나로 인식되고 있고 (무인공격기나 로봇처럼) 인간의 지시 없이 살상을 가할 수 있는 치명적 자동 기술(lethal autonomous technologies, LATs)이 확대되고 있다.12

저명한 과학자들은 여러 해 전부터, 충분한 통제 없이 개발되고 있는 인공지능(AI)의 위협을 경고해 왔다. 인간의 기본적인 자유를 파괴할 수 있으며, 인간다움에 관한 가장 기본적인 합의가 도전을 받고 있다.13

8. 인간다움의 재구성

모든 인간은 하나님의 형상으로 창조되었으며 값으로 환산할 수 없는 가치를 지닌 존재이다. 우리는 모든 구성원이 행복을 누릴 수 있는(flourishing) 사회에 대한 비전을 지지한다. 역사적으로 서구 사회에서 이 인간

번영에 대한 헌신은 '권리 중심의 어젠다'(a right-based agenda)와 함께 등장했다. 지면의 제한 때문에 이 접근의 장단점을 이 글에서 논하기는 적절치 않지만 한 가지 분명한 것은, '권리-중심의 접근은 극도의 개인주의적 관점'(a hyper-individualistic view)에서 인간 번영을 다루기 때문에 많은 문제를 수반한다는 점이다.

'극도의 개인주의적 인류학'(a hyper-individualistic anthropology)은 공동체 내의 다른 이들에 대한 배려나 사회 전체의 유익보다는 개인의 권리 보호를 최우선시한다. 이러한 관점은 불가피하게 해결 불가능한 갈등을 야기하는데, 이는 코비드 상황에서 백신 접종하는 문제에도 적용된다. 사회 전체의 안전을 위한 접종 원칙과 이를 거부하는 개인의 선택 권리 사이에서 필연적으로 긴장이 발생할 수밖에 없다. 극도의 개인주의는 개인의 선택 권리를 인간 정체성의 본질로 보며 그 어떤 것보다 먼저 보장되어야 한다고 보기 때문이다. 사회 전체가 긴밀하게 연결된 현대와 포스트모던 사회에서는 이런 류의 긴장이 지속해서 확대될 가능성이 있다.

전 지구적 변화 추세의 함의

경계를 넘어 전파되어야 하는 기독교 복음의 속성을 고려할 때 이들 변화의 추세들은 참된 복음증거 전선을 지속적으로 확대시키고 있다. 이 모든 것들은 세심한 리서치, 성경적 분석, 그리고 선지자적 리더십에 의해 지지되는 용기있는 제자도(courageous discipleship)를 요청한다. 한편 코비드-19에 의해 야기된 선교구조의 정지는 우리로 하여금 잠시 뒤로 물러서서 이 변화들의 의미와 이들이 우리의 선교에 어떤 연관성을 갖고 있는지 되짚어볼 수 있는 기회가 되고 있다. 그리스도의 몸된 지체로서 우리 그리스도인들은 이러한 변화들 한 가운데 서서, 부서지고 고통당하는 세상을 향해 하나님의 사랑을 외치고 섬기고 돌보고 반응해야 할 책무를 갖고 있다. 안타까운 점은, 많은 그리스도인이 이 변화를 제대로 인지하지 못하고 있으며 각각의 추세가 제기하는 충성된 증거에 대한 요청에 제대로 응답하지 못하고 있다는 것이다. 이 상황은 극복되어야 한다.

위에서 살펴본 변화의 충격은 대상에 따라 다를 수 밖에 없는데, 상대적 약자들인 여성들, 어린이들, 이민자들, 특정 소수종족들은 더 많은 영향을 받게 될 것이다. 성경은 가난한 자들, 상처 입은 사람들, 소외당한 자들을 향해 공의와 긍휼을 베풀도록 요구한다. 이는 긍휼을 베푸시는 삼위일체 하나님의 속성이기도 하다. 주님의 충성된 증인으로서 우리는 추가적인 헌신을 요구받고 있다.

이제 새로운 언어와 초점을 찾고 있는 복음주의 개신교 선교 운동의 새로운 논의들 안으로 들어가 보자.

지배적인 선교 패러다임

우리가 물려받은 선교에 대한 이해는 19, 20세기에 형성된 것들로 '크리스텐덤(기독교 왕국)식 선교 모델'이라 불리는 것이다. 복음주의자와 오순절주의자는 선교에 대한 자신들의 이해와 실천이 단순하고 직접적으로 성경적 계시 위에 세워진 것으로 여기는 경향이 있다. 그러나 잊지 말아야 할 것은, 선교에 관한 우리의 전제는 역사적 상황이나 경험의 영향을 받으며 형성되었다는 점이다.[14] 선교에 대한 '기독교 왕국 패러다임'(the Christendom paradigm)은 제국주의와 식민주의 상황 속에서 발전되었다. 옳고 그름의 문제를 떠나 이는 객관적 사실이다. 기본적으로 마태복음 28

장의 지상명령에 기초한 우리의 선교 이해는 식민주의 상황에 깊이 영향을 받았다.

알란과 엘레노어 크라이더(Alan and Eleanor Kreider)는 크리스텐덤 패러다임의 네 가지 특성을 다음과 같이 설명한다.[15]

- 선교는 지역(territory)에 의해 정의된다. 기독교 지역에서 비기독교 지역으로 흘러가는 것으로 이해한다.
- 선교는 선교사라 불리는 교회의 특별한 소수에 의해 실행된다.
- 선교는 교회가 하는 어떤 일로 이해된다. 이 협의의 관점은 선교를 주로 특별한 전문 선교기관을 통해 완수해야 할 과업으로 본다.
- 선교의 목표는 선교사들에 의해 진행되는 사역의 결과로서, 회심자를 얻고 새로운 교회들을 개척하는 것이다.

특정한 기간 동안 이 기준이 영향력을 발휘했고 하나님은 이 기준에 따라 헌신한 수많은 하나님 사람들의 믿음과 용기와 희생을 사용해 기독교가 지구상의 가장 다양하고 넓게 퍼진 종교적 운동이 되도록 만드셨다.

한편 운동이 진행되면서 이 '크리스텐덤 또는 기독교 왕국 모델'(Christendom model)은 지속적으로 수정되었는데, 그 내용은 다음과 같다.

- 선교적 활동의 초점이 지역(영토) 개념에서 종족 개념으로 대체되었다.
- 배타적으로 서구인 중심이었던 국제적인 타문화 사역 세력(종종 이들은 다문화로 구성된 팀들이었다)이 '모든 곳에서 모든 곳으로의 선교' 세력으로 대체되었다.
- '후기 기독교' 시대에 들어서면서 서구는 선교지가 되었다. 이로 인해 서구에서 비서구로 향하던 선교의 방향이 역전되었다.
- 당연시되던 '(수십 년의) 장기 헌신'의 선교가 단기 선교로의 헌신으로 대체되었다. 매년 수백 만의 단기 팀들이 동원되고 있다.
- 다양한 (선교) 기관들이 등장하고 그 수가 증가하고 있다.

- 선교단체의 파송과 병행해 지역교회가 선교사를 직접 파송한다.
- 회심과 교회 개척이 여전히 사역 성공 여부의 기준이 되고 있기는 하지만, 선교의 목표들이 더 통합적이고 총체적이 되었다.

이러한 수정에도 불구하고 기존의 지배적 패러다임의 근본적인 요소들은 여전히 확고하게 유지되었다. 선교는 회심시키는 사역을 통해 교회들을 배가하는 것을 목표로 하며, 서로 다른 여러 문화와 상황들 가운데 사역하는 전문 선교사에 의해 주도되는 것으로 이해되었다. 타문화 선교 운동에 사로잡혀 있는 많은 사람의 마음속에 선교는 여전히 '보내고 가는' 파송으로 각인되어 있다.

'파송으로서의 선교'(mission-as-sending) 패러다임은 코비드 사태로 인해 도전을 받고 있다. '파송으로서의 선교'의 핵심이었던 교회의 단기 선교와 선교팀들 활동이 완전히 중단되면서 혼란에 빠졌다. 상당수의 장기 사역자들도 자신의 사역 현장으로 돌아가지 못했다. 코비드-19로 야기된 일상적 사역 진행의 중단 상황을 선교단체들이 성찰과 방향 전환의 기회로 활용하고 있는지는 아직 분명치 않다. 코비드로 야기된 상황들은 선교와 연관된 신학, 언어, 구조들과 실행에 있어서 본질적인 재고를 요구하고 있지만, 어떤 이들은 그저 지나가는 상황으로 인식한다.

데이빗 보쉬는 '통합적(ecumenical) 선교 패러다임'의 출현을 예언하면서16 그의 역작(『변화하는 선교』—역자주)의 제 3 부를 이 패러다임을 구성하는 요소들을 설명하는 데 할애했다. 그의 관심은 선교 이해에 대한 다양한 신학적 접근에 있었다. 선교신학과 실천에 있어서 다양성이 중요하다는 점을 동의하기는 하지만, 커크 프랭클린(Kirk Franklin) 박사와 나는 '글로벌 교회 패러다임'(global church paradigm)이라는 용어를 더 선호한다. 이 용어는 하나님의 선교 참여에 대한 새로운 이해를 포함하면서 동시에 다양성 속에서 그것을 추진하는 주체로서 교회의 존재를 강조할 수 있기 때문이다.

이제 새롭게 대두되고 있는 '글로벌 교회 패러다임'의 다섯 가지 형태를 간단하게 살펴보겠다.

1. 하나님의 선교(Missio Dei)와 삼위일체 선교학

복음주의자들은, 선교가 무엇보다 먼저 하나님이 누구며 무엇을 행하시는가에 관한 것임을 이해하는 데 있어 에큐메니칼 선교운동보다 뒤처져 왔다. 아마도 에큐메니즘에 대한 신학적 불신이 그 이유 중 하나일 것이다. 또 다른 이유는 복음주의 선교 운동이 지난 50년 동안 북미주 선교신학을 주도한 실용주의의 지배를 받았기 때문이다. 그 결과 선교에 관한 논의는 실천 중심으로 진행되었고 상대적으로 신학적 토론은 미흡했다. 이는 복음주의적 행동주의의 내재적 약점이 반영된 것이다.

비록 수용이 늦어지긴 했지만, 복음주의 선교운동은 선교가 하나님께 속한 것임을 점차 받아들이고 있다. 선교는 하나님의 속성에서 비롯된 것이며 그 자신을 넘어 넘쳐흐르는 본성을 갖고 있는 하나님 사랑의 결과이다. 하나님의 창조 결과인 세상은 하나님의 선교적 표현이다. 그러므로 타락 이후 모든 영역에서 하나님의 창조 질서 회복이 하나님의 궁극적 목적임을 선포한 성경의 증언은 놀라운 것이 아니다. 성경은 갱신, 화해, 회복, 치유, 샬롬 그리고 하나님의 통치 등 모든 가용한 언어로 하나님의 선교를 설명한다.

선교의 주인인 하나님은 그의 선교에 있어서 최우선 행위 주체이다. 선교를 잉태하고 계획하며 지시하고 지원하고 가장 값진 희생과 함께 자신을 주시고, 능력을 부여하신다. 이것이 시작부터 끝까지 성경 전체의 메시지이다. 이 점은 사도행전을 통해 분명하게 볼 수 있다. 윌리 제닝스

(Willie Jennings)는 그의 주석에서 다음과 같이 설명한다. "사도행전은 성령이 가장 깊은 생명력의 실체이며 주도자임을 보여준다. 예수의 제자들은 자신이 원하는 곳으로 가거나 그들이 만나기 원하는 사람들을 향해 가지 않았다."17 다른 말로 하면, 경계를 넘는 지속적인 선교 과정을 이끈 것은 하나님 자신이었다. 교회는 이 하나님의 선교를 위해 사용된 주된 도구였다.

하나님의 선교에 있어서 인간의 순종이 중요하지 않다는 말이 아니다. 교회는 선교 기관을 세우고 예수의 부르심에 응답해야 할 책임이 있다. 하나님은 우리를 그의 선교 가운데로 이끄신다. 우리를 선택하시고 우리를 통해 일하신다. 물론 주도권과 권위, 능력, 지혜와 방향성 등은 언제나 하나님에게서 나온다.

하나님의 선교 신학의 물결은 근대 선교운동에 대한 반작용으로 나타난 것이다. 근대 선교운동은 선교과제에 대한 언어, 분석, 전략, 프로그램, 자원 동원 그리고 통제 등 실용주의적 관점에 의해 지배되어 왔다. 계획을 세우고 열심히 기도하며 실용주의와 '전략적 계획에 의해' 형성된 마음 상태를 흔들림 없이 유지할 수 있다면 목표를 성취할 수 있다는 확신이 주도했다. 과연 우리가 가진 전략과 자원으로 선교가 성취될 수 있는가?

그렇지 않다. 우리의 전략과 자원은 선교의 본질이 될 수 없다. 우리는 그 이유를 재물에 대한 주님의 가르침에서 발견한다. 성경은 돈이 악하거나 선하다고 판단하지 않기 때문에, 재물을 삶이나 하나님의 왕국을 위한 중립적인 자원으로 보려는 경향이 있다. 그러나 주님은 재물의 위험성에 대해 지속적으로 경고하셨을 뿐 아니라 재물과 하나님을 동시에 섬길 수 없음을 강조했다. 재물을 통해서는 하나님 나라에 들어갈 수 없다. 그러면 어떻게 해야 하는가? 하나님 나라에 들어가는 데 필요한 것은 단순하며 어린아이 같은 믿음이다. 초대 교회 성도들이 재물에 대한 추구를 거부하고 단순한 삶을 고집했던 이유이기도 하다.

선교는 전적으로 하나님의 선교이며 하나님이 하시는 일이다. 인간의 전략적 계획이나 재정적 힘에 의한 통제를 통해 선교를 성취한다는 생각을 내려놔야 한다. 삼위일체 하나님의 선교야말로 선교의 본질을 회복하도록 돕는 참된 치료제이다.

2. '선교'라는 용어에 새로운 의미를 부여하기

지난 수 세기 동안 '선교의 성경적 모델'로 불리어 온 전통적인 선교 패러다임은 교회의 선교를 하나님의 궁극적 목적들을 성취하는 유일한 창구로 여겼으나 사실은 그렇지 않다. 예를 들어, 초기 기독교 역사학자들은 첫 삼백 년 동안의 기독교 확산은 오늘날 말하는 선교 운동이 없는 상황에서 일어났다고 주장한다.[18] 라틴어에서 유래한 '선교'(mission)라는 단어는 '보냄'의 의미가 있으며 이는 명백하게 성경적 개념이지만, '기독교 왕국(크리스텐덤) 선교 패러다임'이 말하는 '보냄'의 의미는 전체 성경이 증거하는 총체적 개념과는 거리가 멀다. 이들이 말하는 '보냄'은 요한복음 20:21 에서 예수님이 언급하신 설명과도 다르다.

마이클 스트룹(Michael Stroope)은 16 세기 스페인, 포르투갈 정복자들과 함께 '신세계'(the New World)로의 정복 여행을 떠났던 교황의 특사들(사제들)에 의해 최초로 사용되던 '선교'라는 단어의 의미가 어떻게 역사적으로 발전되어 왔는가를 세심하게 검토했다.[19] 시간이 지나면서 이 단어에는 많은 새로운 의미가 추가되었다. 한때 이 단어는 이 세상 가운데 하나님이 행하시는 것과 정반대되는 의미로 사용되기도 했다. 어떤 때는 창조세계를 향한 하나님의 선한 목적의 축소된 형태를 의미하기도 했다.

오늘날 많은 이들이 하나님의 선교를 담아낼 수 있는 새로운 용어들을 찾기 위해 노력하고 있다. 이 용어들은 하나님의 궁극적인 총체성 회복을 향한 교회의 참여를 잘 표현해 낼 수 있어야 한다. 충성된 증인이나 제자도와 같은 용어들을 예로 들 수 있는데 이들은 성경에 나오는 용어로서, 경계를 넘는 하나님의 사랑 안으로 하나님의 모든 백성을 이끄는 의미로 재해석되고 있다.

성경적 근거를 가지면서도 현재 상황을 적절하게 담아낼 수 있는 언어를 찾으려는 노력은 선교라는 용어를 넘어선다. 19, 20세기 동안 선교라는 단어가 전쟁이나 정복 등의 의미로 사용되기도 했던 것처럼, 오늘날 복음주의 선교운동에서 사용되는 용어와 슬로건들 역시 오늘날 상황을 담아내지 못하고 있다. 성경보다는 북미주의 실용주의에 뿌리를 둔 문화적 가치들을 더 반영하고 있다. 선교를 의미하는 주요 용어, 개념들이 서구적 관점에서 이해되고 있다.

한 콥틱교회 형제는 그 지역에 엄연히 자신의 교회들이 존재하고 있음에도 불구하고 이집트가 10/40 창에 속한 지역이며 선교 과업을 완수하기 위한 마지막 과제이며 미전도종족 선교의 대상이라고 소개되는 것을 발견하고 충격을 받았다고 했다. 우리가 사용하는 선교 용어들이 얼마나 자의적인가를 잘 보여주는 사례이다. 언어는 단순히 우리의 생각을 서술하는 것에 머무르지 않는다. 언어는 우리가 믿고 생각하는 것에 영향을 주기도 한다. 우리가 사용하는 선교적 언어들을 조심스레 점검할 필요가 있다. 글로벌 교회 패러다임 위에서 선교를 바라보고자 한다면 서구 교회의 관점에서 형성된 슬로건들이 설 자리는 없다. 서구의 관점에서 표현된 많은 선교 슬로건들은 하나님의 선교 관점이 아니라 자신들의 입장을 표현한 것에 불과하다. 이들의 슬로건은 성경적이라기보다는 문화적이다.

3. 복음의 총체성 품기

지난 50년 동안 복음주의 진영 안에서는 긍휼사역과 대비하여 전도의 우선성을 강조하는 논쟁이 끊이지 않았다. 아직도 이 논쟁에 관심을 두고 추적하는 사람들이 있기는 하지만,[20] 점차 이 논쟁은 과거의 상황에서 제기된 지나간 이슈로 간주되는 듯하다. 역사 속에 존재했던 모든 하나님의 백성들은 충성된 증인의 마땅히 행할 책무로서 복음선포와 섬김을 통합하는 데 어떤 어려움도 없었다고 교회 역사가 증언한다. 첫 4세기 교회 성장은 죽기를 두려워하지 않은 변증과 세상과는 완전히 다른 담대한 삶의 양식이 함께 작용한 결과였다.[21] 19세기와 20세기 중반까지 사역했던 대다수의 타문화 선교사 역시 이 두 가지 사역을 함께 진행했다. 내가 속한 인터서브도 그 한 예다. 인터서브는 1852년, 제나나 성경의료선교회(Zenana Bible and Medical Mission)로 알려진, 여성들을 위해 사역하던 일단의 여성 사역자들에 의해 시작되었다. 지난 사역에 대한 기록들을 살펴보면, 인도 여성들을 향한 교육과 의료를 통한 긍휼 사역과 동시에 하나님의 말씀을 전하고자 하는 열망이 어떤 충돌도 없이 진행되었음을 알 수 있다. 여성들로 구성된 선교회이기 때문에 (실제적 필요를 돕는) 은혜와 (복음 증거로서) 진리의 통합이 좀 더 쉽지 않았을까? 라고 반문할지도 모르지만, 이는 일반적 현상이었다.

그럼에도 불구하고 문제는 계속되고 있다. 20세기 동안 신학적 쟁점으로 머물렀던 이 질문이 21세기 선교에 있어서 실용주의의 충돌(a 21th century clash of pragmatism)이 되고 있다. 그러나 선교를 '과업'으로 설명하는 실용주의적 접근을 여전히 쉽게 접할 수 있다. 대표적인 예가 '과업을 완수하자'(Finish the task) 같은 슬로건이다. 선교에의 참여를 '하나의 과업'(a task)으로 묘사하는 것은 여러 면에서 혼란을 야기한다.

먼저 이 표현은 선교가 '무언가를 하는 것'(doing)이란 인상을 준다. 이 관점은 선교에 대한 성경 이야기를 매우 협소하게 이해한 것이다. 신구약에 나타난 하나님의 선교에 있어서 가장 핵심적인 것은 하나님 백성의 행동(무엇을 했는가?)이 아니었다. 중요한 질문은 그들이 하나님의 백성답게 (공동체로서) 살아가고 있는가?였다. 그분의 주권 아래에서 회복과 갱신을 향한 하나님의 선교에 참여하는 일은 무엇보다 하나님의 주권 아래에서 하나님의 백성으로서 살아가는 것으로 표현된다. 선교는 전략이나 행동들로 규정될 수 없다. 선교란 우리가 어떤 존재인가? 그리스도의 몸된 교회 안에서 그리고 아직 주님을 만나지 못한 세상을 향해 우리가 어떤 모습으로 살아가고 있는가로 규정되어야 한다.

다음으로 이 슬로건은 선교에의 참여가 '유일한 과업'(one task)이라는 인상을 준다. 이 말은 다른 모든 과업을 넘어서는 최우선 과제가 있음을 전제한다. 이런 관점은 우리 가운데 행하시는 하나님의 뜻을 따르기보다는 우리가 정한 중요성에 따른 위계질서를 만들게 한다. 그렇다면 이 슬로건이 주장하는 '그 과업'(The Task)은 무엇인가? 이 슬로건은 마태복음 24:14 과 마가복음 13:10 말씀에 대한 근대선교운동적 해석과 관련이 있는데, '그 과업'은 바로 모든 민족에게 복음이 선포되는 것이다. 물론 예수께서 이 구절에서 말씀한 민족은 근대의 주권국가적 이해에서 말하는 민족과는 다른 개념이다. (이 슬로건을 주장하는 사람들은) 헬라어 '에스노스'(ethnos)란 단어로부터 '종족 집단'(people group)이란 개념을 세우고 이것이 예수가 말씀한 내용이라고 주장한다. 그러나 인종적 그룹(ethnic groups)이란 개념은 20 세기 들어 문화인류학자들이 만들어 낸 관점이다. 이 관점으로 예수가 말씀한 모든 민족(열방)의 의미를 설명하는 접근은 시대착오적인 해석이라 할 수 있다.

대신, 이 말씀들은 예수께서 복음서들 마지막 부분과 사도행전 1:8 에서 하신 말씀과 동일하게, 복음을 하나님의 모든 피조물(all creation)에게 선포하라는 것으로 이해하는 것이 더 적절하다. 계시록 7:9 의 위대한 장면과 연결시킬 수 있다. 각 나라와 족속과 백성과 방언에서 나온 큰 무리가 어린양을 경배하는 모습은 창세기 10 장에서 열거한 70 민족의 모습을 연상시키며, 이들이 각각의 족속과 언어와 백성과 나라를 유지하면서 동시에 하나의 가족으로 완전하게 연합된 모습을 보여준다.

한편, '완수'(finishing)라는 말도 문제가 있다. 이 말은 하나님의 선교에의 참여가 마치 우리가 완수하고 끝낼 수 있는 어떤 일이라는 착각을 준다. 잘못된 방향으로 이끄는 위험한 관점이며 승리주의적인 발상이다. 성경 어디에서도 교회가 충성된 증인이 됨으로써 그들의 소명을 완수할 것이란 말씀을 한 적이 없다. 성경은 오히려 과업 완수보다는 점점 더 강해지는 핍박과 각종 문제들 속에서 예수를 따르는 자들이 자신을 잘 지키는 일에 더 관심을 보인다. 다음과 같은 예수의 경고가 이를 잘 대변한다. "그러나 인자가 올 때에 세상에서 믿음을 보겠느냐?"(눅 18:8).

(실용주의적) 슬로건은 의심의 여지없이 사람들의 상상력을 자극하고 사람들을 자신이 원하는 방향으로 움직이게 하는 힘이 있다. 그러나 그것은 하나님의 선교에의 참여가 지향하는 총체적인 본질과는 거리가 있다. 즉 선교에 대한 성경적 증거는 완수를 지향하지 않는다. 하나님의 선교는 오히려 공의롭고 은혜로운 그리스도의 주권 아래에서 모든 인간, 모든 피조물이 치유를 받아 참된 번영을 누리는 것을 지향한다.

4. 지역 중심성

의심할 여지 없이 경계를 넘어 복음을 전하는 선교 방식은 큰 변화의 과정 가운데 있다. 변화의 핵심은 각 지역 자체가 복음의 중심으로 변화하고 있다는 점이다. 기독교인으로 분류되는 세계 인구 비율이 지난 20세기 초반과 비교하면 (34%에서 33%로) 미세하게 감소하기는 했지만, 오히려 기독교 인구 구성의 다양성이나 퍼져나감의 정도는 인상적으로 확대되었다. 개척적이며 희생적인 파송 선교모델을 통해 하나님께서 이루신 놀라운 성과이며, 덕분에 교회는 최근 30년 동안 놀라울 정도로 다양성이 확대되었다.

새로운 국가들에서의 교회 성장은 크리스텐덤 선교모델로부터 글로벌 교회 선교모델로의 전환을 재촉하고 있다. 간단하게 설명하자면, 예전에는 먼 지역으로부터 건너온 타문화 선교사가 복음의 확산을 추진하는 주된 세력이었지만, 현재는 해당 지역의 그리스도인이나 인접한 지역의 사역자들이 이 책무를 담당하고 있다. 제이 마텡가(Jay Matenga)는 이 상황을 다음과 같이 요약한다. "선교의 미래는 토착인에게 있다"(The future of missions is indigenous).[22]

그리스도의 몸된 교회 성장을 주도한 세력이 현지 그리스도인이었음은 역사적으로도 확인된다. 소아시아 전역에 작고 깨어지고 쉬운 예배 공동체들 뿐이었던 상황에서도, (먼 외지로부터 파송된 선교사였던) 사도 바울은 그 지역에 사는 자가 다 주의 말씀을 듣게 되었다고 확신에 차서 선언했는데, 현지 그리스도인들의 잠재력을 믿지 않았다면 불가능한 일이었다 (행 19:10). 이 관점에서 보면 특정 지역 복음화 과정을 타문화로부터 파송된 선교사의 관점에서 기록한 이제까지의 선교역사는 정당한 역사 기록이라 할 수 없다. 역사적으로 매우 빠른 복음화 운동이 일어났거나 오늘날 일어나고 있는 지역을 살펴보면, 이 성장이 해당 문화권 또는 인근 문화권 출신 제자들에 의해 주도되었음을 쉽게 알 수 있기 때문이다.[23] 그렇다고 먼 지역에서 파송받아 온 타문화 선교사들이 필요하지 않다는 말은 아니다. 단지 그들의 역할이 더 이상 방향을 제시하거나 주도하는 데 있지 않다는 의미이다. 이런 상황은 국제적인 타문화 사역자들이 좀 더 냉정하게 자신들을 평가할 필요가 있음을 보여준다. (서구에서 온 선교사들은) 그들의 재정, 교육적 배경, 또는 단지 백인이라는 이유로 발생하는 권력 격차들(power differentials)을 자신의 역량으로 착각하기 쉽다는 사실을 잊고 있다.

5. 충성스런 증거를 위한 자리로서 공동체

신약과 구약은 모두 하나님이 언제나 하나님 백성들의 공동체적 증거를 통해 일하심을 보여준다. 물론 개인을 사용하실 때도 있다. 선지자 역할이나 사도의 역할을 통해서 사용하신다. 그러나 하나님이 자신의 영광을 드러내는 정상적인 방법은 언제나 의롭고 정의로우며 하나됨을 통해 주변과는 다른 대안적 문화를 제시하는 공동체를 통해서였다.

선교를 설명하는 최근까지의 일반적인 가르침은 다음과 같았다. 구약에서는 열방을 하나님의 백성인 이스라엘에게로 이끄는 방식, 즉 구심력적으로 선교가 이뤄졌고 신약에서는 정반대로 증인이 되도록 하나님의 백성을 내보내는 방식, 즉 원심력적으로 선교가 이뤄졌다. 이는 부분적으로만 맞다. 하나님께서 이스라엘을 선택하고 그들에게 율법을 주고 그들 가운데 함께하심 등은 이스라엘이 여호와(YHWH)의 성품을 열방 가운데 드러내는 이정표가 되어 열방을 여호와 경배로 이끌기 위함이었다. 신약성경 역시 대안 문화적 삶을 강조한다는 사실은 의문의 여지가 없다. 사도행전 2장과 3장은 초기 성도들의 삶 속에서 복음선포와 급진적인 관용이 함께 진행되었음을 보여준다.

초기 교회는 새신자들을 엄격하게 훈련시켰고 그중에는 성경 암송이 포함되었다. 최근의 제자훈련 프로그램에서는 간과되고 있지만, 초기 교회에서 핵심적 가르침이었던 성경 본문은 이사야 2:2-5 말씀이다.[24]

2:2 말일에 여호와의 전의 산이 모든 산 꼭대기에 굳게 설 것이요 모든 작은 산 위에 뛰어나리니 만방이 그리로 모여들 것이라
2:3 많은 백성이 가며 이르기를 오라 우리가 여호와의 산에 오르며 야곱의 하나님의 전에 이르자 그가 그의 길을 우리에게 가르치실 것이라 우리가 그 길로 행하리라 하리니 이는 율법이 시온에서부터 나올 것이요 여호와의 말씀이 예루살렘에서부터 나올 것임이니라
2:4 그가 열방 사이에 판단하시며 많은 백성을 판결하시리니 무리가 그들의 칼을 쳐서 보습을 만들고 그들의 창을 쳐서 낫을 만들 것이며 이 나라와 저 나라가 다시는 칼을 들고 서로 치지 아니하며 다시는 전쟁을 연습하지 아니하리라

이 구절들은 많은 백성을 축복하고 그들을 자신의 평화와 공의의 왕국으로 이끌어 다시 한번 그들 가운데 거하기 원하시는 하나님의 마음을 보여준다. 이를 통해 초기 교회가 기억하고자 했던 것은 하나님의 행하실 것을 바라보면서 자기 백성을 향해 던진 선지자의 도전이었다.

2:5 야곱 족속아 오라 우리가 여호와의 빛에 행하자

초기 교회는 하나님의 궁극적인 목적의 빛 아래서 대안 문화적 삶을 살아내는 것이 그들의 가장 중요한 사명임을 이해하고 있었다. 복음의 성장을 위한 하나님의 최우선적 수단은 말로 하는 증거가 아니었다. 그 지역 사람들로 구성된 공동체의 삶을 통한 증거였다. 다시 말하지만, 성경이 제시하는 선교는 과업 위주의 선교학, 전략적 계획, 그리고 자원의 동원 등과는 아주 거리가 멀었다. 선교는 공동체로서의 삶의 문제였다.

교회를 향한 세 가지 초청

위에서 간단하게 살펴봤던 것들은 오늘날 우리가 직면하고 있는 선교적 도전에 대해 여러 의미를 담고 있다. 여기서는 교회를 향한 세 가지 초청을 다루고자 한다.

1. 겸손과 의존에의 부르심: 하나님의 선교(*Missio Dei*) 중심으로 선교학 재정립

하나님의 궁극적 목적과 그의 선교에 참여하도록 하는 부르심에 대해 이해하면 할수록 우리는 더욱더 의존과 겸손과 자유의 자세를 취하게 된다. 수동적으로 되거나 위축된다는 의미가 아니다. 그런 것과는 아무 관계가 없다. 풍성한 삶을 향한 하나님의 심장과 비전에 더 깊이 빠져들수록 우리는 인간의 지혜, 전략, 역량이 이 일을 성취하는 데 얼마나 부적절한가를 깨닫게 된다는 말이다.

물론 이 자세의 변화 과정에서 직면할 어려움을 과소평가해서는 안 된다. 크리스텐덤(a Christendom)에서 글로벌 교회 선교 패러다임(global church paradigm of mission)으로 옮겨가기 위해서는 많은 도전을 이겨내야 한다. 지난 50년 동안 북미주 복음주의는 선교 신학, 이론과 실제 등의 영역에서 주도적 위치를 차지해 왔다. 대다수의 선교 리서치와 학문적 연구는 이들에 의해 진행되어져 왔기 때문에 이와 다른 목소리들을 활성화하고자 한다면 매우 신중한 노력이 필요하다. 우리가 극복해야 할 과제는, 선교에 대한 우리의 이해와 실천을 규정하는 문화적 전제들로서 개인주의 그리고 통제를 기반으로 하는 근대 계몽주의 세계관 등이다. 이들 전제는

새롭게 등장하는 글로벌 교회의 선교운동에도 보이지 않게 영향을 미치고 있는데, 이런 상황은 대안적 선교학의 발전을 더욱 어렵게 만들고 있다.

(이를 극복하기 위해서는) 하나님의 선교 관점에서 성경 전체의 계시를 진지하게 다시 재정립할 필요가 있다.[25] 이 새로운 이해들은 글로벌 교회가 위치한 놀라울 정도의 다양한 상황들 안에서 (전 세계) 모든 교회가 함께 하나님의 선교에 참여할 수 있는 자원을 발견하도록 돕게 될 것이다.

2. '가라'는 명령에서 '오라'는 초청으로의 부르심

윌리엄 캐리는 1792년 쓴 그의 소논문 "이방인의 개종을 위하여 사용해야 할 방법에 대한 그리스도인의 책임에 관한 연구"를 통해 마태복음 28:19-20의 지상명령을 되살려냈다. 이 구절은 근대 개신교 선교운동의 출발점이면서 동시에 이 운동을 정당화하고 지속할 수 있게 한 원동력이었다.

필자가 다른 곳에서 언급했듯이[26] 선교를 소위 '지상명령'에 대한 순종이란 관점에서 설명하는 것은 하나님의 선교 참여 방식에 대한 성경적 증거를 왜곡시키는 것이며, 하나님의 백성 어깨 위에 (하나님이) 의도하지 않은 부담을 지우게 된다. 성경이 말씀하는 선교로의 초청은 무엇보다 삼위일체 하나님과의 친밀한 교제로의 초대를 의미한다. 참된 순종은 언제나 친밀감으로부터 나온다. 둘째, 하나님의 선교에 대한 우리의 참여는 이 세상 가운데 행하고 계시는 하나님의 주도권과 행위에 기초한다.

이것을 한마디로 요약한다면, '가라'는 명령(the Command to Go)으로부터 '오라'는 초청(the Invitation to Come)으로의 이동이다. '오라'는 초청을 받고 하나님과 함께하게 될 때 우리는 비로소 그분의 사역에 참여할 수 있게 된다. 사도들('보냄받은 자'란 의미) 임명에 관한 마가의 기록은 이 사실을 잘 보여준다.

또 산에 오르사 자기가 원하는 자들을 부르시니 나아온지라 이에 열둘을 세우셨으니 **이는 자기와 함께 있게 하시고 또 보내사** 전도도 하며 귀신을 내쫓는 권능도 가지게 하려 하심이러라(막 3:13-15)

제자들은 먼저 예수와 함께 지내도록 초청을 받았다. 보냄 받음은 함께함의 결과였다. 사도행전 16장에 기록된 사도 바울의 경험도 좋은 예이다. 사도 바울은 이전의 여행에서 바나바와 함께 소아시아 다섯 도시 안에 여러 예배 공동체를 설립했었다. 이번 여행에서 그는 디모데와 함께 이 교회들을 방문해 격려했고, 이후 더 서쪽 지역으로 가서 같은 사역을 지속하려고 했다. 그런데 성령께서 허락하지 않았다. 한 번도 아니고 두 번씩이나! 마지막에는 환상 가운데 나타난 마케도니아인을 통해 "건너와 우리를 도우라"는 음성을 듣게 된다. 마케도니아는 바울이 계획한 곳이 아니었다. 그러나 선교는 하나님의 선교이고 이를 계획하고 이끄는 주체는 성령이다. 이 이야기의 핵심은, '와서' 하나님이 이미 행하고 계신 일에 참여하라는 초청에 있다. 이 관점에서 보면 '미전도'(unreached) 같은 선교용어는 좋은 말이 아니다. 그들 가운데에도 하나님이 이미 일하고 계시고 있기 때문이다. 하나님은 친구들, 이웃들, 도시들, 나라들 아니 모든 곳에 계시며 이미 그 가운데 일하고 계신다.

'글로벌 교회 패러다임'의 유익 중 하나는 하나님이 사람들 가운데서 어떻게 이미 일하고 계시는가를 볼 수 있도록 해 주는 것이며, 또한 전 세계의 하나님 백성들의 다양한 선교적 기여가 어떻게 하나님의 선교와 연결되는지 볼 수 있는 안목을 주는 것이다.

3. 하나님의 선교 참여를 향한 단일한 접근으로부터 다면적 접근으로의 부르심

교회의 자기 이해가 (서구의) 특정 상황 속에서 형성된 신학과 선교에 의해 지배되던 시기는 거의 막을 내리고 있다. 감사하게도 그 뒤에 이어지고 있는 새로운 시대는 각 지역에서 생성된 (지역적) 선교신학을 글로벌 교회를 위한 선물로 인식하기 시작했다. 성경적 내러티브는 선교 참여 이해를 위한 다양한 이미지와 비유들을 통해 교회의 다양성을 지지한다. 30년 전 도날드 시니어(Donald Senior)는 신약 저자들이 제시한 '선교 가운데 있는 교회'(church-in-mission)를 다음 세 가지 이미지로 소개했다.[27] 이들은 서로 다르지만 동시에 서로 보완적 성격을 갖고 있다.

> **보내는** 교회(a sending church)는 제자들 또는 순례자들의 공동체로 이해된다. 순회적인 성격을 가지며 경계를 넘어 복음을 온 세상에 전파하는 것을 자신의 사명으로 여긴다.
> **증거하는** 교회(a witnessing church)는 자신들의 신앙과 덕을 (삶을 통해) 세상을 향해 드러냄으로써 신뢰받을 만한 증거를 제공하는 것을 자신의 사명으로 여긴다.
> **수용적인** 교회(a receptive church)는 환대를 통해 차별 없는 치유, 화해, 연합의 공동체로서 자신을 표현하는 것을 사명으로 여긴다.

그는 이를 설명하기 위해 여러 성경적 본문들을 제시했다. 각 본문은 다른 상황 속에서 존재한 교회의 모습을 보여주며, 이들은 선교적 참여에 관한 서로 다른 관점들을 지지한다. 서로 배타적이지는 않지만 각기 다른 환경에 처한 교회들은 자신들의 상황에 맞는 선교에 관한 특정 이미지를 만들어낸다.

성경은 광범위한 비유와 이미지를 통해 하나님 백성의 모습을 묘사한다. 각 이미지는 교회의 정체성에 관해서 뿐만 아니라 교회의 선교적 역할에 관한 통찰력을 제공한다. 즉 교회의 존재와 행함을 동시에 보여준다. 둘은 분리될 수 없다. 여러 해 전, 폴 미니어(Paul Minear)는 신약에서만 약 100개의 교회에 관한 이미지를 찾아냈다.28 이들 안에는 다음과 같은 것들이 포함되어 있었다. 하나님의 권속, 하나님의 백성, 무리, 순례자와 외국인, 소금과 빛, 새로운 피조물, 영적인 집, 그리스도의 몸 등이다.

각각의 이미지들은 교회의 선교적 본질에 대해 무언가를 말해준다. 그것들은 하나님의 백성이 되기 위한 다양한 방식들을 보여준다. 엄청난 다양성의 형태로 존재하는 교회는, 성경에 나타난 이미지들을 특정 상황에 적용해 그 지역에 적합한 방식으로 다양하게 자신을 표현할 수 있다. 지난 30년 가까이 교회와 선교학에서 교회의 이미지에 관한 주제로 거의 연구가 진행되지 않았는데, 이 부분을 되살릴 수 있다면 머지않은 미래에 우리는 선교 이해와 실천에 관한 더 풍성하고 다양한 이해를 갖게 될 것이다. 이를 기초로 글로벌 교회 패러다임을 위한 선교학을 발전시킬 수 있을 것이다. 다중심적이며 여러 목소리가 공존하고 복수의 모델로 표현되는 다양한 교회들을 전 세계의 모든 곳에서 보게 될 것이다.

나가는 말

이 논문에서 우리는 지구촌화되고 있는 상황과 '크리스텐덤에서 글로벌 교회로' 패러다임이 전환되는 상황 속에서 우리의 선교 이해가 어떻게 본질적으로 변화되고 있는가에 대해 살펴보았다. 코비드 팬데믹 속에서 타문화 선교 시스템은 엄청난 혼란을 경험하고 있다. 그러나 이 상황은 동시에 최근 수십 년 동안 하나님이 행해 오신 것들을 되돌아볼 수 있는 기회가 되고 있다. 붕괴로 인해 각 지역 상황에 맞는 교회의 표현들이 그리스도의 몸 된 교회 안에 추가되었고, 이는 글로벌 교회가 더 풍성한 다양성을 갖게 됨을 의미한다. 선교에 대한 크리스텐덤의 획일적 방식이 완전히 극복되기 위해서는 아직도 해야 할 일이 많이 남아 있다. 그런데 성경은 이 일은 기본적으로 '바람이 임의로 불듯 그분의 뜻대로' 행하시는 성령이 하실 것이며, 동시에 그분은 하나님의 선교에 참여하는 우리를 전혀 예상하지 못한 장소로 이끌어 가실 것이라 증거한다.

폴 벤더 사무엘
옥스퍼드
2022년 3월

2

Divine Reset
본질 회복을 요구하시는 하나님의 섭리적 개입

Divine Reset
본질 회복을 요구하시는 하나님의 섭리적 개입

정민영

이번 포럼의 주제와 연관해서 생각나는 세 본문—전도서 7:13-14, 사사기 6-7장, 전도서 1:9-10—이 우리에게 던지는 메시지를 생각해 보고자 한다.

1. 역사를 주관하시는 하나님의 섭리적 개입

하나님께서 행하시는 일을 보라. 하나님께서 굽게 하신 것을 누가 능히 곧게 하겠느냐? 형통한 날에는 기뻐하고 곤고한 날에는 되돌아 보아라. 이 두 가지를 하나님이 병행하게 하사 사람이 그의 장래 일을 능히 헤아려 알지 못하게 하셨느니라(전 7:13-14).

이 말씀은 하나님의 주권적 섭리를 거스를 수 없는 인간이 당면한 상황을 부정하거나 도피하기보다 겸허하게 받아들이고 주권자를 의존해야 한다는 교훈[1]과 더불어, 형통과 역경('두 가지')을 병행하게 하시는 하나님께서 특별히 왜 우리에게 역경('곤고한 날')을 허용하시는지 분별해야 할 책임에 대해 가르친다. 13절의 "보라"와 14절의 "되돌아 보아라"는 동일한 히브리어 동사(רָאָה)를 번역한 것인데, 곤고한 날에는 역경을 허용하시는 하나님의 뜻('하나님께서 행하시는 일')을 헤아리라는 의미다.

1) 반사적(reflexive) 대응보다 반추적(reflective) 분별

코로나 팬데믹이라는 역경을 맞은 우리에게는 단순히 당면상황에 대한 반사적 임기응변이 아니라 반추적 본질 성찰이 요구된다. 『성육신적 교회』의 저자 마이클 프로스트는 "불연속적이거나 예상치 못한 도전 앞에서 반사적 지도력은 효력이 없다"라고 일갈했다.2 2014년에 출간된 이 책에서 비대면 시대(age of disengagement)를 언급한 것이 다가올 팬데믹을 예견했기 때문은 아니다. 3차 산업혁명으로 비대면 시대가 이미 시작되었고, 팬데믹은 그 규모와 속도를 급격히 증가시킨 셈이다. 비대면이 새로운 일상(new normal)이 되고 있는 상황에서 성경이 가르치는 성육신적 원리를 어떻게 구현해야 할 것인지 고심하고 해법을 모색하는 것이 반추적 본질 성찰인 셈이다.

2) 위기상황에서 자주 범하는 두 오류—상황 무시, 상황 의존

팬데믹 같은 위기상황을 맞아 교회가 자주 범하는 두 오류는 상황을 무시하는 원리주의와 상황에 휘둘리는 순응주의라 할 수 있다. "좌로나 우로나 치우치지 말라"는 성경 말씀이 생각나는 현상인데, 구약성경에 이 표현이 자주 등장하는 이유는 어느 한쪽 극단으로 치우치기 쉬운 인간의 사악하고 연약한 성향 때문일 것이다. 체조선수가 비좁은 평균대 위에서 균형을 유지하기는 매우 어렵고, 차라리 좌로나 우로 떨어지는 게 쉬운 것과 유사한 논리다. 한쪽으로 치우치고 확증편향에 빠져 극단적 대립각을 세우는 양극화 현상이 정치, 경제, 사회, 문화 영역뿐 아니라 종교 전반에도 편만한 게 안타까운 우리네 현실이다.

하나님께서 주권적으로 섭리하신 상황을 무시하는 원리주의는 믿음을 가장한 현실 도피적 무책임일 뿐이다. 곤고한 시대가 양산한 우는 자들과

더불어 울지 않으면서(롬 12:15) 종교적 제의에만 집착하는 것을 기독교 신앙이라 말할 수 없기 때문이다. 선한 사마리아인 비유는 제사의 집례라는 명분이 강도 만난 이웃을 외면하는 핑계가 될 수 없음을 가르친다. 한편, 위기상황에 떠밀려 본질을 버리거나 타협하는 현실순응도 반대편 극단의 오류다. 죄로 인해 망가지고 타락한 세상의 가치를 거스르고 구별되는 거룩한 가치, 곧 하나님이 기뻐하시는 그분의 선하고 온전한 가치(롬 12:2)를 유지할 때 교회의 본질이 보존될 뿐 아니라 세상을 복되게 하는 선교적 역할이 가능해지기 때문이다.

그리스도께서는 대제사장적 중보기도(요 17 장)를 통해 교회가 세상에 있되(in the world) 세상에 속하지 않음으로(not of the world) 세상을 위하는(for the world) 선교적 존재가 될 수 있음을 친히 가르치셨다. "내가 비옵는 것은 그들을 세상에서 데려가시기를 위함이 아니요, 다만 악에 빠지지 않게 보전하시기를 위함이니이다"(요 17:15). 역사신학자 앤드류 월스는 "복음이 문화의 포로이자 문화의 해방자"라는 말로 이 개념을 표현했다.[3]

3) 바른 접근—이중 경청

따라서 성경이 요구하는 바른 접근은 존 스토트가 말한 '이중 경청',[4] 즉 '하나님의 말씀'(text)과 더불어 우리가 그 진리의 말씀을 소통해야 할 '하나님의 세상'(context)을 경청하는 것이다. 우리가 전하는 복음을 사람들이 거부하는 이유는, 그들의 가치 및 생각이 우리 것과 달라서 뿐 아니라, 복음의 진위를 논하기도 전에 세상과 분리된 교회의 적실성 부재로 그들이 마음과 귀를 아예 닫아버리기 때문이다. 교회는 본질(text)에 굳건히 뿌리내린 채 상황(context)을 경청하면서 세상과 공감하고 동행하며 소통하도록 부름받은 선교적 공동체다.

2. 기드온의 300 용사 사례가 던지는 교훈

기드온의 300 용사 이야기(삿 6-7 장)는 하나님의 선교에 동참하도록 초청받은 교회(하나님 백성)가 그분의 일에 그분의 관점과 방식으로 참여해야 함을 가르친다. 즉, 이 사례의 핵심 이슈는 단순히 손실을 보충하는 게 아니라 본질(God's mission in His ways)로 돌아가는 것이다. 기드온이 어렵게 32,000 명의 용사를 모집해놨더니 하나님께서 99% 이상을 돌려보내시고 불과 300 명만 남기신 현실은 분명 위기상황이라 할 수 있다. 이때 기드온과 이스라엘이 해야 할 일은 손실을 보충하는 게 아니라 하나님의 뜻을 분별하고 그분의 방식으로 전쟁에 임하는 것이었다.

다시 우리의 현실로 돌아와서, 팬데믹 위기가 '초래한 문제'의 파악과 더불어 위기상황으로 '드러난 문제'를 인식하고 대처해야 할 책임이 우리 앞에 놓여있다. 전자(초래한 문제)의 과제가 외적인 도전에 대한 대응이라면, 후자(드러난 문제)는 내적 갱신을 통한 본질 회복의 과제를 우리에게 안긴다. 전자의 과제도 무시해서는 안 되지만, 정말 중요하고 어려운 건 후자의 과제다. 예상보다 팬데믹 상황이 장기간 지속되면서 제도교회의 문제가 수없이 드러났다. 우리의 일그러진 민낯이 드러난 게 당혹스럽지만, 이는 치료를 위한 축복이기도 하다. 병은 숨기지 말고 소문내야 치료된다고 하지 않는가? 성경역사와 교회역사의 개혁(본질 회복)은 항상 교회(하나님 백성)의 문제를 숨기거나 미화하지 않고 (즉, '회칠한 무덤'에 머물지 않고) 자신의 오류를 액면 그대로 인정하고 드러내면서 시작되었다.

3. 역사적 교훈을 통한 현재적 진단과 미래지향적 처방

이미 있던 것이 후에 다시 있겠고, 이미 한 일을 후에 다시 할지라. 해 아래에는 새 것이 없나니, 무엇을 가리켜 이르기를 '보라, 이것이 새 것이라' 할 것이 있으랴? 우리가 있기 오래 전 세대들에도 이미 있었느니라(전 1:9-10).

21세기를 살고 있는 우리에게는 코로나 팬데믹이 전대미문의 대사건이지만, 하나님이 운행하시는 인류 역사 전체를 놓고 보면 결코 새로운 일이 아니다. 본질적으로 동일한 일이 시대와 상황에 따라 다양한 옷으로 갈아입고 나타난다는 게 본문의 지적이다. 따라서 단순한 현상 파악(descriptive)에 머물기보다 그것을 뛰어넘는 진단과 처방(prescriptive)의 과제가 우리에게 주어진 셈이다. 현상을 파악하는 것은 아무나 가능하지만, 진단과 처방은 객관적 기준을 확보한 자라야 가능하다. 우리에게는 기준(정경)인 진리의 말씀이 있으므로 이번 포럼과 같이 진단과 처방을 향한 진지한 토론의 장이 가능하고 또 요구되는 것이다.

또한 역사적 교회의 공과 과, 교훈과 반면교사를 정직하게 평가(재평가)하는 작업이 필요하다. 그래야 역사적 시행착오의 관찰을 통해 동일한 오류를 배제하고 우리 시대 몫의 개혁과제를 감당할 수 있을 것이기 때문이다. 자화자찬식 왜곡과 미화가 성행했던 그간의 역사관을 과감히 걷어내고 진리의 종교에 부합한 투명한 역사 재고가 시급히 요청된다. 임금의 오류까지도 가감하지 않고 기록한 조선왕조실록이 역사서로서 권위를 인정받고, 이스라엘의 치부를 있는 그대로 드러낸 구약의 역사서들이 진리의 종교에 부합하듯이, 기존의 세계 교회역사와 한국 교회역사를 정직하게

들여다보고 재평가를 통해 바람직한 미래방향을 처방하는 것이 우리의 당면과제라 생각한다.5

바람직한 포럼의 방향—바른 실천을 겨냥한 성경적 원리 추구의 장

팬데믹을 속히 사라져야 할 재난으로만 인식해서는 안 된다. 오늘 살펴본 첫 본문은 곤고함 없는 형통이나 형통 없는 곤고함이 아니라 "이 두 가지를 하나님이 병행하게"(전 7:14) 하셨다고 말한다. 아무리 형통한 때라도 해결해야 할 문제가 부재한 경우는 없고, 아무리 곤고한 때라도 소망의 근거가 전무한 경우는 없다. 아무리 빽빽한 먹장구름이라도 그 테두리로 삐져나오는 광채를 완전히 차단할 수 없듯이, 팬데믹이란 역경을 통해 하나님께서 우리에게 주문하시는 회개와 경신의 긍정적 메시지를 분별한 안목이 필요하다. 포럼은 통회하는 마음과 겸허한 자세를 다잡은 선교 공동체가 하나님의 음성을 다시 듣고 순종하는 자리가 되어야 한다.

본질을 회복함으로써 교회와 선교가 다시 새로워질 기회를 허락하시는 변장된 축복으로 팬데믹을 인식하고 기회비용을 극대화하는 청지기적 시너지 창출의 장을 기대한다. 진단과 처방을 위한 우리의 텍스트는 물론 성경이다. 성경은 일종의 나침반과 같은데, 나침반은 우리에게 본질적 방향성을 제시한다. 문제는, 자세한 지도를 원하는 우리의 빗나간 성향에 있다. 나침반은 분별을 요구하고, 지도는 정답을 제시한다. 그래서 유대교 지도자들이 탈무드('장로들의 전통')를 만들었고, 역사적 교회와 오늘의 성도들 역시 단순한 공식으로 축소된 실용적 모범답안을 추구한다. 포럼이 그런 유혹에 넘어가서는 안 된다. 수년 전 세계복음주의연맹 선교분과(WEA Mission Commission)가 결의했듯, 더 이상 '꿩 잡는 매'나 '약발 있는 방법론'(What works?)의 모색을 멈추고, 본질(What is biblical?)을 분별하고 회복하는 포럼이 되기 바란다.

3

지난 세기의 선교 패러다임 변화들과
코로나 이후의 선교

지난 세기의 선교적 변화들과 코로나 이후의 선교적 도전

임태순

들어가는 말

마크 랭(Mark Laing) 박사는 그의 박사 논문에서 초년 선교사 레슬리 뉴비긴(Lesslie Newbigin)이 본부 지도자와 나눈 서신을 분석했는데, 그는 이를 위기 가운데 선교 패러다임 전환을 논의한 사례로 소개한다. 1930년대에 대공황이란 위기 속에서, 초년 선교사 뉴비긴과 베테랑 선교 지도자였던 스코틀랜드교회 해외선교회 총무 키드(Alexander Kydd) 박사가 위기를 어떻게 바라볼 것인가를 놓고 서신을 주고받는다. 한 사람은 위기를 기존 패러다임 변화의 기회로 본 반면, 다른 사람은 기존 선교 구조 지속을 위해 극복되어야 할 도전으로 보았다.[1]

당시 키드 박사는 선교가 위기 가운데 있다고 판단했고 이를 벗어나기 위해 애쓰고 있었다. 선교 지원자는 늘고 있었지만, 전 세계를 강타한 대공황으로 인해 선교부 재정이 지속적으로 적자 가운데 있었기 때문이다. '더 많은 사역을 위해서는 더 많은 재정'이란 패러다임에 묶여 있던 그에게 재정 적자는 곧 선교의 위기를 의미했다.

1936년 인도 남부 타밀나두 지역에 파송된 젊은 선교사 뉴비긴은 재정 위기는 변화된 선교현장에 맞도록 기존의 선교 패러다임을 바꿀 수 있는 절호의 기회라고 주장한다. 많은 재정이 요구되는 도시의 기관 사역을 정리하고 대신 현지인 지도자 중심으로 진행되는 시골에서의 교회 개척 운동에 집중해야 하며, 선교사 중심의 선교전략에서 벗어나 현지 교회 중심으로 전환하고 지난 세기 서구 선교의 근간을 이루던 크리스텐덤 선교방식, 즉 우월한 서구문명을 앞세워 기독교를 전파하던 방식을 내려놓아야 한다고 제안했다.

뉴비긴은 선교현장에서 진행되고 있는 변화들을 정확히 파악하고 있었으며, 경제적 위기를 새로운 패러다임을 시도할 수 있는 기회로 본 것은 탁월한 안목이었다.2 그러나 안타깝게도 초년 선교사의 제안은 수용되지 않았고 선교 패러다임의 전환은 여러 해를 더 기다려야 했다. 이 일화는 위기를 새로운 패러다임 전환의 기회로 봐야 한다는 것과 이러한 변화가 생각보다 어렵다는 것을 보여준다.

> 키드(Kydd)와 해외선교위원회는 상황을 정확히 읽지 못했다. 자신들에 의해 출생한 토착교회들과의 관계를 지나치게 재정적 관점에서만 바라보았기 때문이다. 과거 선배들의 실수를 지적하는 것은 쉽다. 뒤돌아보면서, '이것은 너무나 분명한 상황인데… 그들은 변화를 선택했어야 했어'라고 말할 수 있다. 그렇다면 우리는 어떤가? 70년 전 선배들보다 더 나은 결정을 하고 있는가? 오늘날 재정 위기에 대해 어떻게 대처하고 있나? 지속적으로 침체되고 있는 재정과 신임 선교사 동원 상황은 우리의 선교정책에 어떻게 반영되고 있는가? 재정적 위기를 선교의 위기로 받아들이고 있는가? 아니면 변화의 기회로 보고 있는가? 만약 변화의 기회로 여긴다면, 어느 방향으로의 변화인가?3

마크 랭(Mark Laing) 박사의 지적은 코로나 위기 이후의 선교를 고민하는 우리에게도 많은 것을 시사해준다. 과연 우리는 이 상황에 대해, 그리고 그 이후 진행될 엄청난 변화에 대해 바른 이해를 하고 적절한 대응을 하고 있는가?

코로나 팬데믹은 18세기 말 시작된 근대선교운동 전체에 대한 재평가와 21세기 상황에 적합한 새로운 선교 패러다임이 필요함을 역설하고 있다. 선교역사학자인 윌버트 R. 쉥크(Wilbert R. Shenk) 박사는 이 도전을 바라보는 적절한 관점을 제공한다. 그는 "위대한 (선교의) 세기에 대한 재고"(The "Great Century" Reconsidered)4라는 글에서 '위대한 세기'(19-20세기)의 선교운동에 대해 흥미로운 평가를 한다. 18세기 말 윌리엄 캐리로부터 진행된 두 위대한 세기는 "크리스텐덤을 강력하게 퍼뜨리려 한 최종적 시도였으며, 동시에 크리스텐덤의 해체가 시작된 시기"였다.5 '위대한 세기'의 선교는 일방적 성공의 시기가 아니었다. 크리스텐덤 선교방식을 통해 전 세계에 모든 곳에 기독교를 퍼뜨린 것은 성공이라 할 수 있으나 동시에 이 기간은 '위대한 세기'의 선교를 떠받치던 크리스텐덤 세계관6이 무너지는 실패의 시기이기도 했다는 것이다.

1930년대 뉴비긴이 제기했던 선교 패러다임 변화의 필요성은 1970년대 선교지 교회들의 선교 모라토리엄(선교사 파송 일시중지) 요청을 통해 현실화된다. 선교지 교회들에 의해 서구 선교사 중심의 선교 패러다임의 변화가 요구되었기 때문이다. 이 충격은 복음주의 선교운동에도 커다란 충격이었다. 서구 교회의 기존 선교에 대한 진지한 재고가 진행되었고 그 결과 몇 가지 핵심적인 선교 개념들이 제기되었다.7

2019년 말 시작된 코로나 팬데믹 위기는 인류 문명 전반에 대해 엄청난 충격을 주었을 뿐 아니라 선교운동에도 큰 충격이 될 것으로 전망된다. 질문은 이것이다. 전 세계를 2년 넘게 멈추게 만든 코로나 사태로 인해 기독교 선교운동은 어떤 위기를 통과하고 있으며 그 위기 끝의 변화는 어디를 향하고 있는가? 본 소고에서 필자는 코로나 위기가 이후 선교운동에 미칠 변화의 충격을 가늠해보고자 한다. 먼저, 팬데믹이 선교 패러다임 전환을 촉발했던 역사적 사례를 통해 코로나 팬데믹이 선교운동에 긍정적 기회가 될 수 있음을 간단하게 살펴볼 것이다. 다음으로, 20 세기 후반 이래 제기되어 온 새로운 선교 패러다임들이 코로나 팬데믹 위기 속에서 어떻게 21 세기 선교운동에 영향을 미칠 것인가를 가늠해 볼 것이다. 마지막으로 이 변화들 속에서 한국교회 선교, 특히 파송 전문 선교단체가 직면할 도전들에 대해 몇 가지 제안을 하면서 논의를 마무리할 것이다.

본론

1. 팬데믹으로 인한 위기와 선교운동

코로나 팬데믹 위기는 21 세기 기독교 선교운동에 어떤 영향을 미치게 될까? 성경은 하나님께서 죄를 심판하거나 자기 백성의 영적 쇄신이 필요할 때 자주 전염병이란 도구를 사용하셨음을 보여준다. 팬데믹 위기는 공동체의 변화가 필요할 때 하나님이 사용하시는 방법 중의 하나였다.[8]

이는 교회 역사 속에서도 확인된다. 기독교는 전염병의 위기를 겪으면서 선교적 혁신을 경험해 왔다. 잘 알려진 대로 초기 기독교는 두 번의 대규모 전염병 위기를 통과하면서 로마 제국 내에 확실히 뿌리를 내리게 된다. 로드니 스타크(Rodney Stark)는 『기독교의 발흥』에서 초대 교회의 성공과 전염병의 관련성을 설명한다.[9] 로마제국 인구의 1/3 가까이가 죽어 나가는 상황에서 사람들은 절망했다. 거리에는 시체가 넘쳤고 가족조차도 병에 감염되면 거리에 내다 버렸다.[10] 그런데 이때 기독교인들은 전혀 다른 모습으로 반응했다. 부활에 대한 소망 속에서 죽음을 두려워하지 않고 환자들을 돌봤고, 환자들로부터 감염되어 죽어가면서도 소망을 잃지 않았다. 키프리안 주교였던 디오니시우스가 남긴 서신에서 당시 그리스도인들의 모습을 엿볼 수 있다.

우리 기독교 형제들은 대부분 무한한 사랑과 충성심을 보여주었으며 한시도 몸을 사리지 않고 상대방을 돌보는 데 힘을 쏟았습니다. 위험을 무릅쓰고 아픈 자들을 돌봤고 그들의 필요를 공급하고 섬겼습니다. 그리고 병자들과 함께 평안과 기쁨 속에 생을 마감했습니다. … 이교도들은 정반대로 행동했습니다. 이교도들은 질병이 발생하자 아픈 자들을 내쫓았고 가장 가까운 자로부터 도망쳤으며 병자가 죽기도 전에 거리에 내다 버리고 매장하지 않고 시신을 방치했습니다.[11]

스타크는 AD 313 년 기독교가 로마 제국의 공인을 받게 되는 과정에서 전염병 기간 중 헌신적인 수고를 아끼지 않았던 기독교인들의 충격적인 모습이 중요한 역할을 했을 것으로 평가한다.

미래학자 최윤식 박사는 기독교 패러다임을 혁명적으로 바꿔놓았던 종교개혁 과정도 1 세기 전에 발생한 페스트의 영향이 컸다고 설명한다. 페스트로 유럽 전체 인구의 1/3 가량이 죽고, 이어지는 경제 침체와 기근 등으로 인해 당시 유럽 사회의 지배구조가 무너지고 교회도 강력한 개혁에 직면하게 되었다.[12]

초기 한국교회의 빠른 성장과 부흥도 전염병과 무관하지 않다.[13] 콜레라 등 전염병의 위험 속에서 선교사들과 초기 한국 그리스도인들은 자신을 돌아보지 않고 이웃을 돌보면서 복음을 전했다. 많은 한국인 그리스도인들이 전염병으로 죽어가면서 기독교 신앙을 고백했다.

콜레라는 1902 년 8 월과 9 월에 다시 한 번 전국을 덮쳤다. 8 월 17 일 하루 동안 제물포에서는 92 명의 감염자 중 50 명이 사망했고, 평안도 선천에서는 20 명 중 11 명이 숨졌다. 9 월에는 서울에서만 매일 50 명에서 250 명의 사망자가 발생했다. 사망자 중에는 가장 열성적인 기독교인들도 포함되어 있었는데 이들은 임종 순간까지 신앙을 지켰다. '기독교인들이 콜레라에 대처하는 대담한 모습은 공포에 사로잡힌 불신

자 사회 전반의 모습과 강한 대조를 이루었다. 많은 사람들이 기도나 권면의 말을 하면서 숨을 거두었다.14

이런 모습은 스페인 독감이 한국에서 절정을 치닫던 1919 년 초에도 계속되었다.15 전염병으로 많은 사람이 죽어 나가는 상황에서도 한국 기독교인들은 민족의 독립을 외친 3.1 운동에 적극 참여했고 교회는 새로운 부흥 성장을 경험했다.

전염병의 피해 자체는 고통스럽지만, 그것을 어떻게 대하느냐에 따라 위기는 교회의 개혁 및 부흥을 위한 기회가 되어 왔다. 21 세기 초 한국교회와 기독교 선교는 코로나 팬데믹의 위기 가운데 있다. 고통스러운 시기를 지나고 있지만, 우리의 대응에 따라서 21 세기 선교 방향성을 모색하는 패러다임 전환의 계기가 될수 있을 것이다.

2. 코로나 이후의 선교, 패러다임의 전환

1) 20 세기 후반에 이미 시작된 21 세기 선교

이번 포럼은 코로나 팬데믹 위기가 제기한 질문들을 정리해 보고 이 질문에 대한 응답으로서 선교의 새로운 패러다임의 가능성을 모색하기 위한 모임이다. 과연 코로나-19 는 우리에게 어떤 새로운 질문과 (선교의) 방향성을 제기하는가?

히브리 대학 유발 하라리(Yuval Harari) 교수는, 코로나-19 사태 이후 우리가 만나게 될 세상은 이전과 본질적으로 다를 것이라고 주장한다.16 그러나 이 위기가 가리키는 변화의 내용은 20 세기부터 제기되었던 것들로 새로운 것이 아니다. 코로나 팬데믹 이후 인류가 직면할 충격은 대단히

클 것이라 예상되는데, 그 원인은 "위기의 내용보다는 변화의 속도"에 기인한다.

이는 기독교 선교운동이 직면할 충격에도 동일하게 적용된다. 타문화 선교운동을 바라보는 패러다임 변화의 필요성은 20세기 중반부터 제기되었다. 레슬리 뉴비긴이 제기한 다음의 질문은 당시의 고민을 잘 보여준다.

> 뉴비긴은 1950년대와 60년대에 걸쳐 선교의 새로운 패러다임과 씨름했는데, 이때는 선교들(missions)의 식민주의적 패러다임이 붕괴되고 있는 것이 분명했다. 서구교회는 곤경에 빠져 있었고, 남반구 전체의 교회는 성장하고 있었다. 만약 더 이상 서구를 '본거지'로 그리고 비서구를 '선교지'로 부를 수 없다면, 그렇다면 선교는 무엇인가?[17]

폴 벤더 사무엘(Paul Bendor-Samuel) 박사[18]도, 코로나 팬데믹 이후 직면하게 될 위기의 본질을 20세기에 제기된 여러 도전이 예상했던 것보다 빠르게 우리에게 다가왔기 때문이라 설명한다.

> 우리는 모든 것이 정지되고 있는 시기를 지나고 있다. 세계 선교도 예외가 아니다. 유럽의 기독교 세계(크리스텐덤)로부터 유래된 세계 선교 모델이 근본부터 도전을 받고 있다. 조금 이른 감이 없지 않지만, 코비드-19 팬데믹은, 전혀 새로운 어떤 것을 제기한다기보다는 이제까지 진행되던 도전들을 확대해 보여주는 면이 있다. 그럼에도 불구하고 우리가 직면한 현실을 좀 더 예리한 관점으로 들여다본다면, 이 상황은 교회에게 새로운 기회라는 선물을 주고 있다고도 볼 수 있다. 하나님의 선교에 어떻게 참여할 것인가에 대한 우리의 익숙한 기본 전제들에 대해 재점검해 볼 수 있는 기회 말이다.[19]

이 위기와 도전을 부정적으로만 볼 필요는 없다. 우리의 대응방식에 따라서 이 위기는 기독교 선교의 새로운 도약의 기회가 될 수 있다. 기존의 문제를 해결할 수 있는 새로운 선교 패러다임의 출현으로 이어질 수 있기 때문이다.

2) 패러다임 전환의 도전: 크리스텐덤 선교 성공의 역설

20세기 말 선교 패러다임 전환의 도전은, '위대한 세기' 선교운동에 대한 스티븐 니일(Stephen Neill)의 평가를 비판한 라민 사네(Lamin Sanneh)의 지적에서 잘 나타난다. 니일은 "크리스텐덤이 전 세계로 확장된 이 위대한 상황은 지난 두 세기 반 동안의 선교사들 수고의 결과"라고 평가했는데, 라민 사네는 이 문장은 다음 두 가지 면에서 문제가 있다고 진단한다. '위대한 세기' 선교는 크리스텐덤 세계화가 아니라 새로운 '세계 기독교'로의 발전이었고, 한편, 기독교 세계화는 선교사들만에 의한 성과가 아니라 선교사와 현지 교회가 함께 이룬 결과였다.[20] 사네의 평가는 21세기의 새로운 선교 패러다임의 윤곽을 암시한다. '위대한 세기'의 성공의 본질은 니일의 주장과 전혀 다르다. 크리스텐덤의 세계화는 없었으며, 서구 선교사들은 더 이상 세계 선교의 주역이 아니다.

20세기 후반 들어 크리스텐덤 선교 패러다임은 그 효력을 상실했다. 앤드류 월스는 근대 선교운동을 이끌던 크리스텐덤 패러다임이 폐기되었다고까지 주장한다.

> (지난 세기 동안의) 서구의 선교운동은 크리스텐덤의 마지막 절정으로 볼 수 있지만, 다른 한편으로는, 마치 아브라함이 갈대아 우르를 떠난 것처럼, 크리스텐덤으로부터 떠나는 과정이었다.[21]

19세기부터 20세기 전반기까지 서구 기독교가 전 세계로 확산한 '위대한 세기'였다. 그 결과 전 세계 모든 곳에 교회가 세워졌고 지리적인 의미에서 기독교는 세계적인 종교가 되었다. 그런데, 전 세계로 기독교를 확산시켰던 서구의 크리스텐덤 세계관은 정작 이 시기 동안 진행된 서구 교회의 붕괴를 막아내는 데는 성공하지 못했다. 서구 기독교의 정체성을 대변하는 크리스텐덤 세계관은 붕괴되고, 그 위에 새로운 패러다임의 도전이 이어졌다.[22] 크리스텐덤 세계관과 무관한 '세계 기독교'(world Christianity)로 발전되었다.

크리스텐덤 붕괴 이후의 선교에 대해 연구한 스튜어트 머레이(Stuart Murray)도 서구 선교의 열매인 '세계화된' 기독교는 서구 크리스텐덤의 세계적 확장의 결과로 볼 수 없다고 주장한다. 오히려 크리스텐덤의 붕괴 위에 세워진 세계 기독교는 새로운 기독교 정체성을 지향한다고 보았다.

기독교의 전 지구적 신앙으로의 확산은 크리스텐덤 붕괴에 결정적 충격이 되었다는 점은 아이러니가 아닐 수 없다. 서구 선교사들은 비록 크리스텐덤 사고 속에 잠겨 있었고 그 가치와 구조를 다른 문화권에 이식하려 애썼지만, 낡은 가죽 부대 안에 새 포도주를 넣으려는 그들의 노력은 성공하지 못했다. 비강제적 전략들에 의해 비제도화된 토착형태의 기독교로 발전한 아시아, 아프리카의 교회들은 서구교회와 달리 특정 통치구조에 얽매이지 않을 뿐 아니라 더 이상 크리스텐덤 형태의 기독교가 아니었다.[23] 크리스텐덤과 무관한 비서구 기독교가 세계 기독교의 중심이 된 상황에서, 크리스텐덤 세계관은 더 이상 세계 기독교를 대변하는 위치를 유지할 수 없게 되었다.

이는 기독교 선교에도 영향을 미쳤다. 서구의 경제적 문화적 영향력 위에 세워진 크리스텐덤 선교방식은 20세기 후반 들어 심각한 도전에 직면한다. 아시아 아프리카 식민지들이 독립하면서 선교에 부정적인 정부들이 들어섰고, 중국과 베트남 등의 공산화로 인해 다수의 서구 선교사들이 추방되었다. 1970년대 선교 모라토리엄의 충격 속에서 이 패러다임 붕괴는 더욱 가속화되었고, 다수세계 교회들이 주도하는 '세계 기독교'의 출현은 새로운 선교 패러다임을 요구하고 있다.

3. 21 세기 선교를 향한 전망: 새로운 선교 패러다임의 윤곽들

근대 선교운동의 성공과 크리스텐덤의 붕괴, 세계 기독교의 출현 등은 새로운 선교 패러다임의 출현을 요청하고 있다. 그러나 익숙하던 전통의 관성을 탈피하기는 쉽지 않을 뿐 아니라 실제로 패러다임이 전환되어 현장 사역의 변화로 이어지기까지는 상당한 시간이 필요하다. 그런데 코로나 위기로 인해 이 변화의 속도가 빨라졌고 예상보다 빨리 새로운 패러다임의 도전을 선교현장에서 직면할 가능성이 높아졌다. 그렇다면 서구 주도의 크리스텐덤 방식의 선교구조를 대체할 21 세기의 새로운 선교 패러다임은 어떤 모습일까?

먼저 선교역사학자들의 21 세기 선교에 대한 전망을 간단하게 살펴보자.

선교역사학자인 데이나 로버트(Dana Robert)는 『기독교 선교: 기독교는 어떻게 세계 종교가 되었는가』(Christian Mission: How Christianity Became A World Religion)에서 20 세기 선교운동을 "실패한 비전과 성취된 꿈"(failed vision & accomplished dream)으로 요약했다.24 근대 선교운동이 왜 '실패한 비전'인가? 서구 교회가 품었던 비전, 즉 서구 기독교의 세계적 확장을 이뤄내지 못했기 때문이다. 오히려 서구 기독교를 지탱하고 있던 크리스텐덤 세계관이 붕괴되고, 서구교회의 선교운동의 결과로 세워진 선교지 교회들은 서구 크리스텐덤과 거리가 먼 토착 기독교로 발전되면서 실패한 비전이 되고 말았다. 그렇다면 20 세기 선교운동은 왜 '성취된 꿈'인가? 근대 선교운동이 이룬 세계 기독교는 각 문화에 뿌리내린 토

착화된 기독교들이 다양성 위에 하나된 기독교를 이뤄냈다는 점에서 초기 기독교의 꿈이 실현된 교회이기 때문이다.[25]

로버트는 각 지역에 형성된 다양한 토착 기독교 정체성들이 서로 연결되면서 '지구촌' 기독교를 이뤘고, 이를 기초로 새로운 기독교 선교운동이 이어질 것으로 전망한다. 그녀는 21세기 선교 방향성을 크게 세 가지로 예측한다.[26] (1) 전문(전임) 선교사들의 역할 감소와 단기 선교 및 (평범한 그리스도인들에 의한) 아마추어 선교의 확산[27], (2) 교회개척 중심의 전문 선교기관보다는 비영리단체(NGO) 중심의 선교, 마지막으로 (3) 세계 기독교의 중심으로 성장한 비서구교회들의 선교운동 참여에 따른 선교운동의 지구촌화 등이다. 전통적인 선교구조가 지속되기는 하겠지만 전체적인 21세기 선교의 틀은 새롭게 일어나는 비서구 교회들의 상황에 적합한 새로운 선교 패러다임이 대두될 것이란 목소리에 귀를 기울일 필요가 있다.

21세기 복음주의 선교 패러다임의 변화 방향을 보여주는 대표적인 논의는, 1999년 세계복음주의연맹(World Evangelical Alliance, WEA)이 남미 이과수에서 모인 '이과수 선교회의'이다. 이 회의에서 특히 다음 두 지도자의 제안이 의미가 있었다.

한 사람은 스리랑카 학자인 아지쓰 퍼난도(Ajith Fernando)이다. "우리의 숙고 기반을 성경에 둠: 성경적 삼위일체주의와 선교"라는 강해를 통해, 삼위일체 하나님의 선교의 틀 위에서 복음주의 선교가 전반적으로 재조정되어야 할 것을 도전하였다.[28]

다른 한 사람은 남미 학자인 사무엘 에스코바(Samuel Escobar)이다. 그는 이 모임에서 발표한 두 논문[29]을 통해 21세기 복음주의 선교학의 핵심 개념들을 제시하였다. 그것들은 '삼위일체 하나님의 선교', '번역가능한 복음', '지구촌화된 교회', '포스트모던 세계관의 도전' 등이다. 에스코바의 제안은 이 회의 결의문에 반영되었고, 21세기 복음주의 선교 방향성에 결정적 영향을 미쳤다.

이 장에서는 20세기 말 복음주의 선교학자들이 제시한 견해들에 기초해 코로나 이후 새롭게 제기될 선교 패러다임의 틀을 다음 몇 개의 핵심 개념을 중심으로 제시하고자 한다.

1) 삼위일체 하나님의 선교와 하나님 백성의 선교

20세기에 던져졌던 선교학적 질문 중 21세기 기독교 선교에 중요한 영향을 미친 것 중 하나는 '삼위일체 하나님의 선교'가 아닐까 싶다. '하나님의 선교'(Missio Dei)는 피조세계 전체에 대한 하나님의 통치의 회복을 지향하며 그 주체가 하나님이심을 주장한다. (서구)교회에서 파송된 선교사들에 의해 전 세계에 교회가 설립되는 것을 선교의 완성이라 생각했던 전통적 관점을 뒤집는 코페르니쿠스적 발상의 전환이었다. 20세기 선교학 토론은 이 패러다임 전환과 맞닿아 있다.

1952년 빌링겐 IMC 대회에서 요하네스 호켄다이크(Johannes Hoekendijk)는 "기독교의 전 세계 확산은 신구약 성경을 통해 하나님이 말씀하신 이 세상을 향한 하나님의 뜻과 정확히 일치하는가?"라는 질문으로 '하나님의 선교'에 대한 토론을 촉발했다. 서구교회의 경험을 비춰볼 때 그는 이 전제가 틀릴 수도 있다고 주장하였다.[30] 기독교 세계의 중심에서 발생한 제2차 세계대전의 잔혹함, 특히 유대인 대학살이 개신교의 발상지인 독일 사회에서 일어났다는 점은 충격이었다. 호켄다이크는 교회의 확장이 곧 선교라는 생각을 내려놓고 선교의 주인인 하나님의 뜻이 무엇인지 다시 물어야 하며, 하나님의 궁극적 관심은 교회 자체의 확산이 아니라 교회를 통한 세상의 변화에 있다고 주장했다.[31] 70년 전에 제기된 호켄다이크의 질문은 오늘날의 상황에서도 여전히 유효하다.

선교는 그리스도의 방식을 따르는 것으로, 그리스도가 역사 전체에 걸친 성부의 사역에 대해 가지셨던 것과 동일한 신뢰를 갖고, 또한 그분의 말씀과 행위 가운데 일하시는 성령의 능력에 대한 동일한 믿음을 갖고 그렇게 하는 것이다. 하나님의 선교라는 이 진짜 신앙이 오늘날 서구교회를 자신의 흐름으로 휩쓸어가는 강력한 인간주의 조류에 대항한다. 교회의 삶을 위해 계획, 전략, 사회과학에 —신학적으로는 그렇지 않아도 실천적으로는— 의존하는 경영적인 교회론이 있다. 얼마 전 나에게 한 목사는, 이 사실이 … 오늘날 미국 목사들에게 가장 큰 위협 중 하나라고 믿는다고 말했다.32

이 질문은 교회 개척, 기독교 확산을 최종적 목표로 추구해 온 한국교회 선교에도 적용될 수 있다.

복음주의 선교학이 '하나님의 선교' 개념 수용을 공식적으로 천명한 것은 1999년 세계복음주의연맹(WEA)이 주최한 '이과수 회의'에서였다. 이 회의에서 발표한 이과수 선언문은 20세기 복음주의 선교학을 정리하면서 '삼위일체 하나님의 선교'를 복음주의 선교학의 기초로 수용할 것을 다음과 같이 선언했다.

우리는 하나님 중심의 선교학에 대한 새로운 강조점에 헌신한다. 이것은 이 타락한 세상에 대한 선교에 있어 성부, 성자, 성령의 독특한 역할을 이해할 뿐 아니라, 인류와 전체 피조계의 구속을 위한 삼위 하나님의 역사(operation)에 대한 새로운 연구로 우리를 초청한다.33

이 결정에 영향을 미친 선교학자 중 하나는 사무엘 에스코바(Samuel Escobar)였다. 이 회의에서 발표된 "복음주의 선교학: 세기의 전환기의 미래에 대한 응시"라는 논문에서 그는 20세기 복음주의 선교학의 특징을 '후기제국주의 선교학', '경영학적(managerial) 선교학', '주변에서 나온 비판적 선교학' 등 세 가지로 정리한 뒤, 21세기 복음주의 선교학은 삼위일체 하나님의 선교학(Trinitarian missiology)이 될 것으로 전망했다.34

물론 기존 '하나님의 선교' 개념의 문제로 지적된 부분들까지 복음주의 선교학이 모두 수용한 것은 아니었다. 선교 개념의 모호성이나 선교의 세속화 등을 지양하고, 타문화 선교운동의 지속, 기독론 중심의 복음 증거, 그리고 선교에 있어서 교회의 중요성35 등에 대한 복음주의적 입장은 유지되었다. 이런 입장은 『선교신학의 도전』(2017)에서 크레이그 오트(Craig Ott) 교수의 선교 정의에 잘 나타나 있는데, 그는 '하나님의 선교'와 '선교에 있어서 교회의 중심성'을 적절하게 통합했다.

> 반면 선교라는 용어는 모든 나라, 방언, 족속들의 타락한 남자들과 여자들을 하나님과 화목케하고 하나님 나라에 입문케 하기 위한 하나님의 보내시는 행위를 의미하는 것으로 사용하게 될 것이다. 이 경우 교회는 이 시대를 위한 선교의 주체가 된다.36

21세기 복음주의 선교 패러다임의 핵심은 '교회를 통해 전개되는 삼위일체 하나님의 선교'로 요약될 수 있다. '하나님의 선교'에 대한 복음주의적 이해는 복음과 교회의 전 세계로의 확장을 포함하는 피조세계 전반(세상)의 변화로 재해석한다. 물론 여기에서의 교회는 교회 존재 자체가 목적이던 이전의 교회와 다르다. 삼위일체 하나님의 선교를 담아낼 수 있는, 즉 선교적 본질을 회복한 교회이다. 교회의 본질을 선교로 해석한 '선교적 교회'에 관한 논의는 바로 이 배경에서 나온 것이다. 이런 점에서 복음주의적 '삼위일체 하나님의 선교' 이해와 선교적 교회 논의는 동전의 양면처럼 하나이다.

삼위일체 하나님 중심의 선교 이해는 사역 현장에 어떤 의미를 주는가?

먼저, (서구) 기독교 확산으로서의 선교 개념을 내려놓고, 창조와 타락, 그리고 회복에 이르는 하나님의 구속사 전체의 관점에서 선교를 조망하도록 도전한다. 선교는 피조세계 전체의 회복을 향해 펼치시는 하나님의 거대한 이야기(grand narrative)에의 참여과정이다. 둘째, 선교 사역의 목표인 교회 개척 의미의 변화이다. 영혼구원과 교회 확장을 넘어 하나님의 피조세계 전체의 회복을 지향하는 선교적 교회에 대한 새로운 이해를 요청한다. 한 사회 구성원의 대다수를 기독교화한다면 자동적으로 하나님의 나라가 성취될 것이란 관점은 포기되어야 한다. 1994년 민족 간 대학살이 일어날 당시 르완다는 전 인구의 95%가 기독교였다. 전체 인구의 기독교화라는 목표의 한계를 보여준 사례이다. 마지막으로 서구에서 비서구로 일방적으로 흐르던 서구 중심적 선교가 종결되었음을 의미한다. 하나님이 주도하시는 '모든 곳에서 모든 곳으로' 복음이 흘러가는 '전 지구적 선교'로 전환되며 지구촌의 모든 교회들이 참여하는 새로운 선교 패러다임를 고민해야 한다. 우월한 문명과 재정적 힘을 앞세워 진행되던 선교 패턴은, 성령의 능력에 기초한 '약함의 선교'로 대체되어야 함을 요구한다.[37]

2) 세계 기독교와 복수(複數)의 기독교적 정체성

『세계 기독교 위치 다시 잡기』(*Relocating World Christianity*, 2017)라는 책 서문에서 카브리타(Joel Cabrita)와 맥스웰(David Maxwell)은 '세계 기독교'(world Christianity)를 다음과 같이 소개한다.

> 최근 '세계 기독교'는 신학과 선교학 진영의 새로운 구호(catchphrase)가 되고 있다. 비서구 세계의 여러 지역에서 성장하는 지역 기독교들(Christianities) 연구에 대한 관심이 높아지고 있음을 의미한다. 이 용어는 종종, 오랫동안 불균형적으로 학문적 관심의 중심으로 여겨졌던 서구 기독교를 의도적으로 그 시야에서 배제하려는 경향을 반영한다.

… 그러므로 이 용어는, 서유럽과 북미주 기독교를 규범적 기독교로 보려는 관점에 대해 거리를 두려는 입장을 반영한다. 또한 20 세기 동안 진행된 기독교 무게중심의 변화, 즉 다수의 기독교인이 존재하는 지역이 서구에서 남반부 지역으로 옮겨간 것을 반영한다.38

21 세기를 규정하는 20 세기 선교의 열매 중 하나는 '세계 기독교'이다. 기독교 역사학자 마크 놀(Mark A. Noll)도 '세계 기독교'가 기독교의 미래가 될 것이라 주장한다. 그가 말하는 '세계 기독교'는 기독교가 전 세계에 퍼졌다는 의미를 넘어선다. 글로벌하면서 동시에 지역적인 정체성이 공존하는 기독교를 가리킨다.39 이 용어는, 서구 기독교(크리스텐덤) 중심의 기독교 이해의 붕괴, 기독교 무게 중심의 남반구로의 이동, 각 지역 문화에 기초한 새로운 기독교 정체성의 형성과 이들의 전 지구적 연결 등의 의미를 담고 있는 새로운 선교적 용어다. "각 지역의 문화적 토양 위에 새롭게 세워진 기독교 정체성들의 총합"으로서의 기독교를 의미한다.40

박형진 교수는 "지구촌 기독교의 등장과 그 개념화 작업"이란 글에서41, 세계 기독교를 "상반되는 두 개념의 공존하는 지구촌 전체를 포괄하는 기독교"로 설명한다. 즉 '지구촌(세계) 기독교'는 각 지역 문화적 정체성이 그대로 유지되면서 동시에 하나된 보편적 기독교 정체성에 연결된 상태를 의미한다.

> 얼핏 보면 가장 큰 세계 종교로 보이지만 실제로 (기독교는) 국지성을 지향하는 종교이다. 하나님에 대한 토착적인 표현들과 고대적인 형식의 영성은 모두 기독교의 일부가 되었다. 국제적인 연결망의 일부로 결합된 국지적 수준에서의 유연성은 오늘날 기독교의 자기 이해와 성공에 있어서 주요한 요인이다. 세계 기독교의 힘은 세계 종교의 날줄과 그 국지적 맥락들의 씨줄의 창조적인 상호 얽힘에 있다.42

'세계 기독교'는 국지적으로 발전한 기독교 정체성이 창조적 상호 얽힘을 통해 전(全) 지구적 통합으로 나아간 과정의 결과라는 점에서 글로벌하면서 동시에 지역적인 '글로컬'(global + local) 패러다임을 지향한다.

'글로컬(glocal)' 세계 기독교 패러다임은 기독교 정체성을 하나가 아닌 복수로 이해한다. 케임브리지 기독교 역사 시리즈[43]의 마지막 책인 제 8 권과 제 9 권의 제목은 "세계 기독교들: 1815 년부터 1914 년까지"(*World Christianities. C. 1815 – C. 1914*)와 "세계 기독교들: 1914 년부터 2000 년까지"(*World Christianities. C1914 – C. 2000*)이다. 하나의 기독교가 아니라 '기독교들'(Christianities), 즉 복수의 다양한 기독교 정체성을 전제한 것은 파격적이다. 기독교 역사는 하나의 기독교가 확장된 것이 아니라 다양한 (복수의) 기독교 정체성들로 발전되면서 퍼져 나간 과정이며 그 결과인 '세계 기독교'도 복수의 다양한 기독교 정체성이 모인 것으로 이해한다. 이 관점은 '세계 기독교들'로의 변화와 확장의 과정이 21 세기 기독교 선교의 새로운 패러다임이 될 것임을 암시한다.

지난 세기말부터 선교신학, 선교역사, 성서신학, 조직신학, 교회론 등 신학의 전 영역에서 '세계 기독교' 관점을 통합하기 위한 토론이 진행되어 왔고 상당한 정도의 학문적 진전을 이뤘다.[44] 필자는 21 세기 기독교 선교를 이해하기 위해서는 반드시 '세계 기독교'로의 패러다임 전환이 전제되어야 한다고 생각한다. 코로나 팬데믹 이후의 선교 현장에도 이 패러다임 전환의 도전에 직면할 것이라 전망한다.

그렇다면 글로벌하면서 동시에 로칼의 정체성이 공존하는 '세계 기독교'로의 관점 전환이 선교 현장에 던지는 도전은 무엇인가?

무엇보다 '비계'(飛階)로서의 선교사의 역할이 더욱 강조되며, 선교사 중심의 '선교기지' 접근은 점점 설 자리를 잃게 될 것이다. (선교기지 접근의 문제는 오래전부터 논의되어 왔다. 1955 년 출판된 도날드 맥가브란의

*The Bridges of God*이 대표적 예이다.) 선교사의 역할은 토착교회들이 주도권을 갖고 자신들의 문화에 기초한 기독교의 정체성을 세울 수 있도록 돕는 쪽으로 전환될 것이다.

> 모든 징조들은, 세속 역사 속에서 근대 시기가 종식된 것처럼 근대선교 역시 종식의 시기를 맞고 있음을 가리키고 있다. … 19세기 (서구 교회의) 근대 선교운동은 새로운 교회를 세우기 위한 비계로 비유될 수 있다. 비록 비계치고는 너무 과도하기도 했고 건물이 완공된 이후 필요 이상으로 늦게 철거되기는 했지만 말이다.45

데이비드 보쉬(David J. Bosch)는 코수케 코야마(Kosuke Koyama)를 인용해, 선교사의 '해답신학'(answer theology)이 바른 선교를 가로막는 장애물이라 설명한다. 선교사의 역할은 답을 제시하는 데 있지 않고 진정한 답이 되시는 예수를 소개하는 데 있으며, '정답을 주는 자리'에서 내려와야 한다고 주장한다.46

3) 번역가능한 복음과 번역에 의한 기독교 정체성의 확장

'위대한 세기'의 선교 결과 기독교는 서구의 종교에서 전 세계 모든 곳에 뿌리를 내린 세계적인 종교가 되었고 복수의 기독교적 정체성의 총합으로서의 기독교, 즉 '세계 기독교'로 발전했다. 그렇다면 기독교의 세계적 확장이 '세계 기독교'로 발전하게 된 배경은 무엇인가? '복음의 번역가능성'(translatability of the Gospel)이다. 다양한 기독교적 정체성을 가진 교회들의 연합으로서 21세기의 '세계화된 기독교'는, 복음이 번역가능했기 때문이다. 에스코바는 '번역가능한 복음'의 발견을 20세기 선교의 가장 위대한 발견이라 주장한 이유가 여기에 있다.47 세계 곳곳의 교회들은 '복음의 번역가능성'에 기초해 각 문화의 고유한 기독교적 정체성을 발전시켜왔다.

복음의 번역가능성은 라민 사네(Lamin Sanneh)가 1989년 미국 선교학회 시리즈 제42권으로 출판된 *Translating the Message: The Missionary Impact on Culture*[48]에서 제기한 이래 20세기 후반 선교학 논의에서 핵심적 주제가 되어 왔다. 사네는 이 학회 연례회의에서 처음으로 '복음의 번역가능성'에 대해 설명했는데 이는 큰 반향을 일으켰다. 이 회의 참석자 중 하나였던 데이나 로버트는 그때 받은 충격을 다음과 같이 회고한다.

> 사네(Sanneh)는 선교는 서구 식민주의자들이 주도한 것이 아니라 실제로는 토착적 기독교에 의해 주도되었다고 주장한다. 아시아, 아프리카, 라틴 아메리카 기독교인들은 북유럽과 북미 기독교의 복제품이 아니었다. 자신의 고유 언어로 신앙을 이해했고 그들 방식으로 기독교를 받아들였다. 사네의 책은 미국선교학회의 시리즈물로서 출판되었는데, 그는 학회의 연례모임에서 이 책 내용을 처음 발표했다. 그 모임에서 기독교의 '번역가능성'(translatability)에 대한 사네의 설명을 들으면서, 또 많은 선교학자들이 그의 책을 '게임 체인저'(선교의 패러다임을 바꾸는)로 평가하는 것을 보면서 느꼈던 흥분을 지금도 기억한다. 선교를 식민주의의 결과라는 편견으로부터 해방시킴으로써, 사네는 '세계 기독교'라고 불릴 새로운 기독교 세계로의 문을 열었다.[49]

그렇다면 복음의 번역가능성이란 무엇인가? 라민 사네는 이렇게 설명한다.

> 문화와 교섭하지 않는 그런 '순수한' 복음은 모호한 추상적 개념에 지나지 않아서 결국 사라지고 만다. 반대로 복음이 능력을 상실한 채 문화와 교섭을 하게 되면 그 본질을 잃게 되어 단순한 문화적 이념으로 변질될 위험이 있다. 우리의 과제는 복음과 교섭하게 되는 문화적 요소들을 무시하지 않으면서 복음의 내재적이고 본질적인 능력을 유지하는 방안을 찾는 것이다.[50]

문화와 교섭되지 않은 '순수한' 복음은 없다. 하나님이신 예수가 인간의 문화와 역사 속으로 들어오신 성육신 자체가 번역가능한 복음의 원형이며 모델이다. 예수의 복음은 유대 문화와 아람어라는 문화의 그릇에 담겨 전해졌다. 아람어를 사용하셨던 예수의 가르침이 헬라어로 번역되어 복음서에 기록되었는데, 이것 역시 번역 과정을 거친 것이다. 선교는 번역의 과정이며 하나님이 먼저 시작하신 선교의 모델이다.

> 번역으로서의 선교는, 다음 몇 가지 면에서 대담하고 혁신적인 걸음을 내딛는 헌신이다. 복음을 받아들이는 문화를 하나님의 구속 언약이 궁극적으로 이뤄지는 목적지로 인식하며, 문화적 우상으로부터 보호를 받으면서 '하나님의 긍휼'로 들어가는 영광스러운 자리이다. 메시지와 그 메시지를 담아내는 문화적 수단 사이를 구분함으로써, 번역으로서의 선교는 번역을 통해 자신의 영광을 드러내시는 '하나님의 선교'(*Missio Dei*)를 드러낸다. '선교하시는 하나님'은 번역을 통해 더 많은 사람들이 들어오도록 복음의 경계를 넓히신다.[51]

앤드류 월스도 기독교 선교의 본질은 '복음의 번역가능성'에서 나오며, 이 번역의 원천은 성육신을 허락하신 하나님께 있다고 주장한다.

> 하나님이 인간 구원의 방편으로 번역이라는 것을 택하신 것은 더 놀라운 일이다. 기독교 신앙은 번역이라는 하나님의 행위에 기초해 있다. "말씀이 육신이 되어 우리 가운데 거하시매"(요 1:14). 성경이 번역될 수 있다는 자신감은 바로 이 번역 행위에 기초해 있다고 확신한다.[52]

한편 다양한 문화와 언어로 번역되는 과정은 복음에 대한 더 온전한 이해를 가져다준다. 새로운 문화와 언어로 번역된 성경은 계시의 새로운 이해를 열어준다. 다양한 문화적 관점들이 모여 '국제적 해석학적 공동체'를 이루게 된다면 하나님의 계시인 성경 이해는 더 온전해질 것이다. 이런 면에서 21세기 '세계 기독교' 상황은 더 온전한 복음 이해로 나아가는 새로운 장으로 이해된다. 전 세계 모든 문화 속에서 뿌리내린 복음에 대한 새로운 이해들이 세계 기독교로 연결되고 통합되면서 더 온전한 기독교로 나아가게 된다.[53]

> 이미 살펴보았듯이, 그리스도의 완전함은 인류 전체에게서 나온다. 이는 예수의 생명이 역사 속에 등장했던 세계의 모든 문화, 하위 문화들의 삶의 방식으로 번역됨으로써 성취된다. 우리 자신의 것들만으로는 그리스도의 온전함에 절대 이를 수 없다. 다른 문화 속에 살던 이들의 이해와 연결되면서 우리 자신의 이해를 교정하거나 확대, 집중하여야 한다. 함께하게 될 때, 비로소 그리스도 안에서 완결될 수 있다.[54]

복음의 번역가능성이 21세기 선교현장을 향해 제시하는 도전은 무엇인가?

먼저, 토착교회에 대한 선교사의 인식변화에의 도전이다. 선교는 서구 또는 한국교회의 복음이해를 선교지에 이식하는 과정이 아니다. 복음이 그 문화 속에서 해석되고 그 문화에 맞는 정체성을 세워가도록 하는 과정이다. 보쉬는 선교사의 정체성을 "먹을 것을 찾는 거지에게 어디 가면 먹을 것을 얻을 수 있는지 알려주는 거지"라고 했다.[55] 선교사는 먹을 것을 주는 존재가 아니다. 참된 양식을 주시는 주님을 소개하는 자일 뿐이다.

동시에 선교사는 현지교회의 특정 문화에 의한 복음의 해석이 자기중심적으로 가지 않도록 도와야 한다. 각 문화권의 교회들은 자신학화를 통해 고유의 기독교적 정체성을 세워가지만, 동시에 세계 기독교 공동체에 속해 각자의 이해들이 지속적으로 공유되며 그 과정에서 서로 교정될 수 있도록 열린 자세를 유지해야 한다. 선교사는 현지 교회가 '국제적 해석학

공동체'와 교류하도록 돕는 촉매자의 역할을 해야 한다. 복음의 번역가능성은 선교사들이 선교학적으로 '성찰하는 실천가'(reflective practitioner)가 되어야 함을 요청한다.

4. 자원주의 파송 선교구조는 지속될 것인가?

그렇다면 20세기 말부터 제기된 새로운 패러다임들은 '위대한 세기' 선교운동을 이끌었던 자원주의 파송선교 구조에 대해 어떤 변화를 요구하고 있는가? 이번 장에서는 이러한 변화들이 GMF 같은 자원주의 파송 선교구조에 미칠 파장을 중심으로 간단하게 논의하고자 한다.

1) 자원주의 파송 선교단체의 성경적 근거

자원주의(voluntarism) 전문 파송선교 구조의 미래를 논하기 위해서는 이 구조의 성경적 근거에 대해 먼저 살펴봐야 한다. 교회 밖의 선교구조를 지지하는 대표적인 성경적 근거는 사도행전 13장 2절의 "따로 세우라"는 말씀이다. 바울 중심으로 한 일단의 무리들은 교회 밖에서 스스로 결정권을 갖고 전문적으로 여러 지역에서 교회를 세우고 세워진 교회들을 돌보는 일을 했다.

이 말씀에 기초해 랄프 윈터(Ralph Winter)는 선교구조(sodality)와 지역 회중적 구조(modality) 둘 다 동등하게 합법적일 뿐 아니라 우주적 교회의 성경적 표현들이라 주장했다. 윈터는 자신의 논문 "하나님의 구속적 선교의 두 구조"에서 개신교가 '위대한 세기'의 선교를 할 수 있었던 배경으로 윌리엄 캐리에 의해 시작된 선교단체(소달리티) 조직을 꼽는다. 또한 새롭게 일어나고 있는 비서구교회들의 선교운동을 위해서도 전문 선교단체의 활용은 필수적이라 주장한다.

조직적인 면에서 보면 개신교 선교운동이 활기차게 힘을 발휘할 수 있도록 해 준 수단은 소달리티의 구조적 발전이었다고 할 수 있다. 이런 소달리티 조직은 개신교 내 잠재해 있던 활기찬 '자원주의'를 낳았고, 더 나아가 국내선교와 해외선교에 이르는 다양한 종류의 새로운 선교회를 태동시켰다. 복음을 전파하겠다는 영적 물결의 지속적인 흐름은 세계 기독교 판도를 변화시켰다.56

선교단체 구조의 효율성과 유용성은 지난 세기 선교의 성과를 볼 때 논란의 여지가 없다. 전 세계 거의 모든 곳에 교회들이 세워졌고 엄청난 사회변화를 이뤘다.

그러나 소달리티의 부정적 면에 대한 지적도 만만치 않다. 특히 선교단체의 통제에 대한 선교지 교회들의 반발은 소달리티 구조의 정당성에 대한 도전의 계기가 되었다. 소달리티 구조의 성경적 근거에 대해 의문을 제기한 학자 중 하나는 롤랜드 앨런(Roland Allen)이다. 그는 1927년 출판된 『교회의 자발적 확산』(The Spontaneous Expansion of the Church)에서, 선교단체를 교회가 선교적 사명을 감당하지 못하는 상황에서 예외적으로 허용된 존재로 설명한다57. 앤드류 월스도 근대 선교구조의 성경적 근거에 대해 회의적인 입장을 표명했다.

> 자발적 선교단체를 위한 신학이란 것은 존재하지 않았다. 자발적인 단체는 하나님의 신학적인 익살 가운데 하나로, 그분은 자기 백성이 지나치게 엄숙한 척하면 그들을 가벼운 웃음거리로 만드신다.58

앨런은 선교단체의 부정적인 면을 예리하게 지적했다. 만약 선교단체가 지나치게 복잡해지고 자기를 정당화하며 과도하게 전문화될 때, 그리고 현지교회들을 선교단체 의존적으로 만들게 될 때, 이는 토착교회의 자발적 성장을 저해할 수 있다고 주장했다.59

한편, 브루스 캠프(Bruce Camp)는 선교단체의 성경적 정당성에 대해 위의 두 관점을 종합하여 균형 잡힌 통합을 시도한다. 선교의 주체는 교회임을 분명하게 천명하면서, 동시에 선교단체 역시 교회를 위한 하나님의 선물이며 적극 활용해야 하는 조직이라고 설명한다.

> 실용적으로 말하자면, 선교단체들(초교파 선교단체나 교단 소속 선교회)은 하나님의 선물이며 교회에 의해 활용되어야 할 존재이다. 그러나 신학적으로 말하면, 선교단체들은 결코 이동하는 형태의 교회로 간주되어서는 안 된다. 선교단체들에 주어진 정당성은 지역교회에게 주어진 성경적 명령을 자신 쪽에게 빼돌림으로써가 아니라 교회를 도와 행하는 사역에서 나와야 한다.60

2) 크리스텐덤의 붕괴와 파송 선교단체에 대한 질문

'위대한 세기' 성공의 중심에 자발적 파송 선교단체가 있음은 부인할 수 없다. 앤드류 월스는 "선교단체 그리고 교회의 다행스러운 전복"61이란 논문에서 자발적 선교단체들이 세계 기독교 변화에 끼친 영향에 대해 다룬다. 비록 도구적 성격이 강하고 상대적으로 최근에 생성된 구조이긴 하지만, 근대 선교구조는 오늘날 세계화된 기독교 형성에 지대한 영향을 미쳤다.62

그러나 지난 세기 선교적 기여에도 불구하고 전문적인 파송 선교단체의 정당성에 대한 질문은 오래전부터 제기되었다. 역사적으로 이 질문은 선교지에 개척된 교회와 선교단체 간의 갈등에서 비롯된 면이 있다. 토착화에 대한 논의에도 불구하고 대부분 지역에서 선교지 교회들은 선교단체의 지도(통제) 아래 있었다. 이 상황이 극명하게 드러난 것은 1910년 에딘버러 세계선교사대회였다. "세계선교사대회"(The World Missionary Conference)라는 대회 명칭이 보여주듯 선교단체 중심의 회의였다. 세계복음화를 (비서구 세계에 개척된 교회들을 배제한 채) 서구 선교단체들의 사명으로 인식했음을 보여준다.63

이 모임 이후, "세계 복음화 책무는 피선교지 교회들과는 관계가 없는 것인가?"라는 질문이 제기되었고 이는 20세기 내내 선교의 주요 쟁점이 되었다. 1938년 인도 탐바람 국제선교협의회(International Missionary Council, IMC) 대회 이래 피선교지 교회 대표들의 참석이 확대되기 시작했고, 급기야 1958년 가나 IMC 대회에서는 선교단체, 선교사 중심이었던 국제선교협의회(IMC) 대회를 해체하고 '세계교회협의회'(World Council of Churches)로 통합되는 것이 결의되었다.64 1970년대 '모라토리엄'(선교 일시중지) 요청 역시 선교단체의 주도에 대한 (토착) 교회들의 반발과 도전의 표현이었다. 이 모든 사건은 선교단체의 정체성에 대한 질문과 연결되어 있었다.

파송 선교단체의 정당성에 의문을 제기하게 된 또 다른 배경은 역설적으로 자원주의 파송 선교단체가 주도했던 '위대한 세기' 선교의 성공이었다. 서구 기독교가 쇠퇴하고 세계 기독교의 무게중심이 비서구교회로 이동하는 상황에서 '서구로부터 비서구로의 일방적 기독교 확장' 패러다임은 설득력을 잃게 되었고, '교회들 위에 군림하는 선교단체는 정당한가?'라는 질문이 제기된 것은 자연스러운 귀결이었다. 1910년 에딘버러 세계선교사대회에 대한 브라이언 스탠리(Brian Stanley)의 다음과 같은 주장은 위의 변화들을 보여준다.

이 대회의 실질적 전제는 기독교 선교가 서반구의 기독교 세계로부터 동방의 비기독교 세계를 향한 운동으로 인식되어야 한다는 것이다. … 그들은 기독교 세계와 이교도 세계를 나누는 편리한 지형적 구분이 에든버러 대회의 유약한 에큐메니칼 정신을 유지하는 유일한 토대가 된다는 사실은 인정해야만 했다. 에든버러 대회에 참석한 대부분 사람에게서 찾을 수 있는 이러한 지형적 이해는 세계를 이해하는 그들의 내면화된 특징이었다. 어떤 이들에게 이것은 세련되지 못하고 심지어 후회스럽고 유감스러운 전제였을 것이다.[65]

당시 선교사들은 서구와 비서구의 이분법적으로 세상을 인식하고 있었고, 자발적 파송 선교단체는 '두 세계'를 연결하고 서구의 기독교가 흘러가는 '일방적' 통로였다. 그런데 기독교가 세계화되고 세계 기독교의 무게중심이 비서구 교회로 옮겨가게 되면서 이러한 근대 선교구조는 더 이상 설득력을 갖지 못하게 되었다. 변화하는 세계 기독교 상황의 변화, 즉 일방통행의 선교에서 쌍방 통행 또는 전방위 선교로의 전환을 담아낼 수 있는 새로운 선교구조가 요구되는 것은 당연한 귀결이다. 이런 상황에 대해 앤드류 월스는 다음과 같이 설명한다.

옛 시대의 선교운동은 이미 살펴본 것처럼, 특별한 조직 형태, 즉 자발적인 단체라는 모형을 기반으로 하는 선교단체를 발전시켰다. 1792년에는 흔하지 않았던 자발적인 단체는 그 후 한 세대가 지나서 흔하게 되었다. … 원래 선교운동기관들은 일방통행을 위해 설계된 것이다. 즉 보내고 주기 위한 것이었다. 어쩌면 (오늘날의) 그리스도인들에게는 새로운 도전이 주어졌는지 모른다. 나누면서 동시에 받는, 쌍방 통행과 사귐에 더 알맞은 '(새로운) 수단을 활용'해야 할 의무 말이다.[66]

'서구 기독교 세계에서 이교도 지역인 비서구로'의 일방통행을 위해 설계된 근대선교 구조는 기독교가 세계화된 오늘날 상황에는 적합하지 않다. 그래서 월스는 "이교도 회심을 위해 (또 다른) 수단(구조)을 개발해야 할 책무"를 외칠 제 2 의 윌리엄 캐리가 필요하다고 말한다.[67]

> 선교에 있어서 타문화 향한 파송에 기초한 선교의 지속, 즉 크리스텐덤 관점에 기초한 선교의 지속은, 모든 하나님의 백성이 하나님의 충만한 선교에 참여하지 못하도록 만드는 가장 큰 걸림돌일 수 있다. 기후변화의 위기, 후기 식민주의 세계와 함께 코로나 19 는 우리의 선교 이해와 실천에 대해 재조정할 수 있는 특별한 기회를 제공하고 있다.[68]

선교구조의 변화가 요구되는 또 다른 이유는 비서구 교회들의 선교운동 참여이다. 월스는 비서구교회들이 이미 기독교 세계의 중심이 된 상황을 고려할 때, 미래의 선교구조는 비서구 교회들을 위한 것이어야 한다고 주장한다.

> 19 세기 국교회 성직자들의 염려가 되었든, 아니면 19 세기 선교사들의 소망이 되었든, 아프리카 사람들과 아시아 사람들과 라틴 아메리카 사람들이 그렇게 빨리 그리스도인 인구의 다수를 차지할 상황이 올 것이고, 또 세계를 복음화하는 주요 책무가 이 사람들의 손에 맡겨지는 상황이 올 것이라고는 알아채지 못했다.[69]

오늘날의 선교는 '모든 곳에서 모든 곳으로' 향하는 선교이다. 전문 선교조직을 중심으로 특별한 소수를 발굴해 파송하는 전통적 선교구조는 이 변화를 담아내기 어렵다. 밴더스-사무엘 박사는 전통적 선교구조가 한계에 도달했다고 평가하면서,[70] 세계 선교운동의 미래는 선교사 파송을 근간으로 하는 전문 선교단체가 아니라 전 세계 모든 곳에서 세워진 토착교회들에게 있다고 주장한다.71 전 세계 모든 곳에 세워진 토착교회가 선교운동을 주도하고 전통적인 파송 선교단체들은 자신들의 전문성을 바탕으로 이들 교회들과 협력하는 형태가 될 가능성이 크다.72 세계복음주의연맹 선교분과 대표인 마텡가(Jay Matenga) 박사는 코로나 19로 인해 가장 주목받는 선교적 주제를 토착교회의 미래에 대한 요청(the call to an indigenous future)이라고 했는데 같은 맥락이다.

3) 21세기 선교와 파송 선교단체의 미래

코로나 이후 새롭게 펼쳐질 21세기 선교 상황 속에서 파송 전문 선교단체들의 미래는 어떻게 될 것인가? 한때 유행했으나 더 이상 존재하지 않는 역사적 유물로 사라질 것인가? 아니면 21세기의 변화된 상황 속에서도 계속 세계선교의 주역으로 남아 있을 것인가? 역사적 사례들이 이 질문에 대한 답을 찾는 데 도움이 될 것이다.

먼저 뉴비긴의 사례를 살펴보자. 그는 선교단체 중심의 선교운동에 비판적이었고, 선교단체 조직이었던 '국제선교협의회'(IMC)를 교회 조직인 '세계교회협의회'(World Council of Churches, WCC) 내로 흡수시켰던 장본인이다. 그럼에도 뉴비긴은 타문화 선교에 대해 적극적이었고 이를 위해 파송 선교단체의 역할은 지속되어야 한다고 주장했다.73 이와 연관된 선교저널인 *International Review of Missions*의 편집장 시절 일화는 유명하다.74 뉴비긴은 교회의 선교를 '존재로서의 선교'(missionary dimension)와 '의도로서의 선교'(missionary intention), 두 가지로 나눠 설명했는데, 후자는 아직 복음이 전해지지 못했고 그 문화권 내에 선교적인 교회가 존재하지 않는 경우를 의미하며, 이를 위해서는 파송 선교단체가 반드시 필요하다고 보았다.75

또 다른 역사적 사례는 맥가브란이다. 웁살라 WCC 대회(1968)를 평가하면서 "웁살라는 20억을 버릴 것인가?"(Will Uppsala Betray the Two Billion?)라는 글을 썼는데, 이 글에서 그는 WCC가 복음을 들을 기회가 없는 미전도종족에 대한 관심을 포기했으며, 이들에게 복음 전하기 위해 반드시 필요한 선교단체의 중요성을 간과했다고 비판했다.[76] 그의 주장은 1974년 로잔언약의 또 다른 배경이 되었다.

랄프 윈터는 1978년 자신의 해체를 결정한 'IMC 가나 대회'(1958년) 20주년을 맞아, 이 회의를 회고하는 글을 발표했다. 그는 이 결정이 타문화 선교에 미친 영향을 분석한 뒤 선교단체의 약화와 함께 타문화 선교가 크게 위축되었다고 평가했다.[77]

> 이러한 발전의 결과로 인해 에큐메니칼 운동과 연관된 선교단체들에 의해 파송된 선교사의 수는 급격히 감소되었다. … 1900년부터 2000년까지 주요 교단 선교부에 의해 파송된 북미 선교사들의 비율은 80%에서 6%로 떨어졌다.[78]

파송 선교구조의 약화는 필연적으로 남아있는 미전도 종족들을 위한 타문화 선교의 축소로 연결되기에 세계 복음화 완수를 위해서는 파송 선교구조가 계속 필요하다.

그러나 거의 2,000년의 교회 역사를 통해 분명하게 나타나는 것은, 일반적으로 말해서 교회들이 그런 선교 구조들이 없이는 복음전파의 진보에 실패하는 까닭에, 하나님께서는 타문화 선교에만 초점을 두는 선교구조들을 통하여 주로 일하는 것이 적합하다고 간주하셨다는 것이다. 선교학의 선구자인 구스타프 바르넥(Gustav Warneck)같이 교회의 우선성을 강력하게 옹호하는 일부 학자들조차 선교 의무에 대한 제도

적 교회의 실패를 인정하면서 선교단체가 실제로 필요하다고 주장한다.[79]

이는 선교역사학자의 21세기 선교 전망 속에서도 확인된다. 미래 선교가 단기 선교팀, 전문인 평신도 선교와 같은 아마추어 선교사에 의해 주도될 것이라 전망한 데이나 로버트도 전문 파송 선교단체는 여전히 필요하다는 점에 동의한다.

> 지구촌화는 아마추어 선교사들의 거대한 네트워크를 만들어냈으나 타문화 선교사역을 위해서는 유창한 현지어 구사능력과 이중문화 능력을 갖춘 장기 선교사들이 여전히 필요하며, 특히 문화에 대한 깊은 이해가 필요한 위험한 지역 선교는 더욱 그렇다. 단기선교 운동에 대한 새로운 인기의 위험은 2007년 7월 한국 단기선교팀이 아프가니스탄 탈레반에 의해 납치된 사건을 통해 확인할 수 있다. 이 사태는 2명이 살해되고 한국정부가 4백만 불을 지불한 뒤 나머지 팀원이 풀려나면서 일단락되었다.[80]

한국교회가 단기선교의 부정적 사례로 언급된 것이 아쉽긴 하지만, 로버트는 전문 선교단체가 여전히 필요함을 적절하게 설명했다. "땅끝까지 이르러 내 증인이 되리라"는 말씀이 온전하게 성취되기 위해서는 위험하고 각종 장애물이 존재하는 미전도종족을 향한 선교가 계속되어야 하며 이 과업은 전문 파송 선교단체가 없이는 불가능하다.

교통 통신의 발달, 온라인 세상의 출현 등은 선교의 대중화, 아마추어리즘의 확산으로 이어질 것이 분명하다. 그러나 전임(전문) 파송 선교사는 여전히 필요하다. 새로운 상황이 요구하는 선교사의 정체성은 무엇인가? 한 가지 가능성은 선교사역의 '하이브리드化'[81]이다. 한편으로는 전문성을 활용해 현지교회가 미치지 못하는 영역을 돕고 다른 한편으로는 일반화된 선교운동을 선도하고 자극하는 역할을 담당해야 한다.82

그렇다면 근대 자원주의 선교 패러다임에 기초해 설립된 파송 선교단체들은 이 변화의 도전에 어떻게 응답할 것인가? 필자는 다음 세 가지 영역에 대한 패러다임 전환을 제안한다.

첫째, '(하나님의) 선교란 무엇인가?' '복음의 의미는 무엇인가?' '선교사, 선교단체의 존재 이유는 무엇인가?'와 같은 본질적 질문을 던지고 이에 대한 선교학적 성찰할 수 있는 장(場)을 마련해야 한다. 최근 현장 선교사들이 자신의 경험을 중심으로 선교학적 토론이 활성화되고 있는 것은 고무적인 일이다. 선교사들이 '성찰하는 실천가'(reflective practitioner)가 되도록 자극하고 교육해야 한다. 이를 통해 새로운 상황에 맞는 새로운 선교적 정체성을 찾아야 한다.

둘째, 선교지의 변화에 맞는 선교구조를 모색해야 한다. '일방 통행적' 선교 패러다임을 벗고 '세계 기독교' 시대에 걸맞도록 '쌍방 또는 전방위 선교'에 적합한 선교 패러다임과 정책을 고민해야 한다. 토착교회가 있는 지역의 경우, 현지 교회를 무시하고 독단적으로 선교기지를 세우는 방식은 점차 설 자리가 줄어들 것이다. 건강한 현지 교회들과의 진정한 파트너십을 세워야 한다. 현지 교회의 선교운동을 격려하고 이들과 함께 미전도 종족 선교를 향한 동역을 개발해야 한다. 선교단체 차원에서 피선교지 지도자들을 초청해 대등한 입장에서 세계선교 협력을 논하는 '라운드 테이블'을 시도하는 것도 고려해 볼 만하다.

마지막으로 한국 선교운동의 세대교체를 위한 구체적인 논의가 시작되어야 한다. 선교 패러다임의 전환은 기존 세대에 의해 주도되기 어렵다. 세대교체가 전제되어야 한다. 그런데 한국선교는 급격히 고령화되고 있고 새로운 세대의 주도에 의한 패러다임으로의 전환은 요원해 보인다. 과연 기성세대가 기득권을 내려놓고 다음 세대에게 자리를 내어줄 준비가 되어 있는지 진지하게 물어야 한다.

맺는 말: 한국교회 선교를 위한 제언

크리스토퍼 라이트의 글과 함께 본 소고의 결론을 정리하고자 한다. 그는 21세기 기독교 선교를 전망하는 "선교의 미래적 동향"이란 글에서 서구 선교가 自省해야 할 과제로 다음 두 가지를 제시한다.

> 첫째, 겸손과 회개가 필요하다. 겸손은 서구교회들의 비극적인 쇠퇴를 직시하도록 확실하게 도와준다. 겸손은 교회 성장과 세계복음화에 관한 엄청난 양의 책, 프로그램 그리고 전략 등이 활발한 성장과는 거리가 먼 오히려 장기적인 생존여부를 염려해야 하는 그런 교회가 있는 세계로부터 나오고 있다는 아이러니에 대해 골똘히 숙고하게 만든다. … 전도에 관해 더 많은 것을 가르칠 수 있는 교회에 우리는 기성복 같은 전략들을 뻔뻔스럽게 수출하고 있다. 둘째 진정한 동반자 정신이 필요하다. … 서구에서 출판되는 선교전략에 관한 책들은 여전히 '본거지'(homebase)와 '선교지'(mission field)라는 용어를 사용하고 있다. … 실제로 유럽은 현재 지구상에서 가장 도전을 받고 있는 절실한 '선교지'임에도 불구하고, '선교지'를 여전히 '나라 밖의 멀리 떨어진 빈곤한 나라들'로 여기고 있다. 이전에 복음을 받았던 국가들이 지금은 자신들이 받았던 선교사의 10배나 더 많은 선교사들을 타문화권 선교를 위해 보내고 있는 (인도의 경우처럼) 상황에서조차, 우리는 여전히 보내는 국가와 받는 국가라는 말을 하고 있다.[83]

서구 선교를 비판하는 라이트의 윗글은 통렬하다. 그런데 이 도전을 우리는 어떻게 봐야 하나? 한국교회는 서구교회의 일원이 아니니까 이 비판에 해당하지 않는다고 말할 수 있을까? 라이트가 비판했던 서구 선교의 모습 속에 우리의 모습이 오버랩되어 있다는 생각을 지울 수 없다. 라이트가 제시하는 도전을 진지하게 고민해야 하는 이유이다.

한국교회 선교는 서구 선교 모델을 수용해 성공적인 선교운동을 한 케이스이다. 서구의 선교모델의 유용성에 대해 의문이 제기되고 있는 최근의 상황은 이 모델을 중심으로 발전해 온 한국교회 선교에 심각한 도전을 던지고 있다. 수백 년 시행착오를 통해 발전되어 온 기존의 틀을 모두 폐기해서는 안 되겠지만, 동시에 새 포도주를 담기 위한 새 부대를 준비할 필요가 있다. 이런 점에서 한국교회 선교는 새로운 패러다임을 고민해야 하는 경계선(liminality) 위에 서 있는 셈이다.

4

낯선 코로나19 상황에서 기독교의 본질을 발견하고 회복하다

낯선 코로나 19 상황에서
기독교의 본질을 발견하고 회복하다
- 기독교의 번역성과 본질에 대한 재고 -

권성찬

들어가는 말

"낯선 곳에서 나를 만나다"라는 인류학 책의 제목이 의미하는 것처럼 낯선 상황이 주는 유익 중 하나는 너무 익숙해서 그동안 발견하지 못한 자신을 새롭고 깊게 발견할 기회를 제공해 준다는 것이다. 같은 맥락에서 코로나 19라는 낯선 환경은 선교에 있어서 그동안 익숙하게 행해 왔기에 당연하다고 생각하던 것을 반추할 수 있는 기회를 제공해 준다. 하지만 낯선 문화를 만나서 그 문화에 적응하느라 바쁘다 보면 자신을 성찰할 기회를 놓치는 것처럼 혹 우리도 익숙한 선교를 재고해 볼 좋은 기회를 코로나 19로 변화된 환경에 적응하는 데만 신경 쓰다가 놓치지 않을까 염려된다. 익숙한 선교를 반추해 본다는 것은 익숙함에 가려져 보기 힘들었던 '자신', 즉 '본질'을 보려는 의지이다. 코로나 19라는 낯선 곳에서 기독교의 본질을 성찰하고 발견하여 회복하는 것이 본 글의 목적이다.

   때로 우리는 하나의 패러다임에서 다른 패러다임으로 전환될 때 그 새로운 패러다임에 주목할 때가 많다. 하지만 하나의 기독교적 패러다임이 영원하신 성삼위 하나님을 그 주어진 시대에서 표현한 하나의 방식이라는 점에 동의한다면 A라는 패러다임에서 B라는 패러다임으로 옮겨 가기 위한 전제 조건은 A에서 B로의 직접 이동이 아니라 본질을 다시 확인하고 그 본질을 새로운 환경에 적합한 방식으로 표현하는 것이다. 따라서 코로나19 이후 여러 면에서 변화가 예상되고 이전에 하던 방식의 선교에 변화가 필요하다고 생각한다면, 잠시 새로운 방식 찾기를 멈추고 그동안 익숙한 선교에 가려져 있던 본질을 재고하고 발견하고 회복하여 그 발견하고 회복한 본질을 앞으로 예상되는 새로운 환경에 적합한 방식으로 표현해야 할 것이다. 따라서 우리의 과제는 본질과 새로운 표현이라는 두 가지 측면을 모두 가지고 있는데, 새로운 표현은 각 지역과 상황에서 그리고 각 세대에서 반추할 몫으로 남겨두고 이 글에서는 본질에 대한 부분을 고찰하려고 한다.

이 문제를 다루기 위해 번역성(translativity)이라는 기독교의 특질을 중심으로 논의를 전개하려고 한다. 그동안 '기독교는 번역 가능하다'는 면에서 번역가능성(translatability)이라는 용어가 학자들 사이에서 사용되어 왔다. 하지만 그 용어는 기독교의 특징 중 한 면을 잘 드러내는 동시에 다른 면을 간과할 우려가 있다. 따라서 번역가능성을 포함하면서 다른 중요한 특질, 즉 본질 유지라는 요소를 포함하는 용어로서 번역성이라는 용어를 사용하고자 한다. 본론에서 이 번역성이 가지고 있는 두 가지의 목적, 즉 본질 유지와 번역가능성을 살펴보려고 한다. 동시에 기독교가 번역의 종교라는 점에 동의한다면 타문화에 복음을 전하는 선교사는 기본적으로 복음을 번역하는 번역가라고 할 수 있다. 번역가로서 선교사는 코로나19의 상황에서 그동안 간과됐던 '본질'의 발견을 성찰해야 하며 그럴 때만이 포스트 코로나 혹은 위드 코로나 시대에 적실한 선교를 감당할 수 있다고 생각한다. 따라서 번역가인 선교사에게 요구되는 성찰 몇 가지를 추가적으로 제안하고자 한다.

번역성(Translativity)의 두 가지 특징

번역가능성(Translatability)

기독교가 가진 번역성의 첫 번째 특질은 번역가능성(translatability)이다. 그 동안 앤드류 월스(Andrew Walls), 라민 사네(Lamin Sanneh), 크와메 베디아코(Kwame Bediako) 등 여러 학자는 기독교, 특히 성경의 번역가능성을 말해 왔다. 라민 사네는 이슬람과 기독교의 가장 근본적인 차이는 각각의 경전인 코란과 성경의 번역가능성에 대한 입장 차이라고 하였다.[1] 사네의 말을 좀 더 인용해 보자.

> 기독교 운동의 원조 성경이 된 신약 복음서들은 예수님 메시지의 번역본이다. 이 말은 기독교가 하나의 계시 언어가 없이 번역된 종교라는 뜻이다. 기독교인들이 성경을 잘 혹은 기꺼이 번역했는지 여부가 중요한 것이 아니라 번역이 없이는 기독교도 기독교인도 없었을 것이라는 점이다.[2]

사네는 이런 주장을 뒷받침하기 위해 기독교의 특징 세 가지를 언급했는데 첫째, 기독교는 창시자인 예수님이 사용하신 언어로 예배하지 않는다는 것이고 둘째, 기독교는 창시자인 예수님께서 태어나신 장소를 별로 기억하지 않으며, 마지막으로 기독교는 창시자의 언어로 예배하지 않는 정도가 아니라 더 나아가 사람들의 일상 언어로 예배한다는 점을 열거했다.[3] 탁월한 분석에도 불구하고 사네의 주장은 성경이 번역 가능한 이유를 묘사(descriptive)한 것에 머물러 있다. 번역가능성이 기독교의 본질과 관련하여 중요한 요소임에는 틀림없지만, 도대체 왜 그런 특성을 가지고 있는지에 대한 근본 이유를 밝히는 데는 다소 부족하다.

번역가능성은 선교사들로 하여금 두려워하지 않고 용감하게 복음을 그리고 말씀을 번역하게 하는 토대를 제공해 준다. 기독교가 번역 가능한 종교가 아니라면 우리가 '선교'라는 이름으로 시도하는 모든 노력은 허사가 된다. 다른 사람들의 문화를 배우고 언어를 익혀 복음을 전하는 노력에는 '번역'이라는 과정이 필수적이기 때문이다. 그럼에도 불구하고 이 글에서 소개할 또 다른 특성, 즉 번역가능성을 가능케하는 근본적인 특성을 배제하면 '두려워하지 않는 용감'으로서의 번역은 시간이 지나면서 축소와 왜곡의 과정을 거쳐 '반역'이 될 가능성이 농후하다. 왜냐하면, 한 언어(source language, 출발어)가 가진 의미를 다른 언어(target language, 도착어)로 옮길 때 100% 일치될 수 없기 때문에 지속적인 번역의 과정은 시간이 흘러 왜곡과 변질을 가져오기 때문이다. 만일 그 왜곡과 변질이 두려워 번역을 시도하지 않고 형식을, 즉 히브리어, 헬라어, 유대적 형식을 그대로 전한다면 그 경우도 의미가 전달되기보다 오히려 상실되기 때문에 그러한 형식만의 유지는 동일하게 왜곡이고 변질이다. 따라서 번역가능성이라는 중요한 특성이 바른 방향을 계속 유지하기 위해서는 그와 더불어 반드시 붙잡아야 할 중요한 또 다른 번역성의 요소 혹은 특성이 있는데 그것은 바로 본질의 유지이다. 본질의 유지란 번역 과정에서는 의미의 발견이라고 표현하지만, 단순히 의미의 발견이 아니라 근본적인 본질을 재발견한다는 면에서 본질의 회복이다. 따라서 번역성(translativity)이란 본질 유지와 번역가능성이라는 두 요소를 모두 포함하는 용어이다.

본질 유지(회복)

'번역이 가능하다'(translatable)고 말하지 않고 기독교는 '번역성(translativity)을 가졌다'고 이 글에서 말하는 데는 본질 유지 혹은 본질 회복이라는 더욱 중요한 특성 때문이다. 모든 종교는 창시자의 말을 일단 그대로 유지해 놓는 것이 안전하다. 다시 말해서 창시자가 사용한 언어를 그대로 보존하는 것이 안전하다. 따라서 특정 종교의 경전은 당연히 창시자의 언어로 먼저 기록이 되고 이후에 언어의 변화에 따라 다른 언어로 기록이 되기도 한다. 물론 이슬람과 같이 처음 언어를 그대로 보존하는 경우는 아주 극단적인 예라고 볼 수 있다. 그것을 다른 언어로 번역해 놓으면 본래의 뜻을 상실할 우려가 있기 때문이다. 코란이 7 세기의 아랍어 그대로 보전되어 있다는 것은 원래의 형식이 보존되어 있다는 면에서는 자랑할 만하다.

예수님께서 아람어(혹은 히브리어)[4]로 말씀하셨다면 아람어를 그대로 존속하는 것이 안전했을 것이다. 이런 이유로 신약 성경의 원본으로 아람어 성경이 먼저 존재했고 이후에 헬라어로 번역했을 것이라는 주장을 하는 의견도 있는데, 개인적으로 동의하지는 않지만 한편 왜 그런 주장을 하는지 이해된다. 원본을 보존하지 않고 그것을 번역하는 순간 본래 의미의 일정 부분이 상실되는 결과가 초래되고 그때 원본 확인이 불가능하기 때문이다. 그럼에도 불구하고 원본, 즉 예수님께서 말씀하셨을 것으로 여겨지는 아람어가 아니라 당시 제국의 공용어인 헬라어로 기록했다는 것, 다시 말해 안전한 방식 대신 위험한 번역가능성을 허용한다는 것은 무슨 의미인가? 다른 말로 표현의 형식을 개방한다는 것은 무슨 의미인가? 언뜻 생각하면 번역을 허용하여 널리 전파하며 또한 사용자 친화적(user-friendly)으로 하려는 이유가 있다고 말할 수 있다. 하지만 그럴 경우 원본이 존재하고 단순히 포교를 위해 원본을 번역해도 동일한 목적을 얻을 수 있다. 따라서 기독교의 번역성은 단순히 복음 전파라는 면으로만 이해해서는 풀리지 않는다.

기독교가 번역성이라는 중요한 특성을 가지고 있고 이슬람과 같이 어떤 하나의 형식을 본질로 고정하지 않으며 번역을 허락하여 형식을 개방한다는 것은 포교의 목적보다 훨씬 중요한 의미를 지닌다. 모든 표현의 형식에 열려 있다는 말은 역설적으로 어떤 표현이나 형식도 그 형식 자체가 본질이 될 수 없다는 말이다. 한마디로 어느 형식도 본질을 독점해서는 안 된다는 것이다. 다시 말해서 어떤 민족도, 어떤 문화도, 어떤 언어도, 더 나아가 어떤 신학 사상도 예수 그리스도라는 본질을 독점할 수 없기 때문에 형식을 열어두는 것이다. 히브리 언어도, 헬라어도 그리고 오랫동안 교회가 독점 형식으로 여겨온 라틴어도, 심지어 하나님의 소유로 선택을 받은 이스라엘 민족조차도 모두 본질을 독점할 수 없으며 해서도 안 되는 하나의 형식이요 그릇에 불과하다. 형식과 그릇이 의미 없다고 말하는 것이 아니다. 시대마다 존재하는 형식과 그릇은 본질을 충실하게 담아내야 하는 당대의 본질 표현이다.

그러나 그것이 영원한 본질을 대체해서는 안 되며 할 수도 없다는 사실, 즉 형식과 그릇은 한계를 가지고 있다는 사실 역시 반드시 기억해야 한다. 앤드류 월스[5]는 번역이 그리스도를 새롭게 발견하도록 했다고 주장한다.

> 번역이라는 특정한 행동으로 시작한 일이 그리스도를 새롭게 발견하는 일이 되었다. 언어, 문화적 접경을 넘어 다시 한번 그리스도에 대한 신앙을 전달하려고 시도했기 때문에 그리스도께서 전에는 생각조차 하지 못했던 의미와 특성을 갖고 계심이 드러났고, 그분의 온전하며 구속된 인성의 영광스러운 측면도 드러났다.

이러한 통찰은 단순히 번역가능성으로 인해 여러 언어와 문화가 복음을 접하게 되었다는 소위 전통적인 '선교'에 대한 통찰이 아니라 번역이 본질을 발견하는 중요한 과정임을 말해준다. 다시 말해서 기독교의 번역성이 가진 본질 유지의 특성을 말하는 것이며 번역성이 가진 궁극적 목적을 말하는 것이다.

성경의 사례

예수님 당시 성경인 구약에 이미 하나님의 뜻이 계시되어 있다. 선교와 관련하여 구약은 구심적, 신약은 원심적이라는 주장이 있지만, 누가가 전하는 예수님의 말씀에 의하면 이미 구약에 구속적인 메시아와 복음이 땅끝까지 전해져야 하는 것이 기록되어 있다. "또 이르시되 이같이 그리스도가 고난을 받고 제삼일에 죽은 자 가운데서 살아날 것과 또 그의 이름으로 죄 사함을 받게 하는 회개가 예루살렘에서 시작하여 모든 족속에게 전파될 것이 기록되었으니"(눅 24:46-47). 그럼에도 불구하고 말씀을 맡은 유대인들은 성경을 유대적인 시각과 입장에서 해석했고 그러한 환원주의적 해석은 왜곡과 변질을 가져왔다. 그러한 생각에 금이 가기 시작한 것은 북이스라엘과 남유다가 멸망하고 바벨론 포로로 잡혀가면서 일어났다. 귀환하여 성전을 수축한 사람들도 있지만 낯선 지역에 남아 디아스포라가 된 사람들이 공동체를 형성했다.

이러한 일들은 두 가지의 현상을 가지고 왔는데, 한편으로는 율법과 성전 중심을 더욱 강하게 믿는 유대인들이 주류를 형성한 가운데 다른 한편으로는 소위 '디아스포라' 신학이라고 할 수 있는 비주류 신학이 형성되었다. 스데반의 사상은 이러한 생각을 잘 드러낸다. 마지막으로 스데반은 이렇게 이야기했다.

> 그러나 지극히 높으신 이는 손으로 지은 곳에 계시지 아니하시나니 선지자가 말한 바 주께서 이르시되 하늘은 나의 보좌요 땅은 나의 발등상이니 너희가 나를 위하여 무슨 집을 짓겠으며 나의 안식할 처소가 어디냐 이 모든 것이 다 내 손으로 지은 것이 아니냐 함과 같으니라 (행 7:48-50).

스데반과의 논쟁은 여러 지역에 흩어져 살고 있는 디아스포라이면서 율법과 성전 중심의 주류 신학을 가진 유대인, 특히 자유인이라 불리는 사람들과의 사이에서 일어났다(행 6:9).

디아스포라 출신인 바울 역시 율법과 성전 중심의 주류 신학자였고 스데반의 죽음에 동조하고 한 걸음 더 나아간 행보를 보였다. 하지만 그가 다메섹 도상에서 예수 그리스도를 만나고 나서 유대인의 시각에서 벗어나 예수 그리스도의 시각으로 변화하자 동일한 성경(구약)이 다르게 보였다. 특히 갈라디아서에서 아브라함을 새롭게 본 그의 반추가 소개된다. 일부만 인용하면 다음과 같다.

> 아브라함이 하나님을 믿으매 그것을 그에게 의로 정하셨다 함과 같으니라 그런즉 믿음으로 말미암은 자들은 아브라함의 자손인 줄 알지어다 또 하나님이 이방을 믿음으로 말미암아 의로 정하실 것을 성경이 미리 알고 먼저 아브라함에게 복음을 전하되 모든 이방인이 너로 말미암아 복을 받으리라 하였느니라 그러므로 믿음으로 말미암은 자는 믿음이 있는 아브라함과 함께 복을 받느니라(갈 3:6-9).

유대인 바울이 아브라함을 유대의 조상이 아닌 믿음의 조상으로 해석하고 거기에 이방을 포함하고 율법 중심과 성전 중심의 혈통적 유대인에 대해 '저주 아래'에 있다고 말할 수 있었던 이유가 무엇인가? 이것이 이방인의 사도를 가능케 한 것인지 이방인의 사도이기에 이런 반추가 가능한 것인지 따질 것도 없이 복음을 한 문화에서 다른 문화로 옮기는 번역가로서의 선교사는 오랫동안 본질처럼 여겨져 왔으나, 사실 본질이 아니고 하나의 형식이자 그릇이었던 '유대'를 벗어나 참 본질인 '믿음'을 재발견하고 회복시키고 강조하며 증거한 바울의 예를 따라야 한다.

선교사는 번역가(Translator)

기독교의 번역성이 예수 그리스도라는 본질의 유지와 회복이라는 특성과 그것을 새로운 문화로 바르게 옮겨 내는 특성을 동시에 가지고 있으며 또한 그 본질을 어느 한 형식, 심지어 그것이 선택된 민족일지라도 독점하도록 허락하지 않았다는 것은 우리에게 어떤 의미를 주는가? 왜 특정 형식에 그러한 지위를 부여하지 않는가? 그 이유는 성삼위 하나님의 속성과 활동을 세상에서 표현하기 위해 하나님의 선교에 참여하는 '그 무엇'(agent)이 단순히 어떤 도구여서는 안 된다는 것을 의미한다. 단순히 도구가 되어서는 어떤 도구로도 하나님의 본질과 속성을 표현할 수 없기 때문이다. 이러한 도구는 특정 언어나 방식은 물론이고 심지어 사람 혹은 민족의 경우에도 해당한다. 혈통으로서의 이스라엘이 좋은 예이다. 본래 하나님께서 민족을 선택 혹은 조성하셨을 때 계획하신 인격적 관계와 교제 대신 시간이 지나면서 하나의 형식이 만들어지고 외적으로 고정되기 시작한다. 결국 율법이나 성전처럼 형식이 하나의 도구가 되어버린다. 그리고 마치 그 형식만 가지고 있으면 저절로 본질을 가지고 있는 것처럼 스스로도 오해하게 되고 결국 본래 사명인 본질의 표현 대신 본질을 왜곡하고 상실한다. 이 때문에 하나님의 선교에 참여하는 그 무엇(agent)은 성삼위 하나님과 관계와 교제가 가능한 품격(dignity)을 갖추어야 한다.

품격을 갖춘 어떤 것을 말하는 것이 아니라 품격을 갖추고 동시에 하나님을 세상에서 표현하는 모든 과정에 품격이 발휘되어야 한다. 다시 말해서 인격을 갖춘 사람이라고 할지라도 그 인격을 사용하지 않고 자신을 단순히 도구화(선교의 도구)시킨다면 그것은 본질을 제대로 표현할 수 없게 된다는 말이다. 한마디로 살아 있어야 한다. 지속적인 소통이 이루어지고 있어야 한다. 예수님은 이를 가지가 포도나무에 붙어 있어야 한다고 표현하셨다. 사도 요한은 이 점을 자신의 복음서를 통해 밝히고 있다. 예수 그리스도는 하나님의 말씀인데 단순히 도구로서의 말씀이 아니라 그 말씀은 곧 하나님으로서 '신격'을 가지고 있으며 그 말씀과 하나님의 상호 관계하시는 신격의 교제, 즉 하나 됨이 바로 예수 그리스도가 성삼위 하나님의 본질을 유지하며 번역(성육신)할 수 있는 근거이다(요 1:1 참조). 하나님과의 관계(하나님과 함께 하시며 하나님이신 속성)를 기반으로 그 말씀은 성육신하시는데, 성육신은 태초부터 계신 말씀의 번역이다. 앤드류 월스는 "그리스도는 번역된 말씀(Word Translated)"이라고 말하면서 예수 그리스도의 성육신에 대해서 '하나님이 그리스도 안에서 사람이 되셨다는 것은 신성이 인성으로 번역되었다는 뜻'이라고 설명한다.6 하나님께서 인간을 자신의 형상을 따라 창조하신 것은 인간이 예수 그리스도를 본받아 이런 본질 참여와 번역이 가능한 자임을 알려 주는 것이며 예수 그리스도가 이 세상에 오셔서 제자 공동체를 이스라엘과 같이 형식(혈통)의 공동체가 아니라 본질(믿음)의 공동체로 세워나가신 것도 사람, 즉 제자가 신의 성품에 참여하고 본질을 유지하는 가운데 그것을 성령의 도우심을 입어 세상에서 번역해 낼 수 있기 때문이다.

따라서 주님의 제자라면 누구든 세상에서 그리스도를 번역해 내야하는 번역가이지만, 특히 다른 문화로 나아가 복음을 나누기 위해 헌신한 선교사는 반드시 번역가여야 한다. 그리고 번역가는 번역성을 스스로 가지고 있어야 한다. 즉, 본질 유지와 번역가능성이라는 두 가지 요소가 선교사 안에 존재해야 한다. 번역가인 선교사가 '일'이라는 형식을 위해 자신을 철저히 도구화하는 것은 번역가의 속성과 전혀 맞지 않으며 그런 속성이 없이 옮겨 내는 번역이 혹 번역 가능한지는 몰라도 번역성의 두 가지 요소를 온전히 표현해 내지는 못할 것이다. 또한 '성경' 혹은 '복음'을 옮긴다고 할지라도 형식을 그대로 옮기는 형식적 상응(formal correspondence)에 머무르는 것은 직무유기이다. 의미를 발견하고 대상 문화에서 그 의미에 맞는 형식을 찾아 전하는 역동적 등가(dynamic equivalence)를 추구해야 하는 것이 번역가의 책무이다. 번역가 스스로 그 의미가 되는 것이 먼저이고 번역이라는 사역에 있어서도 본질을 옮겨 내는 역동적 등가의 사역이어야 한다.

본질 구분의 장을 열어 준 코로나 19

역사를 BC 와 AC, 즉 코로나 19 이전과 이후(before Covid 19 and after Covid 19)로 바꾸어야 한다는 의견[7]에 동의하지 않더라도 적어도 코로나 이후의 상황이 달라질 것을 부인하기는 어렵다. 지난 2 년을 돌아보면 개인적으로도 기계 사용이 많아졌다. 코로나로 인해 대면 회의가 불가능해지면서 바로 취한 행동이 비대면 회의를 할 수 있는 장비 구입이었다. 그리고 줌(zoom)으로 대변되는 소프트웨어의 구입 등 이전에는 알지 못하던 것들을 알게 되었고 전문가는 아니지만 필요한 만큼은 사용할 수 있게 되었으며 소소하게 여러 장비들을 갖추게 되었다. 필요한 비즈니스는 소위 '비대면'으로도 가능할 만큼 문명이 발달되어 있고 문과 출신이라 주장하며 기계치를 정당화하기도 어려운 시절이 되었다. 급한 대로 적응을 했지만, 그렇게 적응만 한 것은 아니다. 교회는 주일 예배의 정의를 새롭게 생각해야 했고 단체 역시 잠시라도 대면하게 되는 기회가 생기면 그 소중한 기회를 어떻게, 무엇을 우선적으로 해야 하는지 생각하게 되었다.

이렇게 코로나 19 라는 낯선 환경은 환경에 대한 적응만이 아니라 서두에 말한 것처럼 그동안 익숙했던 것에 대해 새롭게 그 의미를 생각할 기회도 함께 조성해 주었다. 많은 경우 코로나 이후 변화된 환경에 적응하는 선교를 생각하지만, 그 이전에 그동안 익숙하게 하던 것들이 본질을 여전히 유지하고 있는지 아니면 실상은 본질에서 벗어나 형식만을 붙들고 있었던 것은 아닌지 성찰해 봐야 한다. 낯선 순간에 본질을 발견한다는 것은 번역을 해야 하는 낯선 문화에서 번역가능성에 속한 소위 전통적인 의미의 선교에만 집중할 것이 아니라 다시 본질을 발견하고 회복하고 천착하는 일을 새롭게 해야 하는 순간이기 때문이다. 이것은 기독교의 본질에 속한 것이기 때문에 모든 분야에 공통적으로 적용된다.

AI를 연구하는 기독교 전문가라면 인간과 가깝도록, 아니 어쩌면 어떤 특정한 면에서는 인간보다 우수한 AI를 개발하는 것이 전문가로서 목표이지만 그리스도의 제자인 그에게 동일하게 주어져 있는 더 중요한 역할은 인간과 가까운 AI가 개발될수록 '인간의 변별력', 즉 인간만의 독창적인 것, AI가 아닌 '자신의 형상과 자유의지'를 허락하신 하나님의 궁극적 목적에 대한 성찰과 발견이 사명으로 부여되어 있다. 변하지 않는 것은 참된 말씀이신 예수 그리스도이며 그리스도를 통하여 이해하는 성삼위 하나님을 발견하며 그 교제에 참여하고 신의 성품에 참여하는 것이 궁극적인 목적이기 때문이다. 코로나19가 우리에게 특별히 선교를 향해 낯선 곳, 낯선 순간을 제공했다면 그것은 번역가능성과 더불어 번역성의 또 다른 중요한 요소인 본질 발견과 회복에 대한 성찰의 기회를 제공한 것이고 선교의 본질을 회복하여 다가올 시대에 맞는 선교를 감당해야 하는 것이 우리의 역할이다. 천금 같은 기회가 온 것이다.

그 중 하나가 '대면'이라는 말의 의미이다. 그동안 늘 대면을 해 왔기에 대면이 익숙했지만 이제 대면이 어렵게 되면서 그 의미를 새롭게 생각할 기회가 주어졌다. 여전히 '비즈니스' 자체에만 몰두하는 경우도 많지만 오랜 기간 대면을 상실하고 설령 대면을 하더라도 마스크로 인해 얼굴을 볼 수 없는 시간이 길어지면서 '대면', 즉 '함께 함'의 의미에 대해 다시 생각하게 되었다. 함께 예배한다는 것은 무엇인가? 같은 공간에 모이지 않아도 되는가? 더 나아가 같은 공간에 있으면 함께 예배하는 것인가? 같은 공간에 있을 때 우리는 진정한 대면을 하고 있었나? 등의 질문이 생기게 된 것이다. 이런 시간이 오기 전까지 개인과 개인이 함께 있으면 우리는 공동체를 형성하고 있다고 추정해 왔다. 우리 스스로 그렇게 믿은 것이다. 하지만 코로나 19로 인해 만남이 사라지게 되자 물리적으로 대면하던 시대에 진정한 만남이 부족했다는 것을 인식한다. 이러한 인식도 깊은 성찰을 필요로 한다. 대면을 다른 것으로 대체할 수 있다고 생각하며 개발에 몰두할 수 있다. 스마트폰과 컴퓨터와 같은 기계만 있으면 얼마든지 즐거운 시간을 보낼 수 있다고 믿으며 메타버스의 시대가 열리니 그 안에서 가상의 공동체를 만들고 인격이 아닌 아바타격의 만남을 이루면 된다고 생각할 수도 있다. 정말 그럴까?

물론 한편에서는 무조건 대면을 해야 한다고 주장하기도 한다. 하지만 그런 주장이 대면에서 이루어지는 인격적인 만남보다는 물리적인 공간에 가던 습관에 근거한 주장이라면 이 역시 반추의 대상이다. 사실 대면 때에도 깊은 인격적인 만남보다는 그저 한 공간에 있었고 그것이 오랜 습관이 되어 아쉬울 수 있다. 다시 한 공간으로 가면 되는 것인가? 기계로 대체하자는 주장이나 습관에 근거하여 무조건 대면으로 만나야 한다는 주장은 서로 정반대의 주장처럼 보이지만 인격적인 만남이라는 면을 간과한다는 면에서 동일하게 부족한 주장이다. 우리의 만남이 깊은 인격적인 만남을 통한 공동체여야 하며 '진정한 대면'이 부족했음을 인식하는 데까지 나아간다면 코로나 19 이후 그것을 회복하는 방향으로 만남과 모임이 이루어질 것이다. '하나님의 형상'으로 지음 받은 우리는 하나님과의 깊은 인격적 교제와 상호 간의 인격적 만남이 출발이고 과정이며 목적이다. 번역가로서의 선교사는 이런 인격적인 교제를 성삼위 하나님과 유지하며 동시에 보내어진 곳에서 그런 인격적인 교제, 즉 그들을 섬기는 방식의 선교로 본질 회복을 해야 한다. 인격적이며 동시에 인격적 방식의 선교를 감당하는 번역가로서의 선교란 어떤 모습이어야 할까?

회복해야 할 본질 - 요한복음을 통한 반추

우리가 회복해야 할 본질은 예수 그리스도이다. 요한복음이 보여주는 예수님과 관련해 두 가지를 회복해야 할 본질로 예시하려 한다. 두 가지란 예수님의 정체성과 보여주신 행동에서 각각 묵상하였다. 요한복음은 12장까지 전반부와 그 이후 후반부로 나뉘며 이에 대해서는 학자들이 대체로 동의하는 바다. 전반부의 첫 구절에서 말하는 예수님의 정체성에서 그리고 후반부 예수님께서 소수의 제자에게 보여주신 첫 행동에서 회복해야 할 본질을 파악해 보려 한다. 이 두 가지가 오늘날 우리가 하고 있는 선교의 방향을 바르게 할 수 있으리라고 기대한다.

1) 온전한 일치로서의 관계 - 예수님의 정체성

우리가 아는 대로 요한복음은 태초에 있었던 관계로부터 출발한다. "태초에 말씀이 계시니라 이 말씀이 하나님과 함께 계셨으니 이 말씀은 곧 하나님이시니라"(요 1:1). 이 첫 구절이 중요한 이유는 그 이후에 진행되는 세 가지 사건이 모두 이 말씀과 하나님의 관계에 기반하기 때문이다. 만물의 지으심, 즉 창조도 이 말씀을 통해 이루어졌으며(참조 1:3), 어두운 세상의 구원을 위해 그 말씀이 세상에 오셨으며(참조 1:14), 믿음의 공동체를 세워가는 재창조 역시 말씀이신 그리스도를 통해 시작되었다(참조 2:11). 따라서 첫 구절에서 보여주는 그 관계가 모든 것의 출발이며 과정인 동시에 궁극적으로 도달해야 할 목적지이다. 관계는 무엇을 이루기 위한 도구가 아니라 마침내 회복하고 성취해야 할 목적지이며 그것을 이루어가는 과정에서도 절대로 무시되어서는 안된다.

예수님은 믿음의 공동체인 제자 공동체를 형성하시고 그들을 파송하기에 앞서 그들과 깊은 관계를 맺으셨다. 그 관계는 심지어 뒤이어 살펴볼 세족식에서도 예수님은 발을 씻기는 행동을 관계(상관)로 규정하셨다(참조 13:8). 예수님과 아버지와의 관계, 비록 요한복음은 2위 일체를 많이 드러내지만, 아버지는 성령 안에서 아들을, 그리고 아들은 성령 안에서 제자 공동체를 세상에 보내시기에 삼위일체 하나님의 관계 확장이라는 관점에서 선교를 이해해야 한다. 우리가 그리스도를 통해 성삼위 하나님과 깊은 관계를 맺고 그것을 기반으로 세상에서 그 관계를 확장한다는 관점에서 선교를 이해할 때, 우리가 섬기는 사람들과 맺는 관계의 중요성을 단순한 수단이 아니라 진정한 관계로 이해하게 될 것이다.

2) 주어 전환의 섬김 – 예수님의 행동

13장부터 시작되는 후반부는 모든 사역을 마치고 소수의 제자와 마지막 시간을 갖는 예수님의 모습을 그리고 있다. 이 중요한 시간에 마지막 행동으로 주님은 세족식을 행하셨다. 요한복음에서 행동은 이어지는 강화 때문에 기적과 관계없이 표적 강화에 해당한다. 그런 의미에서 소수 제자에게 마지막으로 보여주신 이 행동은 가장 의미 있는 표적이라 할 수 있으며 선교적 공동체를 형성해야 할 제자들에게 그 공동체의 특질을 보여주신 것이다. 넓은 의미에서 서로 사랑하도록 가르친 것이지만 그 사랑의 의미를 좀 더 깊게 보면 그것은 주와 선생의 자리에서 종의 자리로 옮기신 것으로 빌립보서의 표현대로 한다면 하늘 본체를 버리고 종의 형체를 입으신 것이다. 이는 항상 자신을 주어로 놓고 상대방을 시혜의 대상으로만 보는 '구호적' 사랑을 경계하신 것이다. 바울은 몸을 불사르게 내어주거나 가진 것을 다 주어도 성경이 말하는 사랑이 아닐 수 있음을 지적했다(참조 고전 13).

우리가 섬기는 그들이 새로운 시대의 주인공이 될 수 있음을 인식하는 것이 선교의 시작이다. 어떤 이유로도 상대방을 낮은 자리에 두어서는 안 되고 나보다 낮게 여겨야 한다. 각 나라와 족속과 백성과 방언은 각각 하나님 안에서 새로운 장을 써나간 주인공들의 이야기이지 온몸이 '눈'뿐인 그런 괴물의 이야기가 아니다. 선교지에서 만나는 한 사람 한 사람을 하나님께서 새로운 이야기의 주인공으로 삼으시려고 보내주신 귀한 사람으로 여기고 그가 주체가 되도록 발을 씻겨 드리는 자리에 우리를 두어야 한다. 관계와 주체로 인식하는 사랑 혹은 섬김이 오늘의 선교에서 어떤 형식을 입더라도 결코 간과해서 안 되는 중요한 본질적 요소이다.

번역가의 성찰 및 역할 재고

기독교가 번역성을 가진 종교이고, 번역성은 본질의 유지와 회복이라는 중요한 특성과 번역가능성을 통해 바르게 번역해 내는 것이라는 두 가지 목적을 가지고 있다. 선교사는 새로운 문화에서 이 본질을 번역하는 번역가이기에 위드 코로나 19 혹은 포스트 코로나 19 시대의 선교는 그동안 과업 중심에 가려져 있었던 것들을 재발견하는 것이 가장 필요한 일이다. 기술 발전이 고마운 일이지만, 대체할 수 없는 번역가로서의 선교사가 존재해야 하는 이유가 있다. 선교는 기술이나 비지니스로 이루어지는 것이 아님을 이 성찰의 시대에 새롭게 인식해야 한다. 번역가로서의 선교사가 코로나 이후 시대에 다시 관계와 섬김이라는 본질을 회복하고 인격적 방식의 선교를 감당할 수 있기를 바라면서 선교사가 그것을 위해 성찰하며 자신의 역할을 규정하는 일에 도움이 되도록 몇 가지를 제안한다.

1) 존재의 성숙

선교를 과업으로만 보는 시각을 철저히 배제해야 한다. 선교가 실제로 확산되지도 못하면서 개념과 운동으로만 확산되어 결국 흐려지고 퇴색하게 된 원인에는 선교를 패러다임 변화나 시대의 변화 혹은 운동의 변화 등의 수준에서 설명하고 그것을 실천하겠다고 덤벼든 데 기인한다. 예수 그리스도가 아버지와 아버지의 뜻을 온전히 알고 온전히 증거한 것과 같이 (아버지께서 나를 보내신 것 같이) 제자인 우리도 우리를 세상에 보내신 예수 그리스도를 온전히 알고 온전히 증거하려면 그 존재(성삼위 하나님)에 참여함이 없이 불가능하다. 최근에 초대교회에 대한 여러 연구가 나오는데 공통된 결론은 초대교회 공동체가 어떤 일이나 사역보다도 '속성' 혹은 '본질'을 가지고 있었다는 것이다.

앨런 크라이더의 책 "초기 교회와 인내의 발효"(이 책이 나오기 전 저자에게서 처음 영어 제목—*The Patient Ferment of Early Church*—을 듣고 한글 제목을 '묵은지 초대교회'라고 했으면 좋겠다고 의논한 바 있다)도 이러한 속성을 보여주는 제목이며 내용이다. 교회가 세속화되자 광야로 갔던 초기 수도사들도 본질과 속성을 회복하고자 했던 것이고, 늘 시대마다 있었던 개혁은 '포도나무에 붙고자' 했던 몸부림이었다. 따라서 우리는 이 '존재'의 중요성을 다시금 인식해야 한다. 선교에 있어 '존재'의 중요성을 인식하지 못한다면 과학기술이 선교를 대체하고 비즈니스가 대체하고 심지어 AI가 대체해도 전혀 문제를 느끼지 못하며 달라지는 것이 없을 것이다. 아니 어쩌면 선교가 더 잘되고 있다고 믿을지도 모른다. 그 말은 존재가 배제된 오늘날의 선교는 과학기술과 비즈니스와 AI가 할 수 있는 정도의 일만을 하고 있다는 반증이다.

자신의 존재됨을 닦는 수(修)–수신, 수도, 수련, 수행, 수덕 등–는 동양적인 전통만이 아니라 교회 역사 가운데 본질을 회복하려는 사람들이 기본적으로 했던 일이다. 우리의 선조들도 늘 배우는 자세를 유지하며 자신의 존재를 닦고 키우는 데 힘썼다는 것은 이미 알려진 사실이다. 다산 정약용이 자신의 제자 초의에게 해 주었다는 위학삼요(爲學三要), 즉 배우는 자가 갖추어야 할 3가지가 존재를 깊게 하는 일에 통찰을 주기에 그 조언을 인용한다.

> 배우는 사람은 반드시 혜(慧)와 근(勤)과 적(寂) 세 가지를 갖추어야만 성취함이 있다. 지혜롭지 않으면 굳센 것을 뚫지 못한다. 부지런하지 않으면 힘을 쌓을 수가 없다. 고요하지 않으면 오로지 정밀하게 하지 못한다. 이 세 가지가 학문을 하는 요체다(學者必具慧勤寂三者, 乃有成就. 不慧則無以鑽堅; 不勤則無以積力; 不寂則無以顓精. 此三者, 爲學之要也.).[8]

이 말을 개인적으로 정리해 보자면,

- 혜(慧) - 찬견(鑽堅): 지혜로 장벽을 뚫는다 – 이는 분별력이며 정체성의 이해이고 올바른 방향이다. 단순히 좋은 성품과 실력이 아니라 먼저 바른 방향, 즉, 코로나 시대 성찰의 방향을 바르게 할 때 막힌 것을 뚫어낼 수 있을 것이다. 지혜를 구해야 한다.

- 근(勤) - 적력(積力): 근면으로 힘을 쌓는다. 지혜로 바른 방향을 잡았다면 그 이후에는 부지런함이 있어야 한다. 이는 역량이며 기술이다. 순간적인 순발력이나 번뜩이는 통찰로 지속할 수 없다. 읽고 배우고 여러 모임에도 참여하여 힘을 쌓아야 한다. 그중 하나로 '자신학화 포럼'과 포럼에서 진행하는 세미나를 추천한다(https://stf.kr).

- 적(寂) - 전정(顓精): 적이란 성찰하고 반추하는 것을 말한다. 부지런함으로 많은 것을 배우고 쌓는다고 할지라도 그것을 깊이 반추하지 않는다면 세밀해질 수 없다. 깊이 반추하여 농축액을 만들고 세밀하게 하여 깊이 있게

하여야 한다. 농축이 삶 속으로 스며들게 하여야 한다. 요한이 자신의 복음서에 구약을 많이 인용하지 않았지만 어떤 복음서보다도 구약이 짙게 깔려 있다는 평가를 받는 것은 그가 복음서에 구약을 달이고 졸여서 넣었기 때문이다.

기독교의 전통에서도 본질을 상실한 시대에 그 본질을 회복하려고 했던 '관상'과 '탁발'의 수도회 영성을 방법이 아닌 그 동기와 태도에서 배우고자 한다면 존재의 성숙에 도움이 될 것이다.

2) 최대한의 번역

앤드류 월스는 기독교의 번역가능성과 관련하여 어떤 문화도 진리를 담을 수 있다는 토착화 원리와 동시에 모든 문화가 변해야 하는 순례자 원리를 말하면서 복음은 '문화의 포로이자 해방자'(the gospel as prisoner and liberator of culture)라고 하였다.9 여기서 포로가 된다는 것은 복음이 그 문화로 표현되는 것을 말하는데, 이는 복음을 전하는 선교사가 최대한 성실하게 그 문화를 존중하며 상황화를 진행하는 것에서 출발한다. 이 과정에서 혼합주의가 발생하지 않도록 비판적 상황화를 해야 한다고 폴 히버트가 제안했는데, 번역 과정에서 혼합이 전혀 없는 순수 번역은 존재하지 않는다. 혼합은 상황화의 한계를 인식하지 않고 선교사의 상황화와 현지인의 토착화를 동일시할 때 발생한다.

선교사는 성실하게 앞서 제안한 관계와 섬김을 통해 복음을 표현해 내도록 노력하고 그것이 결론을 내는 과정이 아니라 과정을 출발하는 여정이라는 사실을 인식한다면 포로가 된 복음이 다음에 설명할 자신학화의 과정을 통과하여 불완전한 문화를 변화시키는 데까지 이르러 균형 잡힌 토착화의 단계까지 나아갈 것이다. 예수회의 성실한 상황화가 조선에 닿아 내부인의 성찰적인 읽기를 통해 매우 주체적인 해석이 나왔던 예를 우리 역사에서 찾아볼 수 있다. 사실 기독교의 여러 교파는 모두 성찰의 결과이다. 정교회의 이콘은 유대적 복음에서는 상상할 수 없는 일이다. 우상 숭배라고 지적받을 것이다. 그렇게 상황화하여 스스로 발전된 자신학이 오늘날 다른 나라로 전해져 더 이상 성찰을 하지 않고 형식을 그대로 반복하는 것은 오류에 가깝다. 상황화이든 자신학화이든 토착화이든 지속해야 하는 여정이라는 인식을 하고 선교사 자신은 물론 섬기는 현지 공동체도 그 여정을 지속하도록 도와야 한다.

3) 공간과 자신학화

선교사는 섬기는 문화에서 답과 끝이 아니다. 오히려 선교사는 자극이며 출발이다. 따라서 최선을 다해 번역 혹은 상황화를 한다고 하더라도 그것은 현지인 혹은 내부인이 스스로 반추할 재료를 제공하는 것일 뿐이다. 현지인 스스로 반추할 공간을 가지고 선교사가 노력한 것을 참고로 본문, 즉 성경을 스스로 읽어 냄으로써 성삼위 하나님의 공동체에 참여하는 힘을 갖도록 해야 한다. 그것을 자신학화라고 부를 수 있다. 삼자(three-self)에 더해 제 4 자(the fourth self)로 자신학화(self-theologizing)를 주장한 폴 히버트는 자신학화는 "성경을 스스로 읽고 해석할 권리를 가지고 있는가 하는 문제"라고 말하였다.[10]

히버트가 말한 해석할 권리라는 말 자체가 크리스텐덤 시대의 용어이다. 오히려 이렇게 질문해야 한다. 현지인 혹은 현지 공동체는 말씀을 스스로 해석할 수 있는가? 해석할 수 있는 능력, 시각을 가지고 있는가? 상황화(번역)에서 출발하여 내부인의 자신학화를 거쳐 자신의 문화 안에서 표현하는 토착화의 과정을 생각할 때, 선교사는 성찰을 통해 최대한의 상황화를 이루어 내야 하고 그것을 토대로 현지인 스스로 자신학화를 할 수 있도록 연결한다는 인식을 하고 있어야 한다. 자신학화 결과로 현지인이 자신의 문화 안에서 토착적인 표현을 할 수도 있고 안 할 수도 있는데, 그것은 중요한 문제가 아니다. 자신학화를 거치지 않은 토착화는 그 문화 안에서도 사람에 따라 혹은 세대별로 동의하지 않을 수 있다.

지금 한국에서 전통 악기를 이용해 예배를 드려야 한다고 외국인 선교사가 주장한다면 얼마나 우스운 일인가? 그것을 모두가 동의할 필요도 없고 모두가 거부할 필요도 없다. 할 수도 있고 안 할 수도 있다. 자신학화는 그런 표현 방식을 말하는 것이 아니라 언급한 바와 같이 주체적으로 말씀을 읽어 낼 수 있는지? 그리고 그 결과 성삼위 하나님과 주체적으로 관계를 맺을 수 있는지를 묻는 것이다. 내부자 운동이 외부자의 결정에 따라 진행되는 것이 모순적인 것처럼 자신학화를 선교사가 해 주겠다고 나서도 안 되며 그렇다고 무관심해서도 안 된다. 그들이 그 과정을 진행할 수 있도록 돕고 안내해야 한다.

나가는 말

위조지폐를 감별하는 전문가는 진짜 지폐를 제대로 알아야 위조지폐 식별이 쉽다고 말한다. 이미 진행되어 왔고 코로나19가 가속화한 세상의 변화는 각 지역, 문화, 세대별로 다른 접근을 요구하게 될 것이 분명하다. 이러한 때에 마치 수많은 위조지폐를 연구하듯 다양한 지역, 문화, 세대를 연구하고 파악하는 일도 분명 필요하며 그들에게 접근할 다양한 기술과 전략을 이해하는 것도 분명 필요하다. 하지만 그에 앞서 진짜를 제대로 아는 일이 필요하듯 본질을 향해 다시 다가가는 일이 필요하다. 코로나19 시대라는 전환기의 반추 방향은 무엇보다 본질을 향한 반추여야 한다. 다른 종교와 달리 번역의 종교라 불릴 만큼 번역가능성이라는 특징을 가진 기독교는 세상에 널리 알려지는 것도 중요하지만 성삼위 하나님의 뜻을 이루는 본질 회복과 유지가 더욱 중요하다. 거대해졌으나 본질을 잃었다면 무슨 소용이 있겠는가? 선교의 본질로서 성삼위 하나님으로부터 이어지는 관계의 연속성과 남을 나보다 낫게 여기는 주체 전환으로서의 섬김을 제시했다. 그리고 이러한 본질로의 여정을 지속하기 위해 선교사는 존재의 성숙을 키우고 성실하게 복음을 번역(상황화)해 나가면서 동시에 그것이 답과 끝이 아니라 섬기는 현지인들이 스스로 반추할 공간을 갖고 스스로 본문을 반추하는 자신학화의 여정을 갈 수 있도록 섬긴다면 여기저기 건강한 자생 공동체들로 하나님을 예배하는 일들이 새롭게 시작될 것으로 믿는다. 그래야만 코로나 19 가 훗날 축복으로 기억될 것이다.

5

진정한 동반의 길을 찾아서

진정한 동반의 길을 찾아서
서남아시아 A 국 상황에서의 코로나 이후 파트너십에 관한 고찰

한종석

1. 들어가는 글

현지 동역자들과의 동역(partnership)[1]에 대한 고민은 전혀 새로운 것이 아니지만, 코로나로 인해서 많은 선교사가 선교지를 떠나야 했던 상황이 우리로 하여금 이 문제에 대해 다시 한번 근본적인 고민을 하도록 한다. 개인적으로 현지인 동역자와의 건강한 파트너십의 문제는 선교지에서의 사역 초반부터 자의 반 타의 반으로 지속되어 온 고민이다. 현지인 동역자와의 관계에 대한 구체적인 고민을 하게 된 두 가지의 사건이 있다.

사역지에 온 후 국제단체에 속해서 단체가 요구하는 프로젝트를 위해 준비를 하고 언어를 배우기 시작하던 때의 일이다. 그 당시에는 최선을 다해서 언어를 익히고 주어진 프로젝트를 빠른 시간 안에 완성하는 것이 선교지에 온 사명이라는 생각을 가지고 있었다. 그러나 서양 선교사들에게 들은 두 가지 이야기 혹은 푸념은 나로 하여금 선교의 방법과 파트너십에 대한 고민을 하도록 했다.

첫 번째 이야기는 번역에 참여하는 번역자들에 관한 이야기이다. 사역지로 가서 처음으로 정착한 K 시에서 동쪽으로 3시간 정도 떨어진 곳에서 사막이 시작되는데, 그 사막에는 주로 힌두교를 믿는 사람들이 많이 살고 있었다. 힌두교에서 개종한 사람들을 위해서 여러 가지 성경번역 프로젝트가 진행되고 있었는데, 내가 속한 단체가 성경번역을 위한 언어훈련소를 세우고 각 언어 공동체에서 추천을 받은 번역자들을 훈련시키고 번역 프로젝트에 참여시키는 일을 하고 있었다. 그런데 팀 리더의 말로는 각 언어 공동체에서 추천을 받은 번역자들을 훈련시키고 어느 정도 번역의 일에 익숙하게 될 때 더 나은 일자리를 제안받으면 아무런 미련 없이 떠나는 일이 종종 발생한다는 것이다. 리더에게 "번역자들을 선발할 때 번역자로서의 자질이나 개인적인 소명들을 점검하느냐"라고 질문을 했으나, 그러한 것에 대한 특히 소명에 대한 점검은 거의 하지 않는다는 이야기를 들었다. 언어 공동체에서 추천을 한 사람이기에 거절을 할 수 없어서 어쩔 수 없이 받아들이는 경우도 있다고 했다. 그들은 서양 선교사들이 세운 언어훈련소에서의 훈련과 번역의 경험을 통해 양질의 교육과 경험을 쌓아서 좋은 직장을 얻기 위한 디딤돌로 삼는다는 느낌이 들었다.

두 번째 이야기는 번역팀들과 직접적으로 함께 일하는 서양인 선교사에게 들은 이야기다. 한 번은 번역자들과 어떠한 일을 하기로 협의를 보고 일이 진척되기를 기다리고 있었다. 얼마간의 시간이 지난 후에도 전혀 일이 진척이 되지 않아 왜 일을 진척이 되지 않았는지 물었는데, 전혀 기대치 않은 답을 들었다는 것이다. 현지인 번역자의 말인즉슨 "책임자 즉 보스의 답이 아직 오지 않았다"라는 것이다. 그래서 보스가 누구냐고 했더니 "본부에서 재정을 보내주는 재정담당자가 보스"라는 이야기를 들었다고 말하면서 어떻게 단순히 재정을 보내주는 사람을 책임자라고 생각할 수 있느냐고 푸념하는 것이었다. 이 두 이야기는 나로 하여금 "과연 현지인 동역자들과 일한다는 것이 무엇인가?" 그리고 "현지인 동역자들은 과연 선교를 그리고 선교사들을 무엇이라고 생각하는가?"라는 질문을 하도록 했다.

이와는 반대 방향으로 "선교사는 현지 동역자들을 어떻게 인식하는가?" 라는 질문을 제기한 사건이 있었다. 성경번역 사역을 하면서 처음으로 장시간 같이 일하게 된 현지인 동역자 D 형제에 관한 이야기이다. D 형제는 팀과 오래전부터 지속적으로 관계를 가지고 일을 하고 있던 개종자였다. 결혼해서 가정을 이루고 살고 있었는데, 가족 중에 유일하게 예수 그리스도를 구주로 받아들여서 그 문제로 인해 가족 내에서 어려움을 겪고 있었다는 것을 만나기 시작한 후 한참 지난 후에야 알게 되었다. D 형제를 소개받을 때 사역을 위해서 굉장히 중요한 현지인 동역자라고 서양 선교사가 이야기를 해주었다. 그 형제와 일정 기간 사역을 하면서 동료로 그리고 친구로 여기며 사역을 했고, 그를 소개해 준 서양 선교사는 물론 다른 서양 선교사들도 비슷한 관계를 가지고 D 형제와 사역을 한다고 생각했다. D 형제는 우리와 함께 일하면서 동시에 학교에서 영어교사로 일하고 있었는데, 학교에서 불합리하게 퇴직을 당하게 돼서 재정적인 문제에 봉착하게 된 일이 있었다. 자세한 과정을 지면을 통해서 밝히기는 어렵지만 D 형제의 재정 문제를 어떻게 해결할 수 있을까 하는 문제로 서양 선교사들과 논의하는 과정에서 오랫동안 그와 함께 일을 했던 그들이 D 형제를 고용인 이상으로 여기지 않는다는 것을 보게 되어 실망을 느낀 적이 있다.

현지인 동역자들이 선교사들을 보는 시각과 또한 선교사들이 현지인을 보는 시각을 일반화시킬 수는 없지만, 제임스 쉬어러(James Scherer)가 말한 것처럼, 위에 언급한 사건들은 "불평등한 능력과 자원과 역사적인 배경을 가진 교회들 간의 진정한 동반이 정말로 가능한 것인가?"라는 질문을 하게 한다.[2] 우리는 늘 선교에서의 파트너십, 현지인과의 동역을 이야기하지만, 테일러 덴여(Taylor Denyer)가 지적하듯이 선교에서의 동등한 동반은 말한 것처럼 쉽게 이루어지지 않는다는 것을 우리는 경험을 통해서 알고 있다.[3] 개인적인 차원을 넘어서 바람직한 파트너십에 대한 고민은 단순히 이 상황을 타개하고 기존에 하고 있던 일을 지속적으로 하기 위한 것만이 아닌 근본적인 성찰을 하도록 요구하고 있다. 코로나로 인해 많은 선교사가 자의로 혹은 상황에 떠밀려 선교지를 떠나고 있다. 코로나 상황과 더불어 필자가 살고 있는 서남아시아에서는 비자의 문제로 많은 선교사가 선교지를 떠나고 있다. 이는 서양 선교사들에게 더 심각하게 나타나고 있고 한국 선교사들도 그 영향에서 자유롭지 못하다. 예를 들어 필자가 섬기고 있는 신학교에서 이미 2 명의 서양 선교사와 1 명의 한국 선교사가 비자 문제로 인해 사역지를 떠나게 되어서 현지에 머물며 이 신학교에서 강의하는 외국인 교수는 필자 한 명만 남게 되었다. 이 소고는 먼저 선교에서의 파트너십의 인식에 대한 간단한 역사와 현재 선교현장에서의 파트너십 모습을 보여주는 사례를 살펴보고 선교현장에서의 진정한 파트너십을 만들어 나가기 위한 제안을 하고자 한다.

2. 선교에서의 파트너십

1) 파트너십에 대한 인식의 변화와 문제들

20 세기에 들어서면서 피선교지의 지역교회의 성장으로 인해 선교에서의 파트너십에 대한 주제가 대두되었고, 지속적으로 파트너십에 대한 개념과 그에 따른 실천이 논의되어 왔다. 파트너십에 대한 인식의 변화는 일방적으로 돕는 자와 도움을 받는 자의 관계가 아닌 상호주의로의 전환을 요구했다. 1910 년 에딘버러에서 열린 세계선교사대회(International Missionary Conference)에서 처음으로 서구교회와 피선교지교회의 파트너십에 대한 요구가 대두된 후 100 여 년의 시간 동안 선교에서의 파트너십에서 상호 존중, 겸손, 상호의존 등의 개념들이 지속적으로 논의되었고 이를 구

체화하기 위한 새로운 용어들4이 사용되었다.5 그러나 이러한 용어들도 신생교회들에게는 여전히 공허하고 의미 없이 다가왔고 한 인도네시아 목사가 지적한 것처럼 '순종 안에서의 파트너십'이라는 용어조차 파트너십은 서구교회를 위한 것이고, 순종은 신생교회에게 요구되는 것으로 이해되기도 했다.6 이러한 인식 아래에서 선교에서의 파트너십은 신생교회가 속한 국가들이 정치적 독립을 이루려고 하는 시기에 또 다른 식민지 지배의 모습으로 이해되기까지 했다. 선교에서 기존교회와 신생교회7와의 파트너십에 대한 인식은 이론적으로는 어느 정도 공감대를 형성한 듯하지만, 현장에서의 진정한 파트너십이 이루어지고 있느냐에 대해서는 회의적이다. 이론적인 공감대만 형성되고 새로운 용어만을 지어내고 실행이 되지 않는 것은 덴여가 지적하듯이 주방장이나 메뉴가 바뀌지 않고 단순히 식당의 간판만 바꾼 것과 다를 바 없는 것이다.8 그렇다면 기존교회와 신생교회 간의 파트너십을 어렵게 만드는 원인은 과연 무엇일까?

먼저 파트너십에 대해 고민하게 된 원인 중의 하나가 어떤 성경적인 가르침이나 깊은 통찰에서 시작된 것이 아닌 피선교지에서의 교회의 증가와 전 세계적인 독립의 물결이 일어나고 있는 상황에 기인한다는 것이다. 이러한 상황에서 파트너십을 이해하기 위한 신학적인 성찰이 선행 혹은 병행되지 않았고, 진행되고 있는 상황을 정당화하기 위해서 수행된 측면이 있다. 선교지에서의 국가주의/민족주의의 발흥으로 인한 독립의 물결이 한편으로는 기존교회로 하여금 선교 과업 완성에 대한 의문을 가지게 했고, 다른 한편으로는 신생교회들의 기존교회에 대한 배척으로 이끌게 되었다. 이러한 상황에서 기존교회만으로는 선교의 과업을 이룰 수 없다는 자각과 필요에 의해서 파트너십은 기존교회가 인적 재정적 자원을 지원하고 신생교회들의 참여를 이끌어냄으로 과업을 완성하고자 하는 수단으로 이해되었고 여전히 주도권은 기존교회에게 있었다.9

두 번째로 진정한 파트너십이 발현되는 것을 방해한 것은 기존의 교회와 신생교회 간의 어마어마한 자원의 불균형 문제이다. 물질과 정보의 자원을 소유하고 있는 기존교회는 파트너십 안에서도 물질과 자원을 가지고 신생교회를 통제하려는 욕구를 버리지 못했다. 경제적인 문제가 가장 큰 걸림돌이었던 신생교회의 관점에서는 자신들의 가난함과 외국 원조에 기대야만 하는 형편에서 파트너십은 실감되는 용어가 아니었다. 이러한 갈등은 1972년에 열린 방콕의 WCC 모임에서 가난한 교회들의 분노와 원망으로 표출되었다. 그 시기는 전 세계적으로 정치 경제적 능력의 차이가 더욱 현저해지는 시기였고, 신생교회들은 지속적인 의존에 의한 힘의 정치논리에 지배될 수밖에 없는 상황에서 파트너십의 개념은 내용과 실행 면에서 공허한 것으로 여겨졌다.10 돈이 관계에서 결정적인 역할을 하는 당시의 상황에서 진정한 연합의 성취는 요원해 보였다. 이러한 상황은 '선교 유예'의 선언에 이르렀고 이를 통해서 신생교회들은 자신들의 정체성과 선교에 대한 소명을 점검하고 자신들이 가진 제한된 자원을 가지고 사역을 할 수 있는 기회를 갖게 되었다. WCC '세계 선교와 전도 분과'의 새 책임자였던 에밀리오 카스트로는 이 유예는 "선교의 유예"가 아닌 "선교를 위한 유예"라고 긍정적인 평가를 내렸다.11

세 번째 문제는 오히려 경제적인 차이에서 오는 걸림돌보다 더한 것인데 바로 기존교회가 신생교회를 대하는 태도의 문제이다.12 기존교회는 여전히 신생교회를 열등하게 인식하고 자신들은 그들보다 우월하므로 그들을 돌보아 주어야 한다는 자세를 버리지 못하는 것이다. 기존교회와 신생교회의 이러한 불평등한 관계를 심화시키는 것은 그 둘의 관계 안에서 기승을 부리고 있는, 이미 유물이 되어버린 '식민주의'이다. 데이비드 보쉬는 16세기 이후에 선교와 식민주의는 불가분의 관계라고 지적한다.13 여기서 식민주의는 단순히 정치체제를 이야기하는 것이 아니고 정신적 문화적 경제적 우월주의뿐 아니라 하나님이 자신들을 택하셨다는 선민의식도 포함된다.14 따라서 정치체제로서의 식민주의는 종식이 되었다고 하더라도 정신적인 요소와 사회경제적 권력의 역학관계에서 여전히 힘을 잃지 않고 있다. 식민주의가 갖는 그릇된 편견은 경제적 우월주의뿐 아니라 정신적인 우월주의도 포함하는데 "우리가 그들보다 우월하고 더 잘 알고 있다"는 특권의식이다. 알버트 메미(Albert Memmi)가 지적한대로 특권의식은 식민주의적 관계의 중심에 있다. 예를 들어 "가장 가난한 식민지배자도 자신이 어떤 피식민지배자보다 우월하다"라고 생각한다는 것이다.15 이는 경제적인 측면뿐 아니라 지적 도덕적 영역에서도 그러하다.

'신식민시대'16는 이러한 식민주의적인 편견이나 구조들이 공식적인 식민시대가 끝났음에도 여전히 명백한 힘을 발휘하는 상황을 의미한다. 식민주의와 신식민주의의 근본적인 공통점은 "우리가 더 잘 알고 있다"라는 생각이다. 이는 교회구조 안에서도 예외일 수는 없다. 만약에 선교사를 보내는 교회가 갖는 피선교지인들에 대한 인식에 우리가 그들보다 우월하고 더 잘 알고 있다는 생각이 자리잡고 있다면 우리는 여전히 식민주의적 사고에서 벗어나지 못하고 있는 것이다. 신식민시대의 특징은 다국적 기업의 지배력이다. 한편으로 다국적 기업의 편리함, 저비용, 효율을 무기로 전 세계를 지배하며 다른 한편으로는 토착사회의 자립, 공동체, 정체성을 희생하고 있다.

이러한 다국적 기업의 특징은 다국적 선교단체에서도 유사하게 나타날 위험이 있다. 앞에서 파트너십에 대해 이야기할 때 기존교회가 신생교회와의 협력을 이야기하게 된 이유 중 하나가 자신들만으로는 과업을 완수하기 어렵다는 인식 때문이었다고 지적했다. 만약에 다국적 선교단체가 자신들이 할 수 없는 일을 저비용 고효율로 현지교회가 대신할 수 있다는 인식을 하고 있다면, 다국적기업과 다를 바 없다는 비난을 피할 수 없을 것이다. 식민시대보다는 두드러지지 않겠지만 여전히 많은 재정적 권한과 영적인 권위가 의문의 여지 없이 선교사들에게 있다고 생각한다면 우리는 신식민의 정신세계 속에 살고 있다는 것을 인정해야만 한다.

또 다른 식민주의의 모습은 구원자 콤플렉스이다.17 구원자 콤플렉스는 한마디로 가난하고 영적으로 지적으로 무지한 사람들에게 가서 그들을 구원하겠다는 내적인 갈망이다. 가난한 사람을 구제하고 도움을 주는 것에는 아무런 문제가 없다. 그러나 우리가 나서지 않으면 그들은 구원을 받을 수 없다거나 현지교회는 아무것도 할 수 없으니 우리가 나서야 한다는 인식이 저변에 깔려 있다면 이것은 건강한 선교사의 모습은 아닐 것이다. 선교사 개인의 모습이 겸손하고 현지의 권위를 존중하고 순종할 준비가 되어 있더라도 구조적인 한계에 부딪힐 수가 있다. 신생교회와의 협력문제는 개인의 문제가 아니라 구조의 문제이다. 식민시대에 살고 있는 지배국의 주민이 자신은 지배국 국민이 아니라고 외쳐도 여전히 지배국 국민이고 식민지 주민이 아무리 자신은 식민지인이 아니라고 외쳐도 여전히 식민지인일 수밖에 없다. 선교사도 마찬가지이다. 우리의 선교 구조가 이러한 신식민주의 안에 갇혀 있다면 개인의 저항 혹은 노력만으로는 거대한 물결을 바꾸기에는 역부족이다. 국제선교단체의 일원으로 일했던 경험이 있는 필자도 구조적인 문제 앞에서 개인 노력의 한계를 뼈저리게 느낀 적이 있었다.

리거(Jeorg Rieger)에 의하면 미국인들이 신식민주의에 둔감한 것은 자신들이 공식적으로는 식민 세력이었던 적이 없기 때문이라고 한다.18 한국교회도 마찬가지 아닐까? 식민지배의 역사가 있는 우리가 식민주의적인 사고를 하고 있다고 말한다면 그 누구도 받아들일 수 없을 것이다. 우리가 이렇다는 사실을 인정하지 못하는 것은 우리가 식민지배자였던 적이 없고 오히려 피지배자였기 때문이다. 그러나 만약에 우리 안에 위에서 말한 식민주의적인 생각과 구조가 여전히 있고 그 안에 갇혀 있다면 우리와 현지 동역자들의 관계는 서구교회와 신생교회의 파트너십이 갖는 한계를 극복하지 못할 것이다.

2) 현지 사례

필자가 살고 있는 지역은 대부분 주민이 이슬람을 믿는 곳이다. 기독교 공동체의 내부적인 문제와 외부적인 억압, 편견, 법률에 대한 오용 등으로 현지 기독교인들이 무슬림들에게 전도하는 것이 그리 녹록하지 않은 것이 현실이다. 그럼에도 불구하고 꽤 많은 숫자의 현지인 기독교인들이 무슬림 선교를 위해서 나름대로 애를 쓰고 열매를 맺고 있다. 이러한 상황에서 외국인 선교사들이 들어와 무슬림 대상으로 선교를 하는데, 대부분 경우 현지 교회와 동역하지 않고 자기들이 직접 선교하는 경우가 많은데 이러한 상황에 대해 현지 기독교 지도자들은 불편해하고 있다. 그야말로 현지 교회 패싱[19]이 일어나고 있는 것이다. 상황은 조금 다르지만, 중요한 결정에 현지교회가 제외된 사례를 소개하고자 한다.

2010년대 초반에 번역의 문제로 현지의 성서공회와 번역을 주관하던 국제단체 사이에 큰 충돌이 일어난 사건이 있었다. 이 사건은 한 언어공동체를 위해 국제단체와 같이 번역하던 현지 성서공회가 갑자기 번역에 이의를 제기하고, 이 문제를 국제단체의 본부에 단체의 현지 지부가 잘못된 번역을 하고 있으니 후원을 취소하고 제재를 가하라는 편지를 쓴 것에서 시작되었다. '하나님의 아들'[20]의 번역의 문제가 첨예한 이슈였는데, 선교단체와 현지 성서공회의 갈등이 선교단체 내부로 번져서 '하나님의 아들'의 상황화 된 번역을 찬성하는 편과 반대하는 편으로 나뉘어 논쟁하며 내부에서도 큰 갈등이 생기게 되었다. 결국, 내부에서 결론을 내지 못하고 세계복음주의연맹(WEA)에 사건을 위임하고 지도를 따르는 것으로 마무리되었다.

　어느 번역이 올바른 번역인지를 논의하는 것이 이 사례를 이야기하는 목적이 아니다. 지금 이야기하고자 하는 것은 단순히 어느 번역이 옳은지 아닌지에 대한 언어학적, 주석학적, 혹은 신학적인 문제를 넘어서 이러한 결정의 주체가 누가 되어야 하는지에 대한 선교학적인 성찰이 결여되었다는 것이다. 현지교회가 언어학적, 주석적, 신학적으로 외부인 선교사들에 비해 부족할 수 있다. 그러나 이곳을 누구보다 잘 알고 있고 이곳에서 계속 살면서 번역된 성경을 사용할 사람들은 그들이다. 그러나 오랜 기간의 논의와 결정과정에서 외부인들 간의 갈등과 논쟁이 있었고 수많은 외부인이 관여했지만 정작 현지교회는 배제가 되었다. 현지교회 패싱의 전형적인 예이다. "우리가 더 잘 안다"라는 그릇된 편견이 드러난 그리고 시간이 걸려도 현지교회와 대화를 하고 함께 가고자 하는 노력보다는 어찌 되었든 우리(외부인)가 결정을 내려서 번역 프로그램이 진행되도록 하려는 '과업 중심'의 모습이 드러난 사례라고 생각된다.

3. 무엇을 할 것인가?

1) 권위의 재발견

　그렇다면 우리는 무엇을 해야 할 것인가? 현지 동역자들과의 파트너십을 위해서 우리가 변화시켜 나가야 할 것은 무엇인가? 이 과제에 대해 제이 마텡가(Jay Matenga)의 글은 우리에게 통찰을 제시해 주고 있다.[21] 마텡가는 뉴질랜드 마오리족 출신 그리스도인으로 서구 교육을 받고 서구인의 정체성을 가지고 살다가 마오리족으로서의 정체성을 새로 발견하고 토착화된 교회가 선교의 주역이 되는 일에 다양한 기여를 하고 있다. 먼저 마텡가는 식민주의적 개념에 대비해서 토착 문화와 전통의 가치를 재발견해야 한다고 말한다. 일반적으로 우리는 우리가 섬기는 지역이 우리보다 경제적으로 어렵다는 이유로 미개하고 발전이 필요하고 문명화가 되지 않았다고 치부해왔다. 그러나 이제 우리가 섬기는 교회가 있는 곳을 미개하고 덜 발달되어 있고 문명화가 되지 않았다는 생각에 사로잡혀 그들이 우리의 도움 없이는 스스로 설 수 없다는 편견으로 바라보지 말아야 한다.

마텡가는 코로나 이후의 선교에서 지역에 적합한 혁신과 의사결정 제도가 필요할 것이라고 제안하였다.[22] 이는 코로나 이후에 이동의 제한과 선교사의 거주가 제한되는 경우를 대비해서 선교사가 참여하고 있던 의사결정 과정의 혁신에 대한 준비의 필요성을 말하는 것이다. 이러한 의사결정 과정의 혁신은 반강제적으로 필자가 거주하는 나라에서 이미 코로나 사태 이전부터 일어나고 있었다. 이곳의 선교기관이나 신학교에서 최고의사결정 기구인 이사회에는 지금까지 상당수의 외국인 선교사들이 포함되어 있었다. 특히 외국 선교사에 의해서 세워진 선교기관이나 신학교 등은 외국인 선교사들이 의사결정에 결정적인 역할을 하고 있었다. 그러나 정부의 정책 변화로 인해 이제 더 이상 신학교나 선교기관에 외국인이 이사로 참여할 수 없게 되었다. 여전히 재정적인 영역에서 영향력을 끼치고 있지만 주어진 제도 내에서 외국인들은 의사결정 과정에서 제외되고 있는 것이다. 비록 정부의 결정에 의한 것이지만 의사결정 과정의 현지화가 급격히 진행되고 있다. 이를 걱정스러운 눈으로 바라보는 시선들도 적지 않지만, 선교사들이 이양하지 못하고 미적거리던 것이 반강제적으로 현지 중심의 의사결정 구조로 변환되는 것을 오히려 긍정적인 것으로 여겨야 한다.

두 번째는 성경해석의 권위와 상황화에 관한 문제이다. 마텡가는 지금까지 진행된 상황화의 문제는 '우리가 이해한 복음을 다른 문화 상황으로 번역하는 것'에서 비롯된 것이고 이것은 여전히 산업화 시대의 정신에 기인한 것이라고 지적한다. 먼저 우리에 의해서 복음이 해석되어지고 그 해석된 결과를 새로운 상황에 적용하는 것이다. 마텡가는 복음은 '외부에서 들어온 선교사에 의해서 번역된 인식체계'가 아니라고 한다.[23] 현지 그리스도인들이 자신들이 경험한 그리스도를 바탕으로, 주도적으로 복음이 해석되고 이해되어야 한다. 이러한 신학 작업을 자신학화라고 이야기한다면 자신학화는 선택이 아니라 필수인 것이다. 물론 이 자신학화는 고립된 상태에서 진행되는 것이 아니고 전 세계 교회와의 대화 가운데 이루어지는 것이다. 따라서 성경해석의 권위는 토착화된 기독교인들에게 주어지고 외부인들은 현지 기독교인들의 초대에 의해서 참여하게 된다. 여기서 외부인의 역할은 현지인들로 하여금 하나님과 성경에 대한 올바른 질문을 하도록 돕는 것이지 완전히 다른 상황에서 얻어진 해답을 제공하는 것이 아니다. 이렇게 할 수 있는 이유는 우리가 믿는 살아계신 하나님께서 새로운 신자들로 하여금 자신들의 상황과 문화에 맞는 복음의 이해를 제공하시기에 충분한 능력을 가지고 계시다는 것을 믿기 때문이다.

또한 이러한 과정을 통해서 외부인인 선교사는 자신들의 특권을 포기하고 '모든 문제'에 대해서 현지인들이 스스로 결정할 수 있도록 자리를 내주어야 한다. 여기에는 외부인이 가진 힘으로 외부인이 생각하는 대로 현지인의 역량을 키우던 기존의 방식을 포기하는 것도 포함된다. 외부인의 기준으로 능력을 키우는 것이 아니라 현지인이 원래부터 가지고 있는 것을 발견하도록 돕는 것이다. 이렇게 된다면 마텡가의 지적대로 코로나로 인해서 외부 선교사들이 줄어들거나 없어지더라고 현지인 주도의 선교는 지속될 수 있을 것이다. 이러한 현지인 주도의 성경해석과 자기계발이 시작되려면 외부인들은 지도자, 교사 혹은 대장의 자리에서 내려와서 손님, 학생 그리고 섬기는 자의 자리에 앉아야 한다는 마텡가의 지적에 전적으로 동의한다.24 이는 우리가 잘 알고 있는 선교활동의 네 가지 단계25의 마지막 단계인 참여단계와 일맥상통하는 것으로 선교사들은 현지교회가 있는 곳이라면 의지적으로 부모 단계, 파트너 단계를 건너뛰고 마지막인 참여 단계부터 시작하도록 노력해야 한다.

2) 자신학화 현지 사례 – 고난의 신학

필자가 살고 있는 나라는 기독교 박해 지수에서 늘 상위 10위 안에 들고 그중에서 기독교인들에 대한 폭력지수는 최상위권인 나라이다. 이 나라의 기독교 역사는 한국보다 오래되었지만, 최초로 개종을 한 사람들이 최하층민 출신이었고 그들의 자손들이 지금도 대부분 기독교인을 이루고 있어 여전히 종교적, 경제적, 사회적으로 끊임없는 차별에 시달리고 있다. 차별과 핍박은 기독교 마을을 불태우거나 교회를 공격하는 등 공동체에 해를 가하는 형태로 나타나기도 하고, 기독교인 학생들에게 다른 학생들이나 교사들이 개종을 강요하거나 직장이나 사회에서 차별하는 등 개인적인 차원에서도 지속적으로 나타나고 있다. 또한 신성모독법으로 불리는 법 조항이 기독교인들을 포함한 소수 종교를 믿는 사람들을 옥죄는 수단으로 사용되기도 한다. 이 나라의 기독교인들은 그야말로 총체적이고 집단적인 차별과 핍박 아래에서 살고 있다고 해도 과언이 아닐 것이다. 외국인인 나는 그들이 당하는 차별과 무시를 간접적으로 경험하거나 인지는 할 수 있어도 그들이 느끼는 정도로 뼈저리게 느낄 수는 없다. 이러한 상황에서 선교사로서 고통에 대한 강의나 설교하기가 쉽지 않다. 성경에 있는 대로 강의 혹은 설교는 하더라도 "차별과 무시 그리고 신체적 위협과 같은 고난을 직접 당하지 않는 자로서 나의 설교를 그들이 공감할 수 있을까?"라는 의문이 있어 섣불리 고난을 인내하라고 말하지 못한다. 누구에게나 개인적인 고난은 있다. 그러나 이러한 집단적인 고난을 경험한 지 오래된 아니 경험하지 못한 서구교회나 한국교회 선교사의 고난에 대한 해석과 적용이 이들에게 어떠한 영향을 끼칠 수 있을까? 고난에 대한 해석이 현지교회에 의해서 이루어지고 적용된다면, 그 해석이 주는 힘은 그 어느 유명한 주석책이 주는 것보다 강력할 것이다.

고무적인 것은 고난에 대한 해석을 하고 강의하는 현지인 교수가 있다는 것이다. 그는 고난이 이 나라 기독교 공동체에게 하나님이 주신 '자신들의 특별한 소명'이라고 해석한다. 또한 고난을 피해서 기회가 있으면 외국으로 이주해서 살기를 원하거나 인도적 난민으로라도 나라를 떠나려는 기독교인들이 많은 현실에서 "핍박하는 이웃을 사랑하고 그들을 용서하는 기도를 하자", "이 나라에서 머무르며 견디자", "외국으로의 도피는 최후의 수단이다", "믿음에 굳게 서자"라는 메시지로 도전한다. 비록 내용이 새롭거나 특별한 새로운 해석이 들어가지 않더라도 그 고난을 직접 당하는 공동체의 일원이 하는 해석과 적용에서 오는 울림의 크기와 깊이는 외부인에 의해서 해석되고 번역된 것과 비교할 수 없다.

3) 재정의 재발견

현지교회와의 관계에서 우리의 한계가 드러나는 영역은 여러 가지가 있지만, 기존교회와 신생교회의 건강한 파트너십에 가장 걸림돌이 되었던 것은 재정의 문제였다. 경제적인 불균형은 신생교회로 하여금 기존교회에 종속되게 했고 기존교회는 신생교회를 자신들의 생각대로 움직이고자 하는 여지를 제공했다. 여전히 경제적으로 낙후되어 있는 신생교회들의 처지를 보면 경제적인 도움은 불가피해 보인다. 그러나 정말 그럴까 하는 질문을 던져보지 않을 수 없다. 우리의 시각은 "입력값과 출력값을 단순히 산술적으로 비교하는 산업시대의 한계를 극복하지 못하고 있지 않는가?"

요한에 의해서 소개되는 예수님이 물고기 두 마리와 보리떡 다섯 개로 오천 명을 먹이신 사건은 선교사와 현지인 동역자의 관계 그리고 재정에 대한 성찰을 제공한다.26 요한복음의 오병이어 이야기에는 네 사람이 등장한다. 예수님과 제자 빌립, 안드레 그리고 오병이어를 제공한 한 아이이다. 예수님께서 빌립에게 "우리가 어디서 떡을 사서 이 사람들에게 먹이겠느냐"라고 물어보시자 빌립은 "각 사람으로 조금씩 받게 할지라도 이백 데나리온의 떡이 부족하리이다"라며 부정적인 대답을 한다. 그나마 안드레는 빌립보다는 좀 더 적극적이어서 한 아이가 가지고 온 것을 예수님 앞에 두지만 그 또한 부정적이다. 그는 "그것이 이 많은 사람에게 얼마나 되겠사옵니까?"라고 체념하는 모습을 보이고 있다. 이것이 아마도 기존교회가 신생교회를 바라보는 시각 혹은 우리가 선교지 사람들을 바라보는 시각이 아닐까 싶다. "현지에서 조금씩 조달해 봤자 턱도 없이 모자랄 거야. 현지에서 조달한다고 하더라고 우리가 필요로 하는 재정에 비교하면 얼마나 되겠어? 물고기 두 마리와 보리떡 다섯 개로 오천 명은커녕 한 명도 배불리 먹을 수 없을걸. 그냥 우리가 외부에서 조달해서 채워주는 게 빠르겠어." 그러나 예수님은 그 보잘것없어 보이는 물고기 두 마리와 보리떡 다섯 개로 오천 명을 먹이고도 남기셨다. 마찬가지로 현지에서도 예수님은 보잘것없어 보이는 현지의 재정 능력 자원을 가지고 충분히 하나님의 일을 완성하실 수 있다는 믿음이 필요하다. 아마도 자기가 먹을 도시락을 가지고 온 사람이 그 아이만은 아니었을 것이다. 선교사가 해야 할 것은 현지의 것을 과소평가하거나 당장의 필요를 채우기 위해서 무엇인가를 외부에서 조달해서 주기보다는 비록 우리들의 눈에는 형편없어 보이지만 그들이 가진 것을 발견하고 나누도록 격려하고 하나님께서 하시는 선교에 동참하도록 격려하는 것이다. 몇 배의 시간이 더 걸리거나 우리의 시간표대로 일이 진척되지 않더라도 말이다. 오병이어의 주님이 또한 선교의 주인이시기 때문이다.

이와 같이 신생교회가 더 이상 서구나 외부인의 해석에 의존하거나 무비판적으로 따르지 않고 스스로 하나님의 말씀을 해석하고 적용할 때 그리고 자신들이 가진 것을 발견하고 하나님께 드릴 때, 그리고 기존교회는 자신들이 지켜왔던 권위를 포기하고 신생교회에 손님, 학생, 그리고 조력자로 참여할 때, 그리고 외부재정의 유입을 의지적으로 차단할 때, 기존교회와 신생교회의 진정한 파트너십의 여정이 시작될 수 있을 것이다.

4. 나가는 말

선교사가 현지에 있는 것은 현지에 무엇을 주는 자로 있는 것이 아니다. 현지 그리스도인과 연합함과 하나됨으로 그리고 함께 삶을 살아나감을 통해서 하나님의 샬롬의 증인으로 현지에 있는 것이다. 코로나 사태는 비자의 문제와 더불어 우리로 하여금 일시적으로 혹은 영구적으로 사역지에서 떠나게 했다. 이는 방콕에서 신생교회들이 요구하였던 선교유예와 같은 것은 아니지만, 일부 지역에서는 코로나로 인해 선교사가 떠남으로 말미암아 선교의 일시적인 유예가 타의에 의해서 일어나고 있다. 그러나 선교사가 떠나고 없다고 해서 그리고 외부에서 재정의 유입이 되지 않는다고 해서 선교가 중단된다면 이것은 선교를 '위한' 유예라고 선언한 선교 유예 선언의 실패로 주님께서 우리에게 주신 두 번째 기회를 또다시 잃게 되는 것일 수 있다. 기독교인들이 자신들이 살고 있는 자리에서 권위를 가지고 스스로 의사결정을 하며(자치), 외부에 재정적으로 의존하지 않고(자립), 자신들의 삶의 자리에서 얻은 경험과 성찰을 통해서 성경을 해석하며 적용할 때(자신학화), 비로소 스스로 복음을 힘있게 증거하는(자전) 공동체로 자라나게 될 것이다.

  이 글에서 소개한 사례들과 성찰들이 현실을 무시한 너무 '이상적인' 것이라고 비판을 받을 수 있다. 그러나 이상 없이는 우리의 일상을 바꿀 수 없다는 것도 자명하다. 우리가 추구하는 이상이 일상이 되는 날이 오기를, 그리고 필자가 섬기고 있는 믿음의 공동체가 스스로 복음을 힘있게 증거하는 공동체가 되는 날을 꿈꾸고 기대하며 담담히 여정을 이어 나가길 소망한다. 그러다 문득 지나온 길을 돌아보면 코로나 사태를 통해 우리로 하여금 성찰하게 하신 주님을 찬양하게 될 날이 올 것을 믿으며 글을 마무리한다.

6

새 시대, 새로운 세대를 위한 새로운 선교전략: 아랍 MZ 세대 분석을 통한 로드마스터(Road Master) 사역을 중심으로

새 시대, 새로운 세대를 위한 새로운 선교전략:
아랍 MZ 세대 분석을 통한 로드마스터(Road Master) 사역을 중심으로

제이홍

1. 들어가는 말: 변화를 위한 이탈

중동의 아라비아반도 지역에서 비즈니스를 시작하는 해외 기업이 가장 유의해야 할 사항 중 하나는 이 지역에서는 일요일부터 목요일까지 근무를 하고 금요일과 토요일에 휴무를 갖는다는 것이다. 통상적으로 토/일요일이 주말 체제에서 살아오던 대다수 외국인도 이 지역으로 이주하게 되면 이곳만의 독특한 주말체제로 삶을 변화시켜야 한다. 특히 일요일을 주일로 삼아 예배를 드리는 기독교인들에게 다른 요일을 주일로 변경할 수밖에 없는 환경을 가진 곳이 걸프지역이다. 금요일이 예배로 모이는 날로 정해진 이슬람의 발상지인 아라비아 반도에서는 종교적 전통을 고수하며 오랜 기간 금요일을 쉬는 날로 지켜 왔다. 그런데 이러한 전통을 깨고 UAE가 2022년 1월부터 글로벌 체제와 동일한 토/일 주말 체제로 변경하였다. 월요일부터 금요일 오전까지 주중 4.5일 동안 일을 하고, 그간 정오 12시 전후로 드리던 이슬람 금요예배의 시간을 조금 연기해서 1시 15분에 드리는 것으로 변경한 것이다. 이러한 변화를 통해 국제상업의 중심지인 UAE는 다양한 경제분야에서 글로벌 마켓과 거래 교환을 맞추어 더욱 매력적인 지역 허브로써 역할을 해 나갈 것을 기대하고 있다. 또한

UAE 정부는 이러한 결정이 종교와는 어떠한 쟁점도 일으키지 않는다고 발표하며 혹여나 발생할지도 모르는 문제를 사전에 차단해버렸다. 7개의 토후 연합국으로 구성되어 있지만 탑다운식 정책 결정과 정해진 것에 대한 즉각적인 실행에 익숙한 이 나라에서 특별한 반대의견 없이 새로운 체제로 전환되고 있다. 2006년 목/금 주말체제에서 금/토 전환을 했었던 전력이 있긴 하지만, 이 당시에는 금요일을 휴일로 고수하면서, 대다수 국민이 무슬림인 걸프국가들의 기존 정체성을 유지하는 데 어려움이 없었던 변화였다. 그러나 이번 변화는 절대 명제와 같았던 금요 휴일을 건드린 최초의 사건으로 평생 지켜왔던 루틴에 변화를 강요하며 적잖은 혼란을 주고 있는 것이 사실이다. 금/토 체제인 주변국과 거래를 하도록 셋팅이 되어진 회사에서는 사업적 어려움이 있을 거란 불만을 쏟아내기도 한다. 4.5일 주중 노동시간을 현실적으로 지키기 어려운 민간회사들은 무슬림들을 배려하면서도 어떤 시간 체계로 근무를 해야 할지 고심하면서 적응을 해나가고 있다. 예배드리는 금요일은 하루 종일 휴일이어야 한다고 주장하면서, 금요일마다 계속 반차 내지 휴가를 사용할 거라는 무슬림들도 있다. 평생 지켜왔던 기도시간 변경에 대해 개탄하는 경건한 무슬림도 있으며, 주말 대가족 모임이 약소화되어가는 것에 아쉬움을 토로하는 현지 어르신들도 보게 된다. 물론 일과 삶에 대한 밸런스가 더욱 잘 맞추어지고, 고국이 경제 허브로 더욱 위상을 갖추게 될 것이라고 기대하는 현지인들도 있다. 현지인들의 여러 반응을 보면서, 하나의 사회적 제도의 변경이 단순한 생활적인 변화를 주기도 하지만, 평생 당연하다고 생각했던 것들을 내려놓고 다른 것을 취하는 계기를 통해 가치 체계 또한 변화를 주고 있다. 이 사회 제도의 변화로 향후 우리는 기존 사고방식과는 다른 새로운 사고방식을 가진 아랍인들과 마주하게 될 것을 예상해보게 된다.

2020년 초부터 본격적으로 전 세계를 강타한 팬데믹은 2년여 시간 동안 전 인류의 생활상을 바꾸어 놓고, 아직도 그 끝이 언제인지 확신하지 못한 채 계속되고 있다. 팬데믹은 그동안 익숙하고 당연했던 것들은 강제적으로 결별시켰으며, 생존을 위해 새로운 것에 적응하도록 강요하였다. 이전의 체제는 역사 속에 묻히게 되었으며, 새로운 환경 속에서 새로운 가치 체계를 형성해야 하는 시기를 맞이하고 있다. 그래서 팬데믹으로 새롭게 갖추어진 환경으로 인류가 어떻게 변하게 될 것이라는 연구와 분석이 쏟아지고 있다. 이는 정체성의 공백기에 새로운 사고방식을 가진 신인류가 등장할 것을 예고하는 듯하다. 팬데믹은 잠시 모든 것을 리셋하고 내가 서 있는 곳을 새롭게 볼 것을 요구하고 있다.

특히 아랍지역은 마치 팬데믹과 같이 기존 사상에 엄청난 도전을 주는 사건들이 연속적으로 일어나면서 격변의 시기를 맞이하고 있다. 새롭게 형성되는 아랍지역의 환경 변화로 인해 기존에 알고 있던 아랍인들의 특징이 아닌 새로운 아랍인들이 생겨나고 무대의 중심에 등장하기 시작했다. 이 중심에는 아랍의 전통적 정체성의 영향을 덜 받은 젊은 세대들이 있다. 현재 아랍의 전 인구의 2/3가 35세 이하의 젊은 세대로 구성되어 있는데, 이는 역사상 가장 많은 젊은이가 성년으로 전환되는 시기를 맞이하면서 새로운 아랍을 예고하고 있다. 인구통계적으로 젊은 세대들은 아랍인들 중 가장 큰 그룹을 차지하고 있을 뿐만 아니라, 사회적인 영향력도 가장 크게 행사하는 것으로 나타나 아랍 젊은 세대들에 대한 이해는 향후 중동 아랍지역의 미래를 알기 위한 필수요소가 되고 있다.

아랍지역에서는 MZ 세대라는 말을 사용하지는 않지만, 이 논문에서는 디지털 환경에 익숙하고 변화에 유연한 특징을 보이는 10대 후반에서 30대의 청년층을 일컫는 용도로 이 단어를 사용하려고 한다. 이는 아랍 젊은 세대들이 급변하는 환경 속에서 성장하여 그 사회를 이끌어갈 새로운 영향력을 발휘한다는 공통점이 있기 때문이다. 다음 장에서는 아랍인들 사이에 널리 퍼져 있는 일반적인 거대 담론의 정체성을 먼저 살펴보고, 이어서 최근 발생했던 정부의 정책이나 사건들로 기존 전통적인 정체성이 어떻게 약화되고 아랍 MZ 세대들에게는 어떠한 영향을 미쳤는지 살펴보려고 한다. 마지막으로 새롭게 부각되는 시대적 특징에 맞추어 새로운 세대를 공략하는 로드마스터 사역을 중심으로 새 시대, 새로운 대상을 위한 새로운 선교전략을 고찰할 것이다.

2. 중동 아랍인의 기존 정체성[1]

아랍인들은 주로 중동 아라비아반도부터 북아프리카 지역에 넓게 퍼져 거주하고 있다. 이 지역은 지리적으로 광범위한 지역임에도 불구하고 다른 지역과 확연하게 구분되는 이질성(heterogeneity)과 이 지역만의 독특한 동질성(homogeneity)을 강하게 보이고 있어 지역학 방법론에서 말하는 하나의 지역 단위로 간주되어 분석이 된다. 특히 윗세대들이 아래 세대에게 지혜와 지식을 흘려 보내주는 가부장적이고 부족주의적인 전통에 따라 어느 지역보다 동일한 사고 체계가 강하게 계승되어 왔다. 또한, 근대에는 외부 세력으로부터 자국을 보호하기 위해 정치지도자들에 의해 탑다운 방식으로 형성된 거대 담론이 아랍인들을 규정하는 정체성이 되어 모든 구성원이 동일 유사하고 끈끈한 가치 체계를 형성 및 유지해왔다. 이 지역 내에 발생한 여러 사건으로 인해 시기에 따라 무게 중심이 달라지기도 하지만 주로 다음의 주요 정체성이 오랜 기간 아랍인들 마음에 뿌리 깊게 혼재되어 존재해왔다.

1) 이슬람주의(*Ummah*)

이슬람의 발상지인 중동지역에서 아랍인들의 정체성에 가장 지대한 영향을 미치는 것은 단연코 종교이다. 이슬람 출현 초기에 가브리엘 천사의 계시를 받은 무함마드 선지자는 정치, 경제, 사회, 군사 등의 전 분야에 관여하는 지도자 역할을 하면서 종교와 하나로 통합된 공동체를 이루었다. 이렇게 발전되어 온 사회 공동체의 특징으로 지역적인 전통문화와 생활 속에 종교가 깊게 뿌리내려 이슬람이 공동체원들의 정체성에 깊게 자리 잡게 되었다. 오늘날에도 이슬람의 기도시간은 아랍 무슬림 사회의 하루 일과의 기준이 되고, 이슬람법인 샤리아는 정치, 경제뿐만 아니라 다른 전반적인 분야에도 광범위하게 영향을 끼치고 있다. 단식을 하는 라마단 기간에는 생계보다도 모든 것이 종교적 시계에 맞추어져 있다. 1969년에 창설된 이슬람협력기구(Organization of Islamic Cooperation)는 동남아시아부터 서아프리카 지역까지 흩어져 있는 이슬람국가의 협력증진과 이익보호를 목적으로 57개의 회원국이 함께 활동하고 있다.

2) 아랍민족주의(*Qawmiyyah*)

일반적으로 하나의 국가가 동일한 정체성을 지닌 단일 민족으로 구성되는 것처럼, 아랍어를 공통적으로 사용하는 민족이 하나의 목소리를 내면서 공동의 이익을 추구해나가자는 이데올로기이다. 이 사상은 팔레스타인 지역에 아랍인들을 쫓아내고 이스라엘 국가를 건설한 유대인에게 공동으로 저항하면서 발전하기 시작했다. 그리고 서구의 정치세력과 외세에 대항하기 위해 아랍민족끼리 연대를 주창한 아랍 사회주의자들에 의해 널리 퍼지게 되었다. 이는 아랍인들의 생존을 위협하는 안보 문제를 최우선시 여김으로 광범위한 지역의 무수한 아랍 내부의 다양한 특징을 희석시키고, 탈식민지 시대에 국가와 종교에 대한 것을 제한시키는 역할을 하면서 아랍인들의 정체성을 좁게 개념화시키는 도구로 사용되었다. 현재는 아랍을 우선시하는 대의가 소속 공동체에 줄 수 있는 이익과 상충되면서 이 사상의 결속력이 많이 약화되었지만, 아랍국가의 독립과 주권 보호를 위하여 아랍이라는 공통분모로 생겨난 22개국의 연합체인 아랍연맹(the League of Arab States)을 중심으로 그 명맥을 이어가고 있다.

3) 부족주의(Assabiyyah)

아랍인들의 삶의 터전이었던 척박한 사막은 국경도, 질서를 유지해주는 국가시스템도 전혀 없는 힘의 논리만 적용되던 무법지대였다. 이곳에서 외부세력으로부터 보호해주고 생존을 보장해줄 수 있는 유일한 울타리는 혈연으로 구성된 가족과 부족뿐이었다. 그래서 사막 생존의 기본 단위가 된 부족은 더 큰 세력으로 발전해나가기 위해 경쟁적으로 병합을 이루어가기도 했을 뿐만 아니라, 부족 혈통의 순수성을 저해시킬 수 있는 열등한 부족원과의 결혼을 기피하기도 하였다. 비록 오늘날에는 부족이라는 개념이 사용되지는 않지만, 부족주의의 잔해는 아직까지도 아랍인들 일상에 깊게 나타나고 있다. 인맥을 통하여 구직 및 구인 활동을 하거나, 소소한 일 처리를 위해 중간자 역할을 하는 와스다(wasta)가 대표적인 현대판 부족주의의 단면이다. 또한 UAE 정부는 자국의 안정적인 인구구조를 유지하기 위해 에미라티 남성들의 에미라티 여성들과의 결혼을 장려하고 있다.

4) 근대개별국가주의(Wataniyyah)

사막에서 부족 단위로 생존하던 이들에게는 국가에 대한 개념은 한 세기 전까지만 해도 거의 없었다. 또한, 식민지로도 별로 매력이 없었던 이

지역은 시대별 패권 국가들에게도 관심의 대상은 아니었다. 그리하여 개별 국가에 대한 개념은 상대적으로 뒤늦게 생긴 지역이다. 19세기까지 약 5백여 년 동안 오스만 튀르크의 지배를 받으며 특별한 국가에 대한 개념 없이 지내오던 중 오스만 제국이 정복한 광활한 지역을 효율적으로 지배하기 위해 자치분권 형식이 강한 탄지마트 개혁을 시행하면서 중동 아랍인들에게 근대국가에 대한 씨앗이 뿌려졌었다. 이후 두 차례의 세계대전을 거치면서 과거 시스템이 완전히 해체되고, 중동 지역에 신생개별국가들이 등장하게 되었다. 급작스럽게 형성된 국가의 일원이 된 아랍인들에게 개별국가에 대한 개념이 생기는 데에는 긴 시간이 소요되었으며, 이 공백의 시기에 과도기적으로 범아랍민족주의와 이슬람주의가 이들의 정체성을 대신하였다. 이후 기존 사상들이 약해지면서 개별국가주의는 점점 힘을 얻기 시작했으며, 오늘날에는 범아랍주의와 이슬람의 대의적인 일보다 개별국가들의 이익을 최우선시 여기며, 국가가 소속 국민을 위한 안정적인 생존 오아시스 역할을 해주는 큰 단위의 부족으로 여기며 계속적으로 발전해오고 있다.

5) 개인주의

거친 사막이 삶의 무대였던 아랍인들은 부족의 존립유무가 구성원의 생존과 직결되기에 한 개인의 삶은 부족보다 중요시될 수 없었고 부족주의 정체성을 강하게 소유할 수밖에 없었다. 대다수가 이슬람을 믿는 무슬림 아랍인들은 개인의 의견보다는 신의 뜻에 순종하는 삶에 익숙했으며, 종교가 일상생활에 깊은 영향을 주는 사회환경을 통하여 이슬람의 정체성을 자연스레 갖게 되었다. 새롭게 형성된 국가 공동체는 현대판 부족주의의 형태로 외부의 적을 대항하고 개별국가의 이익을 극대화하기 위해 아랍민족주의와 개별국가주의를 주창하며 개인의 희생을 정당화하고 상위 단위의 지도자에게 충성과 의무를 강요해왔다. 그러나 이것들이 여러 사건을 거치면서 아랍인들의 생존을 보장해줄 수 없는 것으로 증명되자 기존에 탑다운식으로 강하게 전수된 거대담론의 사상들은 약화되어졌다. 이 공백의 시기에 구성원들의 정체성 형성에 제 역할을 하지 못하던 가족, 부족장, 정치지도자들을 향한 도전이 시작되었고, 제한적이었던 정보 입수 채널이 좀 더 다양화되면서 개인주의가 아랍인들 사이에 싹트기 시작했다.

이러던 중 2010년에 발발한 '아랍의 봄'은 아랍 세계에 개인주의의 유입과 확산의 분기점이 되었다. 젊은 세대들은 신문, TV 뉴스, 가족모임을 통해 전통적으로 정보를 전수받았던 기존의 네트워크망 사용이 줄어들고, 이를 대신하여 소셜 미디어 및 또 다른 확장된 가족과 친구와의 접촉시간이 증가하면서 이것이 정보 제공의 주요 공급자로 대체되었다. 이는 젊은이들을 중심으로 한 개인화를 촉진하였으며, 개인주의를 아랍세계에 확산시키는 중심이 되었다. 더욱이 불황으로 구직이 어려워지고, 만연한 부정부패로 발전 가능성이 없어 보이는 기존 정부에 대한 불만은 기존 체제에 대한 거부감으로 이어졌고, 오직 개인 스스로가 문제를 해결하며 생존해 나갈 수밖에 없다는 의식이 기존 사상에서 탈피한 개인화를 부추겼다.

이러한 흐름 속에 맞이하게 된 팬데믹은 아랍세계의 개인화를 더욱 가속시키는 역할을 하고 있다. 전염병 확산을 방지하기 위해 아랍문화의 대표적인 특징인 대가족모임이 축소되고 개인별 시간이 더욱 증가하게 되었다. 이슬람의 예배 형태가 변경되고, 예배와 삶에 대한 새로운 파트와(fatwa)가 나오면서 평생 강하게 붙잡고 있었던 형식들이 절대 진리가 아님을 보여주었다. 또한 새롭게 펼쳐지는 교육 및 미래환경에 적응할 수밖에 없는 현실로 모든 가치에 대한 우열을 새롭게 정리해야 하는 상황이 2년 넘게 이어졌다. 이는 새로운 것을 반대하고 전통적인 것을 옹호하고 유지하려는 보수적인 사회 분위기에도 변화를 촉구하는 계기가 되었다. 특히 개인화에 큰 영향을 주는 소셜 미디어 사용 시간은 나이가 적을수록 늘어나는데, 이것은 연령별로 확연한 개인화의 차이를 보이는 아랍 세계의 특징 중 하나이다. 다음 장에서는 아랍의 봄 이후, 아라비아반도를 중심으로 기존 사상을 약화시키고 변화의 기폭제가 되도록 아랍인 일상에 면죄부를 준 몇 가지 국가정책과 사건들을 살펴보면서 아랍 세계에 어떠한 변화가 일어나고 있는지를 살펴보겠다.

3. 정체성 변화에 영향을 준 아랍국의 정책변화 및 MZ 세대의 의식변화

1) GCC 수니 형제국의 분열: 카타르와의 단교

이슬람 수니 왕정국가라는 공통점을 지닌 아라비아 반도에 위치한 6개국[2]은 1981년 걸프협력회의(Gulf Cooperation Council)를 결성하여 공통의 정치, 외교정책 노선 및 경제적인 협력을 하면서 어느 지역 협의체보다 단단한 결속력을 유지해왔다. 그러나 2000년부터 개혁개방정책을 추진하며 조금씩 곁길로 가기 시작한 카타르의 독자행보는 주변국의 심기를 불편하게 만들었다. 그러던 중 2014년에 이집트 내 반정부세력인 무슬림형제단의 일부가 카타르로 도피한 것을 문제삼아 사우디, UAE, 바레인은 카타르에 주재하던 자국의 대사를 본국으로 소환하며 동일한 정책노선을 유지하도록 압박했었다. 이러한 균열의 조짐을 보이던 이들의 관계는 2017년 카타르와의 단교를 단행하는 초강수로 이어졌고, 이는 3년 6개월 동안 지속되었다.

단교 발표 직후, UAE 는 자국에 거주하는 카타르 국적인들에게 48 시간 이내에 본국으로 돌아갈 것을 종용하였다. 사우디와 연결된 육로 및 하늘길을 전면 차단당한 카타르는 주변국으로부터 수입해오던 생필품 공급이 갑작스레 중단되어 한 달 정도 사재기 등 불안한 상황을 겪어야만 했다. 카타르와의 단교에 참여한 국가에서는 알자지라, 카타르항공 등 카타르 소유의 회사들의 홈페이지 접속이 차단되는 등 전방위적인 압박이 이루어졌다. 이에 카타르는 중동 산유국 중에서 처음으로 OPEC 을 탈퇴하게 되었고, GCC 정상회담 불참, 수입물품 조달국의 다변화, 자국 내 생산시설을 갖춘 현지 식료품 기업 육성 정책 등을 통해 기존에 끈끈한 관계를 맺던 수니 이슬람 국가들과 결별하고 다른 새로운 국가들, 심지어 그 대척점에 있었던 국가들과도 손을 잡으면서 새로운 생존 전략을 만들어갔다. 이번 사태는 각국의 정상들이 결정한 정치적인 사안이었지만, 전면적으로 이루어진 관계단절은 민간 생활에도 깊은 영향을 주면서 해당국 국민들 사이에서도 감정적 단교를 유발시켰다.

필자의 가까운 지인 중 한 명인 UAE 출신 여성은 카타르 남성과 결혼하여 오랜 기간 카타르에 살았다. 이슬람 명절 때마다 서로 왕래하며 잘 지내던 양가가 이번 사태로 감정의 골이 생기는 것을 옆에서 지켜볼 수 있었다. 단교 초반에는 정부에서 하는 일로, 국민 사이에는 나쁜 감정이 없으니 조속한 문제 해결을 바랐다. 그러나 시간이 흐를수록 이번 사태의 원인을 상대국가의 잘못 내지 다른 정치적인 이유로 발생했다고 간주하며 서로를 향한 아쉬움이 억울함과 증오로 변해가는 것을 보게 되었다. 이러한 감정적 단절에는 자국 중심으로 보도하는 편협적인 언론이 일조하고 있음을 보게 된다. 비록 지역 내 안보와 테러리즘 척결, 경제협력 강화 등을 위해 단교를 종결하고 재정상화가 되었지만, 수니 이슬람과 아랍 형제

애로 형성되었던 기존의 *끈끈함*은 약화되고, 이제는 서로가 최우선순위 대상에서 밀려나게 되었다.

2) 70년 해묵은 이스라엘-팔레스타인 분쟁에 대한 재편: 아브라함 협정

UAE와 바레인은 미국의 중재로 이스라엘과 2020년 9월에 정식외교 수립협정을 맺었다. 이는 이스라엘이 인접국인 이집트(1974년)와 요르단(1994년)에 이어 세 번째로 아랍국가와 국교 수립을 맺게 된 이례적인 사건이다. 유대교, 이슬람교, 기독교가 동일하게 조상으로 여기는 아브라함의 이름을 빌려 명명하게 된 '아브라함 협정'(Abraham Accord)은 뒤이어 수단과 모로코와도 수교를 맺고, 다른 아랍국가들도 이스라엘과의 관계 정상화를 모색하게 하는 계기를 마련해주었다. 1948년 유대인들이 팔레스타인 지역에 아랍사람들을 쫓아내고 이스라엘 국가를 건국하면서부터 유대인은 중동지역에서 아랍인들의 공공의 적이 되었다. 이에 모든 아랍인은 팔레스타인인에게 절대적인 지지를 보내며 아랍인의 위협대상인 이스라엘에 대항하며 범아랍민족주의의 깃발 아래 똘똘 뭉쳤었다. 최근 2017년 아랍연맹 회의에서도 이스라엘이 1967년에 점령한 아랍 영토에서 전면 철수하고 팔레스타인을 독립국가로 승인할 때까지 아랍국가들도 이스라엘과 평화협정 및 관계정상화를 수립하지 않겠다는 공동의 의견을 재승인하기도 했었다. 그러나 몇몇 아랍국가들은 이스라엘과의 관계정상화를 통해 얻게 될 이득이 더 큰 상황에서 개별국가에 더 이상 이익이 되지 않을 오래된 정치사조의 끈을 놓기에 충분했었다.

협정체결은 해당국 민간인들에게도 피부에 와 닿을 사회적 변화를 가져왔다. 아랍에미리트와 이스라엘을 연결하는 직항 항공편이 생기고, 아부다비에 유대교 율법에 따른 식재료와 조리과정을 거친 코셔(*kosher*)식당이 생겼으며, 아랍에미리트의 주요 해안가에는 이스라엘 벤쳐자본으로 설립된 회사의 전동스쿠터를 즐길 수 있게 되었다. 또한, 온라인을 통한 양국 청년들의 교류도 이루어지며 전방위적인 교류를 진행하고 있다. 협정을 맺은 1년을 살펴본 평가에서 각종 분야의 협력체결이 이루어졌으며, 엄청난 무역교류가 일어났음을 수치상으로 보여주고 있다. 아브라함 협정에 대한 아랍에미리트 일반 시민들의 반응은 연령에 따라 다른 의견을 보였다. 20-50대의 경우, 자신들의 정부가 하는 일들이 옳다고 말하며 정부정책을 옹호하기도 하면서도 이스라엘은 여전히 나쁘다는 것을 강하게 내비친 반면, 젊은 세대들은 이스라엘에 대한 반감을 표하는 것이 상대적으로 적었다. 젊은 세대들은 아랍-이스라엘 분쟁을 직접 겪지 않은 세대로 아랍민족주의 영향을 덜 받고 팔레스타인 분쟁을 자신들의 문제가 아닌 개별 국가의 문제로 분리시키는 경향을 보였다. 팔레스타인인들 또한 이번 사건으로 인해 다른 아랍 국가들에 대한 의존도를 줄이고 스스로 헤쳐나가야 한다는 인식이 증가하고 있다.

3) 정치적 이슬람의 와해: 종교 간 만남을 통한 평화의 상징으로

2019년 2월, 교황(Pope Francis)이 이슬람의 발상지인 아라비아 반도에 최초로 방문하는 역사적인 사건이 아랍에미리트에서 일어났다. 2019년을 '관용의 해'(year of tolerance)로 제정한 아랍에미리이트는 종교 교류와 화합을 위해 교황을 초청하고 전국의 가톨릭 신자가 함께 미사를 드릴 수 있도록 임시 휴교령까지 내렸다. 또한, 이를 계기로 타종교에 대한 포용과 관용을 상징하는 의미로 아브라함을 믿음의 조상으로 뿌리를 두고 있는 세 종교의 예배처를 한 군데에 짓는 '아브라함의 집'을 짓기로 결정했다. 이 종교단지가 중동이 오랜 기간 종교로 내홍을 겪은 분쟁지역의 오명에서 화합과 평화를 상징하는 랜드마크로 자리 잡길 바라고 있다. 또한 2021년 3월에 교황이 이라크, 특히 기독교인에게 인권유린이 자행되었던

IS 점령지인 모술을 방문하여 팬데믹으로 인한 어려움뿐만 아니라 그동안 고통받아온 이라크 신도들을 위로하고 무슬림 극단주의자들의 박해와 부당한 조치들에 용서를 촉구하는 메시지를 전달했다. 또한 메카, 메디나와 더불어 시아파 최고의 성지인 나자프(Najaf)에서 시아파 성직자 그랜드 아야톨라인 알리 알시스타니(Ali Al-Sistani)와 만났는데, 이는 교황과 시아파 성직자와의 첫 만남이었다.

자국민 무슬림에 대한 포교활동을 철저히 금지하고, 이슬람이 정치, 경제, 사회 전반에 걸쳐 절대적인 영향력을 행세하는 중동국가들에서 종교 간 화합과 타 종교와의 공존을 외치는 정부의 결정들은 매우 이례적인 행보이다. 이를 통해 정부 정책의 기조가 이슬람과 관련된 이데올로기가 약화되고, 타종교에 대한 국민의 감정적인 장벽을 낮출 것을 시사해주고 있다.

4) 이슬람 종주국 사우디아라비아의 변화

아버지나 남성 가족의 동행이나 허락 없이도 여권 신청 및 여성만의 독립여행 가능, 여성들의 운전 허용, 1983년 이래 처음으로 2018년 4월 영화관 오픈, 미디어를 관장하는 부서에서 출판물에 대한 언론 감시를 줄이고 중동지역 내에서 출판된 서적들이 더 많이 들어올 수 있도록 하겠다는 발표, 공공장소에서의 복장검열 및 기도시간 준수여부를 점검하던 종교경찰의 체포권 소멸 등 이슬람 전통주의 와하비즘을 건국이념으로 세워진 사우디아라비아가 오랜 기간 붙잡고 있었던 제도들을 하나둘씩 내려놓기 시작했다. 비전 2030 계획에 따라 사우디를 해외투자자들의 구미를 당기는 투자처로 만들고, 여행 친화적인 환경들을 통해 글로벌 여행객들을 붙잡기 위한 변신이 진행 중이다. 특히 사우디에 거주하는 외국인 여성도 아바야 의상을 의무적으로 입어야 하는 규범을 철폐한다고 현 정부의 최고

실세인 무함마드 왕세자가 말했다. 이슬람법에도 '단정하고 존경받을만한' 의상만 입으면 된다고 기재되어 있어 이것이 아무런 종교적 문제가 되지 않음을 언급해주었다. 이러한 사우디의 개혁개방정책으로 인한 사회적 변화는 전체 인구의 약 2/3 가 35 세 이하로 구성된 사우디의 젊은 세대들로부터 큰 호응을 얻으며 지속적인 박차를 가할 것으로 밝혔다. 물론 이러한 변혁을 통해 오히려 중앙정부에 힘을 집중시키고 새로운 왕세자 체제 구축을 위한 발판으로 이용하는 것이 아니냐는 비판과 저항도 있다. 또한, 꾸란을 엄격하게 해석 적용하며 이슬람 문화를 주도하던 사우디에서 종교와 성직자의 역할이 축소되는 것에 대한 우려도 나오고 있다. 그러나 기존의 사상으로는 더 이상 하나로 묶어내기가 어려워지는 주변국들의 변화와 지역 내에서의 리더십 약화는 새로운 생존법을 찾아 나서도록 사우디를 압박하고 있다. 이러한 상황은 세계화의 물결 속에서 사우디의 개혁을 계속 촉진하고 있다. 이슬람의 맏형 노릇을 해왔던 사우디의 변화로 중동 또한 새로운 모습으로 재편되어지고 있다.

5) 아랍 MZ 세대의 의식변화: AYS 2021

2008 년부터 지금까지 매년 실시해온 Arab Youth Survey(이하 AYS)는 아랍인들의 목소리를 직접 들을 수 있는 설문조사이다. 이는 조사의 독립성과 신뢰성을 확보하기 위해 기관 자체적으로 중동과 아프리카에 위치한 아랍국가 전역에 있는 젊은이들을 대상으로 조사를 실시해왔다. 이를 통해 외부자적 관점으로 중동 아랍인을 바라보는 것을 넘어 아랍인들의 생각을 들여다볼 수 있는 유일한 자료 중 하나로 여겨지고 있다. 특별히 매년 축적된 데이터 변화를 추적하면서 현재 아랍은 무엇이 어떻게 변화하고 있는지를 파악하는 데 통찰력을 제공해준다. 더욱이 조사 대상인 아랍의 젊은 세대는 현재 이 지역에서 가장 큰 인구 집단으로 선교사들이 주로

접할 사역의 대상일 뿐만 아니라, 이 지역의 미래를 이끌어갈 세대이기에 이들의 생각을 아는 것은 매우 중요할 것이다. 분석의 기반으로 삼을 AYS 2021 ASDA'A BCW 을 통하여 실시된 AYS 2021 은 17 개국의 50 개 도시, 18 세에서 24 세의 남녀 동일한 비율의 2,400 명을 대상으로 2021 년 6 월에 조사가 실시되었다.

이 조사는 기존의 일상을 송두리째 바꾸어 버린 팬데믹이 전 세계를 강타한 이후에 실시한 첫 조사의 결과로 팬데믹이 이들에게 미친 영향까지도 엿볼 수 있을 것이다.

(1) 아랍 전통 부족주의의 약화

아랍지역에는 구인과 구직활동 및 모든 문제를 인맥으로 해결하는 일명 와스타(*wasta*)라는 것이 널리 퍼져있다. 이는 부정청탁의 정실인사로 일반적인 국가에서는 비난의 대상이 되지만, 아랍인들에게는 척박한 사막에서 생존을 위해 가족이나 부족단위로 우선적으로 뭉쳐야만 하는 전통 부족 문화에 뿌리를 둔 당연한 일로 여겨진다. AYS 조사에 의하면, 77%가 와스타의 역할을 지역 발전에 걸림돌이 되는 것으로 보고 있다. 또한, 아랍 여성들의 지위가 급격하게 변하고 있다. 아랍지역에서 여성 참여율(18.4%)은 국제 평균(48%)에 여전히 못 미치고, 팬데믹 상황에서는 남성에 비해 여성 실직률이 현저히 높아 여성들이 주로 대체 가능한 저임금의 단순 업무에 종사하는 것으로 나타났지만, 여성의 사회 참여에 대한 인식은 전반적으로 높아지고 있다. 65%의 남성은 여성의 참여가 가계에 도움이 된다고 생각하며, 74%의 여성들도 스스로 사회 참여를 희망하고 있다.

(2) 종교의 영향력 감소

이슬람은 정체성 형성에 중요 요소로 매년 1 위를 차지하며 아랍 젊은이들 정체성의 가장 핵심 요소임을 보여주고 있다. 그러나 2020 년 조사에서 40%가 이슬람이라고 답변한 반면, 2021년 결과에는 34%로 줄어들고 대신 가족과 국가가 정체성에 영향을 준다는 답변이 근소하게 늘어났다. 또한, 2/3 이상의 아랍 청년들은 종교기관의 개혁 필요성을 여러 해 동안 계속적으로 답변해왔다. 이는 엄격하고 폐쇄적이며 근대화 속에 새롭고 익숙하지 않은 것들은 무조건 이단으로 치부하는 종교사상이 전통의 겉모습만 중시하며 융통성 없이 지나치게 단순화하는 퇴보적인 종교해석에 원인이 있다고 볼 수 있다.

(3) 강화되는 개별국가주의와 개인주의

젊은 세대의 온라인 사용시간 증대는 아랍 세계에 기존 거대 담론을 약화시키고 개인주의를 확산시키는 역할을 하고 있다. 이전에 소수의 기득권층인 집안의 어르신이나 부족장, 정치지도자들에 의해 가치관들이 전수되는 탑다운(top-down) 방식이 더 이상 작용하지 않고, 소셜 미디어를 통해 다양한 채널로부터 영향을 받은 젊은 세대들이 바텀업(bottom-up) 방식의 사회 변화를 이끌고 있다. 특히 이들은 온라인상의 개인 채널 등을 통해 스스로가 정치 운동에 주도적으로 영향을 끼치면서, 이제는 단순 수용자에서 능동적인 주체자로 바뀌게 되었다. 이러한 변화로 절반 이상의 아랍 청년들은 본국의 정부가 자신들의 목소리를 중시한다고 느끼고 있다. 그러나 국민의 의견 수렴을 잘하고 있다는 것이 나라 운영까지 잘한다는 것을 뜻하지는 않는다. 정부가 정책을 옳게 펼치고 있느냐는 질문에 걸프 지역 국가는 88%가 긍정적이라고 답한 반면에, 북아프리카(46%)와 레반트(21%) 지역 국가들은 절반에도 못 미쳤다. 아랍 청년들은 자신들의 생존을 위한 안전지대를 개별국가가 제공해주길 바라며 강력하게 목소리를 내는 반면, 채워지지 않은 부분에 대해 스스로가 헤쳐나가야 한다는 개인화 현상도 늘어가고 있다. 이는 자국에서 이탈하려는 높은 이주 희망률을 통해 볼 수 있다. 높은 실업률, 정부의 잘못된 경제 운영관리 및 국내에서 일어나는 분쟁과 같은 상황으로 더 이상 미래에 대한 비전을 고국에서 찾을 수 없는 젊은 세대 가운데 고국을 떠나 더 나은 환경을 갖춘 새로운 터전으로 이동을 원하는 사람은 계속 늘어나고 있다. 아랍 청년들이 타국으로 떠나고 싶은 가장 큰 이유로는 더 많은 수입 창출을 위한 구직, 교육의 기회, 본국 정부의 부패를 꼽았다. 이들이 이주하기 희망하는 나라는 같은 혈통인 아랍국이나 이슬람 국가가 아니다. 더 나은 급여와 취업의 기회가 많은 나라(캐나다, 미국, 독일, UAE, 프랑스)를 선호한다고 답변했다. 또한 삶의 장애가 되는 요소로 이전에 큰 비중을 차지했던 아랍민족주의와 이슬람주의에 관련된 항목들은 급격히 줄어들고, 팬데믹으로 인한 어려움에 대한 극복과 같이 현재 일시적으로 직면한 이슈(88%)를 제외하고 생계비용 상승(89%), 교육의 질(87%), 실업(84%) 등 주로 개인의 문제에 관심이 쏠리는 것을 볼 수 있다. 미래에 무엇을 하고 싶은가에 대한 질문에 정부를 위해 일하고 싶다는 응답은 줄어들고, 창업과 NOP에서의 근무 및 개인과 가족을 위해 일하겠다는 것이 매년 증가하면서 개인에 대한 우선순위가 더 커짐이 관찰된다.

4. 사례분석: 온라인 로드마스터(Road Master)

1) 아랍지역 온라인 환경의 특징

걸프 지역 95% 이상의 MZ 세대들은 인터넷을 사용하며, 더불어 활발한 소셜미디어 활동을 하고 있다. 레반트와 북아프리카 쪽으로 갈수록 비율은 조금씩 줄어드는 경향이 있지만, MZ 세대에게 온라인은 생활의 큰 비중을 차지한다. 특히 MZ 세대 2/3 이상은 소셜미디어와 분리되는 것이 어려울 정도로 온라인과 연결된 것이 일상의 삶과 정신 건강에 지대한 영향을 미치고 있다. 이들이 뉴스를 접하는 가장 주요 수단은 소셜 미디어이며, 그다음으로 TV 뉴스, 온라인 포털 사이트, 신문 순이다. 그러나 뉴스에 대한 신뢰에 있어서는 TV 뉴스를 가장 신뢰한다고 답했으며, 그다음으로 신문, 온라인 포털 사이트, 소셜 미디어를 꼽았다. 특별히 지난 10여 년간 아랍 세계는 온라인 공간에서 형성된 여론으로 새로운 정치 운동을 이끌어 왔다. 사람들을 일으키기 위해 대화를 이끄는 네티즌들은 젊은 세대들로, 그동안 자국에서 실업과 정치적 자유에 대해 억눌렸던 좌절을 표출하는 공간으로 온라인을 사용하기도 한다. 정치적 변혁을 경험한 아랍 MZ 세대들에게 온라인은 변화의 상징이기도 하다. 또한 팬데믹으로 인해 온라인 쇼핑의 빈도가 늘어났음을 보여준다. 90% 이상의 MZ 세대들은 온라인 쇼핑을 이용하고 있으며, 주로 음식(53%), 옷(45%), 전자기기(27%), 뷰티(26%) 구매를 위해 사용하고 있다고 했다. 젊은 세대와 달리 연령이 높아질수록 온라인 사용은 급격하게 감소하는 것이 아랍 온라인 세계의 특징이다.

온라인을 사용하는 걸프지역 MZ 세대들의 특징을 살펴보면, 이들은 대부분 안정적인 인터넷 환경에서 개인기기를 사용하고 있다. 또한 다른 가족원들로부터 방해 없이 온라인을 사용할 수 있는 개인적얼~물리적 공간을 가지고 있다. 이러한 안정적인 환경에서 많은 시간을 온라인상에서 보내고 있지만, 화상 모임 사용에 대한 거부감은 매우 높은 편이다. 이는 인물 사진은 거의 포스트를 하지 않는 이들의 소셜 미디어의 특징으로 봐도 화상 모임에 대한 거부감을 알 수 있는데, 이는 서로가 잘 아는 좁은 보수적인 사회환경과 인물 사진을 찍는 것을 꺼렸던 이슬람 문화 때문이다. 그래서 온라인상에서 친구들과 영상이나 사진을 공유하더라도 한번 보고 사라지는 어플(snapchat)이 아랍 MZ 세대들 사이에서 성공한 원인이 되기도

한다. 이들은 개인적인 편리와 재미를 위해 온라인 사용을 즐기고는 있으나, 온라인을 통해 자신을 드러내고 타인과 교제하는 것에는 매우 폐쇄적인 특징을 보이고 있다. 특히 경제 계급화가 심한 이 지역에서 외국인이 현지인들과 학교와 같은 필수적인 모임 이외에 온/오프라인상에서 정기 모임을 하는 것은 매우 어렵다.

2) 로드마스터 사역의 특징

로드마스터 프로그램은 외부적으로는 유네스코에서 진행되는 세계시민 이해교육을 중동지역에 맞게 필자가 변경하여 만든 프로그램이다. 필자는 팬데믹 이전 문화센터를 운영하면서 현지 무슬림에게 '비정상회담'과 같은 예능 프로그램을 진행해보자고 제안하여 선발한 친구들 중심으로 오프라인 프로그램을 진행해왔다. 팬데믹이 세계를 강타한 현재 이 프로그램은 온라인에서 아랍 무슬림 청년들과 한국 기독 청년들이 참여하는 문화 교류 프로그램으로 변모하여 진행되고 있으며, 이를 통해 한국 기독 청년들이 매주 삶의 간증 및 복음을 나누고 있다.

(1) 정체성 공백기에 제시하는 대안

아랍의 MZ 세대들은 그동안 기존 아랍인들의 주요 정체성을 형성시켜 주었던 역사적 사건들을 경험하지 못한 세대들이다. 또한, 극소수에 의해 전수되는 전통적인 방식에서 벗어나 온라인상에서 만나는 다양한 채널들로 인해 MZ 세대들은 개인화가 가속화되고 있다. 이러한 흐름 속에 맞이하게 된 팬데믹은 가족 모임 제한 및 축소를 가져왔고, 온라인 모임 같은 새로운 분야를 등장시켰고, 최근의 정부 정책들은 기존 사상들과의 결별에 대한 면죄부를 부여하였다. 새로운 것을 습득하며 변해야지만 살아남을 수 있는 팬데믹 환경은 가치 체계 또한 새롭게 형성할 것을 재촉하고 있다. 특별히 많은 변화를 요청받는 중동 아랍인뿐만 아니라, 필자 또한 동일한 팬데믹의 영향과 4차 산업혁명시대 속에서 초국가적으로 새로운 생존 전략을 만들어가야 하는 지구 시민으로 함께 이 문제를 헤쳐나가자고 하면서, 로드마스터 프로그램을 현지 아랍인들에게 제안했다. 더욱 촘촘히 연결되는 지구촌 시대와 개별국가 혼자서 해결할 수 없는 팬데믹과 같은 일들이 더욱 자주 발생하게 되는 상황에서 타문화에 대한 이해와 세계시민에 대한 인식의 필요성은 늘어가고 있다. 그리고 중동 지역 변화의 주역이 젊은 세대임을 강조할 때 프로그램 참여에 대한 동기를 더욱 강하게 유발시키는 것 같다.

(2) 새로운 공간에서 형성된 새로운 공동체

아랍 무슬림 전도와 회심에 있어서 가장 큰 제약은 그들이 처해있는 환경이다. 그들은 강한 연대감을 이룬 공동체에 소속되어 있기 때문에 개인의 생각과 의견보다는 소속된 공동체에서 합의된 틀 안에서 살아가는 것이 중요한 덕목이다. 그러나 온라인은 아랍 무슬림을 기존에 강하게 붙잡고 있었던 곳에서 이탈하여 새로운 곳으로 초청할 수 있다. 예전 오프라인상에서 아랍 청년들과 모임을 하기 위해서는 그들 부모님의 허가가 절대적으로 필요했다. 부모들은 자신의 자녀들이 출입하는 외국인이 운영하는 기관이 믿을만한지 검증의 시간을 가진다. 물론 부모들의 검증을 마치고 나면 온 집안과 친해질 수 있는 기회를 가지기도 했지만, 온라인 모임은 부모의 허가를 생략하고 당사자의 의지에 따라 바로 진행할 수 있는 장점이 있다. 또한 온라인 공간은 마치 자신의 고향을 떠나 익명성이 보장되는 해외에 방문하는 듯한 효과를 낼 수 있다. 해외에 거주하는 또래 청년들과의 온라인상에서의 만남은 부모의 눈치 없이 열린 마음으로 교제할 수 있도록 도와줄 뿐만 아니라, 평생 절대다수가 무슬림인 공동체에서 살아가

다가 기독교인이 다수인 공동체를 경험할 수 있는 공간을 제공해준다. 이는 이슬람 공동체에서 벗어나 자신의 인생과 미래에 대한 문제 앞에 홀로 설 수 있도록 도와주며, 유사한 문제들을 직면한 동일한 연령대 청년들의 다양한 이야기를 들을 수 있는 시간을 제공한다. 한국 기독청년들에게도 이슬람 포비아에 관련된 내용 등 편협한 관점에 의해 왜곡된 세계관에서 벗어나 현지인들을 직접 경험하면서 그들과의 차이를 이해하고 복음을 전해보는, 일상의 삶을 유지하며 자연스레 접할 수 있는 선교 훈련이 된다. 또한 복음을 전하는 사람들에게 추방 등 보안에 관하여도 어느 정도 안정감을 주는 장점이 있다.

이 프로그램은 온라인상에서 불특정 다수에게 단순 정보를 광범위하게 살포하는 방법이 아닌, 오프라인에서 느끼는 인격적인 교제를 추구하기에 현지 무슬림을 온라인으로 초대하기까지는 어려움이 있다. 해외에 거주하는 남성들 앞에서 스크린을 켜기가 부끄럽다며 일 년 동안 스크린을 끈 상태로 프로그램에 참여하다가 맨 마지막 모임에서 얼굴을 공개해 준 아랍 여성도 있었다. 팬데믹으로 온라인 모임이 익숙해지기도 했지만, 아직 온라인 모임에 대한 진입장벽이 높음을 보게 된다. 그러나 스크린에 공개가 허용될 경우 아랍인들에게도 안정감을 줄 수 있는 요소가 됨을 발견한다. 또한, 온라인 모임의 한계가 서로를 향한 그리움으로 연결돼 추후에 오프라인 만남에서 더 큰 라포를 형성하는 데 도움을 준다. 온라인 정기 모임에 참여시키기 위해서, 특히 보수적인 요소가 강한 아라비아반도의 현지인 대상으로는 오프라인상에서 참여를 독려해주며 연결시키는 현지 사역자의 역할이 절실하다는 한계점도 있다.

(3) 현지 트렌드 파악을 위한 학습공동체

로드마스터 프로그램은 참여자들이 자신들의 이야기를 많이 하도록 구성되어 있다. 그들의 과거는 어땠으며, 현재 추구하는 것은 무엇이고, 여러 현안에 대한 생각을 공유하고, 그들이 파악하는 현지의 세대 간의 차이와 미래에 대한 전망, 타문화에 대한 생각 등 심층 면담 조사와 같이 듣는 시간을 갖는다. 비록 일부 참석자의 의견이겠지만, 계속적으로 진행됨에 따라 늘어나는 표본으로 인해 유의미한 결과들을 도출해내며 현지를 파악할 수 있었다. 이를 통해 외부인의 관점으로 현지를 파악하는 선교사의 한계를 넘어 현지인들의 시선으로 바라보는 그 사회에 관해 계속 들을 수 있는 기회를 제공받는다. 그리고 현지인들은 소개받은 복음을 수용자 입장에서 더 이해하기 쉽게 일상의 비유로 재정리하는 시간을 가졌다. 이는 새로운 문화 속에서 살아가고 있는 새로운 세대들에게 익숙한 코드로 복음을 번역하는 전환 작업에 큰 도움이 되었다. 또한, 현지인 참석자들의 제안으로 새로운 프로그램들을 시도해보기도 하면서 다양한 접촉점에 대한 아이디어를 제공받아 외부자의 한계를 채울 수 있는 기회가 되었다.

(4) 넛지(Nudge)로 제시되는 복음

많은 기독인이 무슬림에 대한 피상적인 파악으로 형성된 잘못된 전제가 무슬림과의 건강한 교제에 걸림돌이 되듯, 많은 무슬림도 기독교에 대한 피상적인 이해로 잘못 인식하고 있는 부분이 상당하다. 이는 서로가 실제적인 깊은 만남 없이 오래된 자료를 근거로 한 타자 인식 방식이 한 원인이다. 본질을 파악하기 위해서 실제와의 만남이 필요하고 그 속에서 자신이 가진 인식에 오해와 한계가 있었음을 인정하고 타자를 수용하는 것이 필요하다.

로드마스터 프로그램은 온라인상에서 만난 기독 청년들의 삶을 통하여 아랍 무슬림 청년들이 그동안 자신들이 배워왔던 기독교와 얼마나 거리감이 있는지를 깨닫게 하는 기회를 갖는다. 프로그램에 참여하는 한인 기독 청년들은 말씀을 통하여 어떻게 하루를 시작하는지, 일상의 기도를 통해 성령님과 어떻게 동행하는지, 힘든 상황 속에서 말씀을 통해 어떻게 위로를 받는지, 고난주간의 금식을 통하여 예수님이 이 땅에 오심에 대해 어떻게 느꼈는지 등을 나누며 주님과 동행하는 삶을 가감 없이 보이는 나눔을 한다. 무슬림 청년들에게 타문화 친구를 사귀어가는 과정에서 자연스럽게 예수님의 증인으로서 노출하며, 복음의 핵심 내용을 아랍인들이 익숙한 스토리텔링으로 매주마다 잘게 쪼개어 흘려보낸다. 이는 마치 외부의 적으로부터 부족의 이익을 최우선시하기 위해 개인의 희생을 정당화하며 범아랍주의 등의 이데올로기를 주창하던 정치지도자 한 사람의 이야기만 듣다가, 외부의 적도 문제이지만 내부의 부패 또한 문제라는 것을 인식시켜준 다채널과의 접촉이 아랍의 봄을 가져온 것처럼, 그들 마음 가운데 내적 혁명과 같은 고민의 시간을 선사해주고 있다. 특히 무슬림이 다수인 공동체가 아닌 또 다른 환경에서 정서적 유대감을 맺은 다른 배경의 사람들과의 관계 속에서 자신의 정체성에 대해 고민해 볼 수 있는 시간을 제공해준다.

5. 맺는말: 새로운 세대의 선교를 향한 제언

팬데믹으로 여러 현장에서 일시 철수 및 사역 중단이 일어난 것처럼, 필자도 일정 기간 현장에서 섬기는 대상들과의 공백기를 가지게 되었다. 초창기에는 새롭게 변하는 트렌드를 현지인들에게 제시하며 온라인을 통한 새로운 방법으로 교제할 것을 제시하였지만, 돌아오는 것은 익숙지 않은 것을 아직은 사용하고 싶지 않다는 거절이었다. 그래서 이 공백의 기간 현장을 다시 한번 살펴보기로 했다. 10년 남짓 아랍 젊은이들을 설문조사 해온 AYS의 결과들을 찬찬히 훑어보며 그동안 현지의 젊은 세대들과 호흡하면서 개인적으로 파악했던 것들을 AYS의 조사 결과들에 근거하여 객관적으로 점검해볼 수 있었다. 이 시간은 마치 10여 년 전 현장에 오기 위해 지역 조사에 열심을 내었던 시절을 상기시켜 주었다. 당시 새롭게 들어갈 지역을 연구하며 하늘 아버지가 주신 비전을 갖고 지금까지 달려왔었다. 그런데 현시점에서 팬데믹 이후, 아니 그 이전부터 급격하게 변해가고 있는 현장을 다시 살펴보았을 때, 내가 가진 것이 얼마나 구태의연한 것임을 발견하게 되었다. 이제는 내 안에서 어느 정도 익숙해져서 변화를 주기 싫은 안정 지향적 영역이 생긴 것이다. 현장 연구를 통하여 새롭게 받은 비전들은 기존의 경험과 지식, 성공사례들이 오히려 변화한 시대에 걸림돌이 될 수 있음을 시사하며 안전지대에서 나올 것을 경고하는 듯하다. 또한, 팬데믹이 한창인 기간에 성공했던 사례들도 팬데믹 종식 이후에 변모할 필요성 또한 보게 된다.

새롭게 변화하는 지역에 대한 연구는 새로운 세대들이 쉽게 이해하는 코드로 작성한 복음으로 인도하는 지도를 만들어주는 것 같다. 이는 그들의 자발적인 참여를 유도하는 접근법, 교리를 설명하고 설교할 때 사용할 비유들의 변화 등 방법론적으로 새로운 세대들에게 접근하기 위해 새로운 것을 장착하는 것을 넘어, 그들을 성경적 가치관을 지닌 제자의 삶에 도달하도록 안내하는 총체적인 청사진이 되어야 할 것이다. 비록 모든 지역에 통용되는 원론과 같은 방법론을 만들 수는 없겠지만, 개인화되어가는 MZ 세대들이 홀로 있을 때 형성할 수 없는 정체성을 창의적으로 조성된 새로운 환경으로 이끌어 복음으로 거듭나게 하는 숱한 길들 중 하나를 제시하는 작업은 오직 외부자의 한계성을 지닌 현장 선교사들이 보일 수 있는 예수님의 성육신과 같은 모습일 것이다. 또한, 후배 선교사들의 길을 조금이나마 평탄케 만들 선배 선교사들이 가야 할 길 일이다.

7

메나(MENA) 지역에서의 코로나 이후 선교적 도전들

메나(MENA)[1] 지역에서의 코로나 이후 선교적 도전들

이브라함

1. 들어가며

필자가 90년대 중반 선교 준비를 할 때는 서구 교회가 주도적으로 전개한 미전도종족 선교운동이 활발하게 일어나 10/40 창 지역의 종족 입양만 하면 마지막 시대의 마지막 과업을 완수할 수 있으며 마태복음 24:14과 계시록 7:9 말씀이 성취될 것이라는 낙관론적이고 승리주의적인 비전이 선포되던 시기였다. 이런 과업의 완수를 위해 '서남아시아 A 국의 OO 족에 뼈를 묻겠다'는 결연한 각오로 선교지로 향하였다. 그런데 그곳 언어와 문화를 배우고 사역하면서 근본적인 두 가지 큰 고민이 생겼는데, 첫 번째 고민은 200년 이상의 선교 역사를 가진 A 국의 기독교 인구가 지금도 1-2%인 이유가 무엇인지에 대한 것으로, 200년 동안 엄청나게 많은 선교적인 투자—선교사, 교회, 신학교, 선교 병원 및 학교 등—가 이루어졌음에도 불구하고 복음의 확장이 크게 일어나지 못한 것에 대한 고민이었다. 두 번째 고민은 미전도종족 개념에 대한 것으로, 이 개념은 우리에게 세계 복음화에 대한 분명한 목표와 방향은 제시했지만, 지역적 민족적 한계를 벗어나지 못하고 배타와 고립을 심화시켜 전체를 보지 못하게 하여 복음의 확장성을 상실하게 하였다는 것이다.

이 고민에서부터 필자의 메나(MENA) 4개국2으로의 여정이 시작되었다고 할 수 있다. 최근에는 '사역 전환'이란 이슈가 대두될 정도로 일반화되었지만, 그 당시에는 비자발적인 경우를 포함하더라도 4개국에 걸쳐 사역지를 변경한다는 것이 흔하지 않았다. 데이비드 보쉬(David Bosch)는 그의 책 "선교신학-신학적 관점에서 본 선교"(1985)에서 "시대에 따라 선교의 핵심적 질문이 달라졌고 새로운 대답을 요구한다"라고 하였는데,3 필자의 여정 또한 시대 변화에 따른 선교적 고민에 대한 새로운 대답을 찾아가는 과정이라 할 수 있다. 이 여정의 시행착오와 경험으로부터 반추하고 성찰할 수 있었던 두 동반자는 중국교회와의 연합과 비즈니스맨으로서의 정체성이라 할 수 있다.

서두에서 언급한 두 고민 중 첫 번째 고민, 즉 오랜 선교에도 불구하고 왜 A국 교회가 성장하지 못했는가?라는 문제는 나의 사역 철학을 세우는 데 중요한 의미를 지닌다. 이 질문에 대한 응답으로 하나님께서 정리시켜 주신 것이 2가지였다. 그중에 하나는 기존의 선교가 현지교회를 '받는 것에만 너무 익숙한 영적인 앉은뱅이'로 만들었다는 것이다. 필자의 지인 중에 싱가포르에서 온 사역자가 있었는데 그의 이름은 짐미(Jimmy)였다. 현지인들이 그에게 계속 돈을 요구해서 나중에는 자신의 이름이 짐미에서 김미(Gimmy: 'Give me'와 동일한 발음)로 바뀌었다며 웃픈 표정을 지었다. 이러한 현상에 대해 현지 사역자가 필자에게 솔직하게 이야기한 적이 있다. 들어보니 이들의 논리는 너무도 간단하고도 당당했다. 선교사들이 본국교회로부터 받는 재정은 그 지역의 현지인이나 현장을 위한 것이므로 본인들이 그 재정의 일부를 요구하는 것은 당연하다는 것이었다. 현지인들은 가족의 결혼이나 행사를 위해서는 많은 돈을 지불하면서, 교회를 위해서는 동전 하나 드리는 것도 아까워하는데 같은 논리였다. 이러한 영적 앉은뱅이에서 어떻게 하면 일으켜 세울 수 있을 것인가? 사도행전 20:35

에는 "주는 자가 받는 자보다 복되다"고 했는데, 그 말씀처럼 현지 교회를 '주는 자로서 선교하는 토양으로 세우는 것'이 필자의 이후 사역의 목표가 되었다.

하나님의 두 번째 응답은 서구 선교사들의 '지도자(리더십) 개념이 갖고 있는 문제'였다. 이 당시 서구사역자들과 함께 사역하고 있었는데, 이들은 지도자 기준에 있어서 자신들은 상(上), 한국 사역자들은 중(中), 현지 사역자들은 하(下)라고 생각하는 것이 일반적이었다. 그러다 보니 서구 사역자는 한국 사역자나 현지 사역자들을 자기들의 수준으로 끌어올리려고 부단히 애썼고 자기들의 기준에 맞지 않으니 지도자의 자리에 앉히지 못하는 것을 보게 되었다. 데이비드 보쉬는 그의 책 『변화하는 선교』에서 "선교현장에 세워진 어린 교회들은 선교기관의 본국에 있는 교회들의 복사판이 되었고, 선교기관이 '성숙하다는 승인증'을 줄 때까지 감독을 받아야 하는 것으로 간주되었다"라고 하였는데,[4] 실제로 선교 현장이 그랬다. 그 당시 국제단체의 경우 현지인이 리더십으로 앉더라도 얼마 되지 않아 다시 서구 사역자로 교체되곤 했다.

그때부터 현지 사역자에게 리더십을 이양하는 데 필요한 기준이 무엇인가에 대해 질문하기 시작했다. 이를 통해 발견한 기준 중의 하나는 하나님께서 현지교회와 사역자들에게 주신 정체성(위치와 역할)을 발견하고 그 정체성을 잘 발휘할 수 있도록 하는 것이다. 마치 사울의 갑옷을 다윗에게 입히고 골리앗과 싸우러 전쟁터에 나가라고 하지 않고, 다윗이 이제까지 훈련하고 준비했던 것(물매)을 가지고 전쟁터로 향하게 했던 것과 흡사하다고 할 수 있다.

위에 언급한 고민과 응답으로 서남아시아 A 국에서 중동 B 국으로 사역지를 자발적으로 확장하는 계기가 되었고, 이러한 사역지 확장[5]에 따른 경험으로 서구적 관점도 한국적 관점도 아닌 메나 지역의 관점에서 보는 새로운 안목이 열리게 되었다. 그것은 선교에 있어 남남교류, 비즈니스를 통해 배운 복음의 유통, 피선교지 교회의 선교적 가능성 등이다. 본 글에서 필자가 메나 지역에서의 사역 경험을 바탕으로 메나 지역 교회의 특징과 역사적 배경 그리고 코로나 이후 진행되고 있는 메나 지역의 정체성 변혁과 정세 변화를 통한 선교적 도전을 고찰해 보고자 한다.

2. 메나 현장 이야기

1) 지역 교회의 특징과 역사적 배경

(1) 메나 지역 교회의 특징: 박해

2022년 '나라별 기독교 박해 순위'(오픈도어 자료)를 보면 상위 20위권 안에 메나 지역 12개국이 포함되어 있다. 어떤 지역은 건물 교회가 인정되는가 하면, 어떤 지역은 건물 교회 자체가 인정되지 않고 심지어 지하교회조차 없는 지역들도 있다. 이들 지역은 신앙생활이 자유롭지 못하거나 그리스도인이 된다는 것 자체가 죽음과 결부되기도 한다. 앤드류 월스는 이런 상태를 초기 기독교가 경험한 것과 유사하다고 말한다. 핍박 가운데 있는 "아프리카, 아시아 그리고 라틴 아메리카 교회가 서구교회보다 2세기 교회와 문화적 역사적으로 더 많은 공통점을 가진다"라고 주장한다. 반면에 "초기 기독교와 같은 핍박을 받아본 적이 없는 서구교회는 어려움 가운데서 신앙생활을 하는 그리스도인들의 상황을 이해하는 것이 쉽지 않다"라고 하였다. 한국교회도 서구교회와 별반 다르지 않다.

필자는 지역마다 영적 토양이 각각 다르며, 그 토양을 경영하는 기준도 달라야 한다고 본다. 2000년 교회사를 공부하거나 오늘날의 세계를 들여다본다면 각기 다른 영적 토양들이 다양한 형태로 공존하고 있음을 알 수 있다. 문제는 복음 때문에 고난을 겪은 적이 없는 서구와 한국교회에서 파송된 사역자들이 메나 지역 선교를 주도하고 있다는 것이다. 핍박의 경험이 전혀 없는 서구나 한국 교회에서 발전한 선교 방식을 메나 지역에 적용하는 것이 맞는가? 이에 대해서는 더 냉철하면서도 객관적인 평가가 있어야 한다. 또한 박해가 있는 지역의 새로운 경영 기준이 무엇이어야 하는지도 진지하게 고민해 봐야 한다.

(2) 메나 지역 교회의 역사적 배경: 역사적 계약관계와 저항 영성[6]

세계 교회는 크게 두 종류의 역사적 과정을 통해 형성되어 왔다. 하나는 서방교회가 경험한 것이며, 다른 하나는 동방교회의 경험이다. 예루살렘을 중심으로 서방으로 향해 나아갔던 교회는 사도바울을 시작으로 소아시아 지역, 그리스, 유럽 남부를 지나 유럽 전체, 아메리카 대륙과 아프리카 그리고 동아시아 지역으로 확장되어 왔다. 서방으로 나아갔던 이 초대교회를 관할하던 정치세력은 로마제국이었다. 로마제국의 기독교인들을 향한 정책은, '예수를 믿으면 죽인다!'였다. 왜냐하면 그들에게 황제는 오직 시저 뿐이었기 때문에 예수를 왕으로 따르는 기독교는 인정될 수 없었다. 서방을 공략했던 초기의 그리스도인들은 죽임당하는 것을 선택하였고, 그 결과 수많은 순교자의 피가 흘렀다. 그것이 서방교회의 역사적인 기반이 되었고 그 위에 교회가 세워졌다. 이 서방교회의 역사적 전통을 따랐던 교회는 항상 순교를 그 시작으로 각 민족의 문을 열어갔다.

한편 예루살렘을 기점으로 하여 동방으로 퍼져나간 교회들도 있었다. 중동과 페르시아, 그리고 멀리는 중국 서쪽까지 이른 이른바 동방교회들이다. 이들을 지배했던 정치세력은 서방과는 달리 페르시아 제국이었다. 정면으로 대응하며 교회들을 죽이고자 했던 로마제국과는 달리, 페르시아

제국의 정책은 훨씬 정교하고 교묘했다. 기독교를 인정하되 그들만 절대 진리라고 주장하지 못하도록 하는 일종의 종교다원주의 방식이었다. 광대한 페르시아 제국 내 다양한 종교세력이 존재한 것을 반영한 정책이었다. 즉, 기독교 신앙 자체를 그들과 그들의 자손이 가지는 것은 상관없지만, 그 종족들 밖으로 '전도'하지 말라는 것이었다. 초기의 동방교회 지도자들은 이 제국의 정책을 수용했고 이것이 동방교회의 역사적 전통이 되었다.

이후 이슬람이 중동, 북아프리카, 아시아의 상당지역을 지배하게 되었고, 사막에서의 통치 기술밖에 없었던 아랍 정복자들은 페르시아의 종교정책을 그대로 답습하게 된다. 그래서 이슬람 체제 내에서 기독인들은 사회적으로 그 존재는 인정되지만, 전도사역은 엄격하게 금지되어 왔고, 이것이 기독교가 중동에 살아남게 되는 일종의 '역사적 계약관계'였다. 이 계약 속에서 중동 아랍 기독교인들은 아랍 무슬림들과 분리 아닌 분리 속에서 지금까지 공존해 왔다. 중동 아랍교회는 2,000년을 이어 내려온 깊은 역사적 정통성에도 불구하고 복음전도의 역동성이 철저하게 거세된, 영적 도전정신이 마비된 교회로 살아온 것이다.

그런데 동방교회 중에도 예외적인 교회가 있었다. 북아프리카 D 국교회이다. 이 교회는 마가의 순교로부터 시작된 교회이다. 이슬람이 들어왔을 때에도 저 유명한 '모까담'의 일화7처럼, 이슬람의 개종요구를 믿음으로 저항했던 역사를 가진 교회이다. 북아프리카 D국의 그리스도인들은 이 일화를 자신들의 정체성으로 여기고 있다. 덕분에 이들은 대부분 아랍교회에서는 거세된, 일종의 '저항 영성'을 발전시켜 올 수 있었다. 전체 인구의 10%가량, 즉 천만의 구성원을 가진 교회를 아랍 세계 한복판에서 유지해 올 수 있었던 이유는 바로 이 '저항 영성' 덕분이다. 이들의 대부분은 콥틱정교회이고, 이들의 '역사적 버팀작업'의 기반 위에 전체 인구의 1-2%에 해당되는 중동 최대의 개신교 세력을 형성하고 있다. 이들은 레바논교회와 더불어, 중동 내 기독교 선교 운동의 리더 역할을 감당하고 있고, 위성방송, 성경을 비롯한 각종 기독출판물, 찬양사역, 말씀훈련 등에 있어서 중동 내 기독인들이 훈련받을 수 있는 아랍어 콘텐츠 등을 지속적으로 제공하는 진원지가 되고 있다.

2) 메나 지역의 정체성 변혁과 정세 변화

4차 산업혁명과 코로나 팬데믹의 장기화는 메나 지역 국가들에도 막대한 영향을 끼쳤다. 북아프리카와 중동의 아랍 국가들을 뒤흔든 '아랍의 봄' 혁명은 4차 산업혁명의 결과물인 SNS를 타고 번졌기 때문에 '트위터 혁명'이라고도 불린다 그 이후 오랫동안 내전과 테러로 인해 국가 거버넌스가 붕괴된 레반트 및 북아프리카 지역의 국가들은 의료 보건 체계도 무너진 상황에서 정권 붕괴의 우려가 증폭되고 있다. 이들 지역보다는 사정이 상대적으로 나은 편이지만, 이집트와 튀니지 역시 불확실한 상황 속에서 정치적 경제적 부담이 가중되고 있는 실정이다. 걸프 왕정국가들 역시 팬데믹으로 인해 경제적 타격뿐 아니라 의료 인프라 부족으로 어려움을 겪고 있으나 이런 상황은 동시에 새로운 외교적 기회가 되고 있다. 코로나 팬데믹은 또한 종교적 정체성 혼돈을 야기하고 있다. 성지순례 중지라는 극약처방, 라마단 단식 이후의 축제 금지, 서로 어깨를 맞대고 예배하는 대면예배 중단 등 1,400년 이슬람 역사 가운데 유례없는 종교적 변곡점을 찍기도 했다. 팬데믹 이후 메나 지역의 정체성 변혁과 정세 변화를 살펴보고 그에 대한 선교적 대응을 논의해 보고자 한다.

(1) 미국의 탈(脫)중동 정책과 중국의 영향력 확대: 남남교류의 새로운 가능성

바이든 정부 출범 이후 미국의 중동정책은 트럼프 정부가 파기한 이란 핵합의 협상(Joint Comprehensive Plan of Action)을 복원시키고 제한적이지만 이란의 원유수출을 허용하고 동결자산 일부를 해제함으로써 이란과의 우호적인 제스처를 취해 왔다. 동시에, 아프가니스탄 철군에 이어 중동 내 군사 개입 최소화 정책을 발표하며 탈중동 정책을 노골화하고 있다. 이러한 미국의 탈중동 정책에는 중동의 전략적 가치와 석유의존도가 급격히 낮아진 것이 주요 요인으로 전문가들은 해석하고 있다. 바이든이 당선된 후 메나 지역에서 가장 먼저 축전을 보낸 곳이 팔레스타인의 하마스였다니 아이러니가 아닐 수 없다. 또 하나의 미국의 중동 정책은 아랍-이스라엘 데탕트[8] 지지이다. 2020년 8월 아랍에미리트(UAE)와 이스라엘이 관계 정상화에 합의한 후 바레인, 수단, 모로코도 이스라엘과 국교 수립을 선언했다.

사우디아라비아는 이슬람 성지 메카와 메디나의 수호국 위상을 고려하여 전면에 나서지는 않고 있지만, 바레인을 내세워 국교 수립을 선언케 하는 등 이 변화에 동조하고 있다. 이를 기독교, 유대교, 이슬람교의 기원인 아브라함의 이름을 따서 '아브라함 협정'이라 한다. 이 협정은 이란을 견제하고자 하는 군사적 목적과 이스라엘의 기술력으로 일자리와 풍요로운 삶을 다음 세대에 넘겨주기 위한 경제적 목적을 염두에 둔 것이다.

한편 탈중동 정책으로 떠나는 미국의 빈자리를 중국이 일대일로 정책을 내세워 자금을 쏟아붓고 그 공간을 채우려 한다. 메나 지역 국가들은 미중 갈등 속 외교 다변화, 위험분산 전략을 추구하며 미국이 떠난 후를 준비하고 있다. 이제는 명분보다 실리를 좇는 정책이 펼쳐질 것이다. 중국 정부

의 일대일로 정책에 대한 비판적인 평가에도 불구하고 선교학적으로는 남남교류의 새로운 가능성을 보게 한다.

(2) 권위주의의 심화와 폭력적 극단주의 세력의 재등장: 박해 심화와 비즈니스 선교

코로나 19 팬데믹과 함께 권위주의가 전 세계적으로 퍼져나가고 있다. 팬데믹 대처를 이유로 정부의 권한은 극대화된 반면 그에 대한 통제 기능은 제대로 작동하지 않고 있기 때문이다. 위기는 국가의 권력을 더욱 강하게 만든다. 팬데믹에 대응한다는 명분으로 국가는 국민의 어떤 자유라도 통제할 수 있다는 것을 보여주고 있다. 중앙일보는 메나 지역 관련 기사에서 "독재자 3명을 날렸지만, 독재는 귀환했다"라고 할 만큼 팬데믹 이후 권위주의의 심화가 본격적으로 진행되고 있다.

또한 이슬람 국가(IS)의 공식적인 붕괴 이후에는 글로벌 테러 위협이 축소됨과 동시에, 유럽과 미국 등 대테러 자금을 직접적으로 부담하고 있던 국가들이 자국의 코로나 보건에 집중하면서 대테러 예산이 삭감되고 그것에 의존하던 중동국가들은 대테러 대응역량 감소가 불가피해졌다. 이슬람 극단주의 세력들은 서구 국가에 대한 공격보다 안보가 취약해져 있는 중동지역 내에서 추가적인 테러의 타깃을 모색할 가능성이 높아졌다. 특히 팬데믹으로 인해 자국으로 돌아가지 못한 외국인이 테러 전투원이 될 경우 극단주의 단체에 정착하여 새로운 위협을 만들어낼 수 있는 상황이다. 박보라 국가안보전략연구원은 그의 논문 'ISIS의 미디어 전략과 테러담론'에서 시리아 내 마지막 영토상실과 지도자 알 바그다드의 사망에도 불구하고 ISIS가 미치는 영향력은 여전히 높은 것으로 평가하고 있으며, 차세대 지하디스트가 주도하는 '지하드 5.0'[9]으로 돌아올 가능성이 있다고 전망했다. 특히 ISIS 의 글로벌 지하드 운동은 소셜미디어를 중심으로 청년층(12-28 세)을 향해 활발하게 전개될 가능성이 높다.[10]

이런 상황을 종합해 볼 때, 메나 지역에서 코로나 이후의 선교는 급변하는 중동의 역내외 질서 재편, 권위주의 정부의 통제와 폭력적 극단주의의 재등장 상황 속에서 이루어져야 하는 만큼, 다양한 연구와 새로운 시도들이 필요하다. 부정적으로는, 통제사회 속에서 복음을 전하는 위험성이 더욱 높아질 수 있다. 그 나라에 명백한 기여를 하지 않는 이상 비자를 받는 것이 어려워지고 핍박과 환란도 이전보다 심해질 수 있다. 이러한 상황은 선교의 위축을 가져올 수 있지만, 핍박 가운데서도 폭발적 성장을 이뤘던 초기 기독교의 사례를 기억할 때 예상치 못한 새로운 성장의 계기가 될 수도 있다.[11] 메나 지역의 상황은, 교회 중심의 좁은 의미의 선교를 넘어, 비즈니스를 포함하는 총체적인 선교를 요청하고 있다고 판단된다.

3. 메나 지역에서의 선교적 도전들

1) 복음의 유통: 비즈니스를 통해 배운 교훈

서남아시아 A 국에서는 교회 개척과 제자훈련이라는 두 가지 목표를 가지고 전통적인 선교 방식으로 사역에 전념하였다. 그런데 사역지를 확장하여 중동 B 국에 정착하기 위해서는 기존의 방식이 불가능했다. 오직 비즈니스라는 방법 외엔 없었다. 학생으로 들어갈 수 있었지만, 나이가 40 세 가까이 되고 아이들이 학교에 들어갈 나이가 되면서 그마저도 쉬운 접근 방법이 아니었다. 서남아시아 A 국에서 이미 학생 신분으로 4 년 넘게 있었던 점도 문제가 되었다.

당시 비즈니스는 선교지로 들어가기 위한 플랫폼(BFM) 성격이 강했다. 비즈니스 경험이 전혀 없는 상태에서 회사를 설립하고 직원 2명을 채용했는데, 사장인 필자와 직원 모두 사무실에 앉아 무엇을 해야 할지 몰라 막막한 시절을 보냈던 것이 기억난다. 그때를 생각하면 어떻게 여기까지 올 수 있었는지 하나님의 은혜 밖에는 없다고 고백하게 된다. 비즈니스 사역을 하겠다고 찾아오는 후임 선교사들에게 항상 했던 조언은, 앞에는 홍해가 놓여있고 뒤에서는 애굽 군대가 쫓아오는 이스라엘 백성(모세)의 처절한 심정이 아니면 시작하지 말라는 것이었다. 중동 B 국에서의 비즈니스 환경이 그리 녹록하지 않았기 때문이다. 절박함이 몸에 배어 있어도 될까 말까한 영역임을 알게 되었다. 비즈니스를 하면서 날마다 하나님께 질문했다. '하나님! 제가 왜 비즈니스를 해야 합니까?' 그때마다 확인시켜 주시는 응답은 세 가지가 있었다. 그것은 1) 정체성 확보: 현지인들이 왜 여기 왔냐고 물었을 때 비즈니스로 왔다고 하면 가장 수용력이 크기 때문이고, 2) 현지 사역자나 무슬림 배경의 회심자(MBB)들의 경제적 자립을 위한 베이스 구축할 수 있으며, 3) 비즈니스가 물적 수출입(유통)이듯이, 영적 수출입(영적 유통)을 일으키기 위한 통로가 될 수 있다는 것이었다.

얼떨결에 사장의 자리에 앉게 되면서 하나님께 구한 기도제목 중 하나는 코치해 줄 수 있는 비즈니스 멘토였다. 필자의 기도를 들으시고 하나님께서 미국 뉴욕에 계시는 멘토를 붙여 주셨다. 필자 회사가 코트라에 현지 업체로 등록되어 있었는데 그것을 보고 연락을 해 오신 것이다. 당시 중동 B 국에는 한국인이 경영하는 현지 업체가 손에 꼽힐 정도로 적었다. 그만큼 비즈니스 환경이 매우 척박하고 어려운 땅이었다. 뉴욕에 계시던 분이 모든 업체에 연락하였지만 다른 업체는 자기들의 확고한 품목이 있었고 이분이 찾는 제품은 대기업만 취급할 수 있는 원자재였다. 아무런 아이템이 없었던 필자는 어떤 제품인지도 모르면서 찾아 보겠노라 응답하였고,

그때부터 하루에 세 시간씩 스카이프로 기업들을 접촉했다. 1 년간 실전을 통해 국제 무역 A 에서 Z 까지 배우는 기회를 얻게 되었다. 결국, 첫 회에 컨테이너 40 대를 중국으로 수출하는 성과를 거둘 수 있었다.

뉴욕에 거주하는 국제 무역가 한 분이 전 세계의 원자재가 있는 곳이 어디이며 없는 곳이 어디인지를 보면서, 현지에 있는 사업가를 교육하고 협력해 결국에는 원자재가 없는 곳으로 수출하는 성과를 만들어 냈다. 선교사의 일도 이와 유사하다. 선교는 복음이 있는 곳에서 없는 곳으로 흘러가도록 유통하는 것이며 중간에 서서 그 일을 가능케 하는 사람이 선교사다. 이것을 통해 유통이라는 개념을 가지고 선교와 비즈니스의 융합하는 계기가 되었다. 비즈니스는 원자재가 있는 곳에서 없는 곳으로 빠르게 유통하는 행위라고 한다면, 선교는 복음이라는 상품을 있는 곳에서 없는 곳으로 빠르게 유통하는 행위인 셈이다.

최근 메나 지역에서 선교사에게 비자의 문이 점점 닫혀가고 있다. 서구 선교사나 한국 선교사가 주도하는 시대가 점점 저물고 있다. 각 현지에 있는 교회와 사역자들에게 도전하여 선교적 교회로 설 수 있도록 협력해야 하는 시대에 살고 있다. 각자가 사역하고 있는 현지 사역자들을 도와, 그들이 복음이 필요한 인근 민족이나 국가를 향해 나아가도록 돕는 역할이 중요해지고 있다. 북아프리카 D 국의 현지 사역자들이 그 한 예다. 이들은 주변의 복음이 필요한 지역에 쉽게 접근할 수 있고 효과적으로 복음을 흘려보낼 수 있다. 시리아 난민이 많은 레바논, 요르단 그리고 터키까지 갈 수 있고, 한국이나 서구 사역자들이 접근할 수 없는 리비아 포함 북아프리카 지역, GCC 국가들, 지부티, 에리트레아 심지어 소말리아까지 갈 수 있다.

선교사의 복덕방(agent)의 역할이 중요해지고 있다. 선교사는 복음이 어디에 있는지 보고 그곳의 현지 사역자들을 세워 그들을 통해 인근의 복음이 없는 곳으로 복음을 유통하는 촉매자가 되어야 한다.

2) 남남 교류

독일 역사학자 클라우스 코쇼르케(Klaus Koschorke)는 그의 논문 "세계 기독교 역사의 새로운 지도들: 최근 도전들과 미래의 전망"(New Maps of the History of World Christianity: Current Challenges and Future Perspectives, 2014)에서 선교를 서구교회 중심의 관점에서 보는 것을 탈피하고 비서구 지역 안에서의 교류 창구를 통해 상호 영향을 주었던 사례들을 연구하였다. 20세기 들어 비서구 교회들은 기독교 저널을 통해 다른 지역에서 진행되는 다양한 선교운동을 소개하고 교류하였고, 이는 종종 직접적인 접촉으로 이어지기도 했다. 그 대표적인 예가 인도교회와 일본교회 간의 상호 교류이다. 두 교회는 교류를 통해 서구의 교파주의와 종파주의를 탈피하고, 토착교회 리더십 강화를 서로 격려하며, 여성교육을 강화하자는 세 가지 제안을 하기도 했다. 또한 상호 방문과 인도 학생의 일본 파견을 합의하기도 했다. 이로 인해 1907년 인도 대표단이 도쿄에서 열린 세계 학생 기독교 연합회의에 참석하였는데, 이 토론에서 현지교회 조직의 책임과 중요성이 강조되었고, 이 회의는 남남 교류의 플랫폼 역할을 했다고 자평할 정도로 글로벌 기독교 역사의 새로운 이정표를 제시했다고 할 수 있다.[12]

서두에 언급한 것처럼, 과거 선교의 문제는 '받는 것에만 익숙한 영적 앉은뱅이'를 만들어낸 것이란 진단을 내린 적이 있다. 그리고 현지교회가 '주는 자로서 선교하는 토양으로 세워지는 것'을 필자의 사역 목표로 정한 바 있다. 그 구체적인 사례가 메나 지역 교회와 중국교회와의 연결이었다.

두 교회의 교류를 통해, 주는 교회, 선교하는 교회로 변화되는 것을 볼 수 있었다.

필자는 중국 가정교회 지도자들과 서남아시아 A 국 전 지역을 다니며 현지교회를 방문하여 사역했다. 중국교회와 교류하면서 A 국 교회가 조금씩 변화하는 것을 볼 수 있었다. 경제적으로 더 어려운 환경 속에서 감옥과 목숨의 위협이라는 고난을 통과하면서 하나님의 부흥 역사를 경험했던 중국교회의 간증을 들으면서 A 국 교회는 놀라운 반응을 보였다. "우리가 어찌할꼬" 하며 자기 주머니를 열었고 사람들을 세워 중국으로, 인근 국가로 사역자들을 파송하는 기적 같은 일들이 일어났다. 핍박이라는 공통점이 있는 동일 토양권에 있는 국가나 민족들이 서로 만나 자국에서 일어난 하나님의 하신 일을 나눌 때 영적 공감이 강하게 일어나는 것을 볼 수 있다. 필자는 이것을 '영적 교감'(spiritual touch)이라 부른다.

A 국뿐 아니라 중동 B 국에서도 유사한 일이 진행되었다. 2005~2008 년 당시 중국 가정교회 지도자들이 3 개월에 한 번씩 중동 B 국을 방문하였는데, 필자가 했던 역할은 이들이 B 국 교회 지도자들과 만나도록 돕는 것이었다. 서로 만났을 때 간증을 하게 하였는데, 중국 가정교회 지도자들은 중국 정부의 핍박 상황과 그 가운데 일어난 교회 부흥을 나눴다. B 국 교회 지도자들도 마찬가지로 B 국 정부의 핍박과 그 가운데 진행된 가정교회 부흥의 역사를 나눴다. 이 나눔의 과정 가운데 성령의 강한 영적 교감(터치)이 일어나는 것을 보았다. 중국교회는 이러한 복음의 빚을 갚기 위해 중동으로 나왔다고 하자, 이때 B 국 교회도 이제까지 자기 나라만 바라봤는데 앞으로는 우리도 원수 국가인 아랍에 복음 전하러 나가겠다고 고백하는 것을 보았다. 이 당시 정부의 혹독한 핍박이라는 공통 요소를 가진 중국교회와 교류하게 되면서 중동 B 국 교회도 '주는 자로서 선교하는 토양으로 바뀌는' 선교적인 역동을 확인할 수 있었다. 중국 교회와의 연합뿐

아니라 동일 토양(환경)권에 있는 각 나라의 교회들이 서로 연합(교류)하게 될 때 폭발력 있는 영적 시너지들이 일어나는 것을 보게 되었다.

3) 정체성 발견하기

사도행전 15장은 이방인이 회심했을 때 어떤 정체성을 가져야 할지에 대한 격렬한 토론의 현장을 묘사하고 있다. 윌버트 쉥크는 사도행전 15장을 분석하면서 "초기의 기독교 공동체 안에 속한 신자들에게는 먼저 유대인이 되어야만 그리스도인이 될 수 있다는 사실이 분명해 보였다"라고 하였다. 메나 지역 선교 과정에서도 유사한 일이 벌어졌다. 선교사들이 보여준 서구교회의 정체성을 그대로 답습하려는 경향이 컸다. 하나님께서 비서구 교회에 엄청나고 값지고 보석 같은 정체성을 주셨음에도 불구하고 비서구교회들은 자신들의 가치를 보지 못했다. 선교사들의 역할은 하나님께서 현지교회와 사역자들에게 주신 정체성의 의미를 발견하고 그 정체성을 잘 발휘하도록 돕는 것이다. 사울의 갑옷이 아니라 이제까지 훈련하고 준비했던 물매를 가지고 전쟁터로 향했던 다윗의 모습을 제시할 필요가 있다.

정체성은 "나를 향한 하나님의 위대한 설계도"라 정의할 수 있다. 정체성은 개인의 차원뿐 아니라 각 나라와 민족에게도 있다.[13] 출애굽기에서 이스라엘에게 "너는 나의 제사장 나라가 되고"(출 19:6)라고 말씀하셨는데, 개인이 아니라 나라(이스라엘 민족)에 이 제사장 직분을 맡긴 것이다. 아담이 각 생물을 부르는 것이 그 이름이 되었고(창 2:19) 그 이름은 곧 그 생물의 정체성이 되었던 것처럼, 모르드개가 에스더에게 "이 때를 위함"(에 4:14)이라 하며 에스더의 정체성을 일깨워줬던 것처럼, 아나니아가 바울에게 너의 사명은 "예수 그리스도를 이방인과 임금들과 이스라엘 자손에게 전하기 위하여 택한 그릇"이라고 그의 정체성이 무엇인지 전했던 것처럼, 선교사들도 현지 사역자들과 교회에 하나님께서 그들에게 주신 정체성을 보여주고 그 정체성을 풀어내는 역할을 해야 한다.

선교사의 역할은 다음과 같이 정리할 수 있다. 1) 예배자가 되고, 또 다른 사람을 예배자로 세우는 것. 2) 복음전도자로 살고, 또 다른 사람을 복음 전도자로 세우는 것. 3) 나의 부대(틀, 기준) 안에 현지 사역자들을 넣는 것이 아니라, 하나님께서 그들에게 주신 정체성을 세우고 그들이 그들의 부대를 만들어 성령의 인도를 받게 하는 것, 4) 하나님의 창조세계 전체를 보여주고 복음이 있는 곳에서 없는 곳으로 유통시켜 주는 것(영적 수출입) 등이다.

현재 필자가 사역하는 북아프리카 D 국에도 이런 사역이 필요하다. 성경은 D 국의 선교적 정체성에 대해 많은 곳에서 증거하고 있다. 성경과 D 국 역사 속에서 발견되는 이들의 정체성은 다음과 같다.

(1) 피난처(Shelter): 믿음의 조상 아브라함부터 성경의 많은 인물(야곱, 요셉, 모세와 출애굽 백성, 예레미야 등)이 자의든 타의든 애굽으로 와서 머물게 되었고, 심지어 예수님도 태어나자마자 D 국으로 오셨다. 모두가 기근, 포로 그리고 목숨의 위협을 당했을 때 D 국을 찾았다. 성경은 아브라함이 D 국에 와서 어려움을 해결했을 뿐 아니라, 더 풍성하게 되어 가나안으로 돌아갔다고 기록하고 있다(창 12:16, 출 12:36). D 국은 역사적으로 자신을 '세계의 어머니'(옴 엣도니야)로 표현한다. 자기들 역사에 자부심이 강한 나라이고 어머니처럼 모든 것을 다 품을 수 있다는 표현이다. 현재도 전쟁에 휩싸인 리비아, 수단, 예멘, 이라크, 시리아 난민들을 조용히 품고 있고, 최근 우크라이나 전쟁이 났을 때도 그들의 숙식비를 정부에서 무료로 제공해 준 나라이기도 하다.

(2) 예배공동체(worship together): "그 날(마지막 때)이 되면 애굽 사람이 앗수르로 갈 것"이라고 성경이 증거한다(사 19:23). 앗수르로 가는 이

유와 목적은 더불어 함께 경배하기 위함(worship together)이다. 즉 함께 예배공동체를 형성하는 것이다. 서구 사역자나 한국 사역자들이 가기 어려운 대부분 국가를 D 국의 여권으로 접근할 수 있다. 이는 이 민족을 통해 복음이 어디까지 확산될 수 있는지를 엿보게 한다.

(3) 무슬림을 예수님께로 안내하는 역할: D 국은 자신들이 이슬람의 머리역할을 하고 있다고 생각한다. 아즈하르 그랜드 모스크가 이슬람의 원리와 교리를 생산 확산하기 때문에 전 세계 젊은 무슬림들이 이슬람 지도자가 되기 위해 찾아온다. 창세기 21:15-21 을 보면, 이스마엘은 15 세의 나이에 그의 어머니 하갈과 함께 광야로 쫓겨나고, 거기서 자식의 죽는 것을 보고 하갈은 방성대곡한다. 이때 하나님께서 이스마엘의 소리를 들으시고 하갈의 눈을 밝히셔서 우물을 보게 하시고 이스마엘에게 그 물을 마시게 했다는 내용을 우리는 잘 알고 있다. 이것을 영적인 의미로 해석하면, 하갈은 D 국을 대표하고 이스마엘은 무슬림을 대표한다고 하면, 하나님께서 D 국의 눈을 밝히시면 죽음의 고통 속에 부르짖고 있는 무슬림을 생수되시는 예수 그리스도께로 안내하는 역할을 할 것이다(사 19:18-25).

4. 나가는 말

최근 세계가 겪고 있는 코로나 팬데믹은 인류 역사상 유례가 없는 광범위한 전염병으로 온 세계를 공포와 마비로 몰아넣었다. 이 팬데믹은 여전히 진행 중이고 향후 어떻게 전개될지는 누구도 예측하기 어렵다. 이 상황은 우리에게 초기 기독교의 모델을 상기시킨다. 당시 교회는 전염병과 핍박 속에서 위기를 지나고 있었지만, 그들은 이 가운데서도 놀라운 부흥과 복음의 확장을 이뤄 로마제국을 복음으로 점령할 수 있었다. 현상적으로 코로나 팬데믹은 위기지만 믿음의 눈으로 본다면 이는 오히려 메나 지역에서의 복음의 확장과 반전의 계기가 될 수 있다.

가끔 엉뚱한 상상을 해 본다. 유통이라는 관점에서 선교의 완성을 위한 퍼즐을 맞춰보는 것이다. 필자가 현재 살고 있는 곳은 놀라운 (영적) 잠재력이 있는 땅이다. 많은 성경의 인물이 거쳐 갔으며, 이천 년 동안 핍박 가운데서도 저항 영성을 지켜온 땅이다. 1천만 명 이상의 신자가 있는 교회가 존재하며, "복이 있을지어다"(사 19:24-25)라며 하나님께서 축복하신 땅이기도 하다. 북아프리카 D국 교회가 성경이 증언하는 그들의 선교적 정체성을 발견하며, 그 땅을 선교하는 토양으로 바꿀 수 있다면, 주님은 이들을 통해 어디까지 복음이 유통(확장)하실 수 있을까? 이들이 가진 민족성이나 여권으로 어디까지 복음이 전파될 수 있을까? 필자는 머릿속으로, 마치 퍼즐이 하나씩 맞춰져 가는 것처럼, 하나님의 손이 선교의 완성을 향해 움직이시는 것을 상상해 본다. "각 나라와 족속과 백성과 방언에서 아무도 능히 셀 수 없는 큰 무리가 나와 흰 옷을 입고 손에 종려 가지를 들고 보좌 앞과 어린 양 앞에 서서." 계시록 7:9의 환상은 머지않은 장래에 이러한 상상이 현실이 되어 우리 눈 앞에 펼쳐질 것임을 보여준다.

8

코로나19 팬데믹 시대에 선교사 역할 재고와 All-Line 선교방식 제안

코로나19 팬데믹 시대에 선교사 역할 재고와 All-Line 선교방식 제안

박아브라함

I. 들어가는 말

2019년 말에 시작된 코로나바이러스 전염은 전 세계로 퍼져 사회의 모든 영역에서 피해를 주면서, 새로운 사회환경을 만들어 가고 있다. 세계 여러 나라의 각 정부는 밀폐된 공간에 여러 사람이 모여서 활동하는 것을 제한하였다. 학교, 학원에서 교육을 제한시켰고, 교회 예배도 통제하였다. 나라마다 차이가 있겠지만, 공무원들이 도시 곳곳을 다니면서 사람들이 모이지 못하도록 강력하게 단속하였다. 한 국가와 지역에 국한된 것이 아니라 전 세계에 흩어진 선교 사역자들이 동일하게 경험하였다. 이처럼 코로나19 팬데믹은 일상생활뿐만 아니라 선교현장에서도 어려움을 주는 동시에 변화를 요구하고 있다. 필자는 이런 상황에서 고민 끝에 잠시 사역을 내려놓고 귀국길에 올랐다. 그리고 포스트 코로나(또는 위드 코로나) 상황에서의 선교에 대해서 깊이 생각하게 되었다.

이번 코로나19 팬데믹은 전 세계가 동시에 총체적인 위기에 처하게 된 역사상 유례없는 초유의 사태다. 2022년 3월 11일 기준 감염자가 444,376,397명이고, 사망자는 6,009,698명이다(코로나바이러스감염증-19 웹사이트). 오미크론 변이의 출현으로 팬데믹이 종료될 것이라고 말하지만, 많은 전문가는 코로나 팬데믹이 끝나지 않고 계속 인류와 함께 할 것이라고 전망한다. 환경운동 연합 공동대표을 지낸 최재천 교수는 코로나 팬데믹 같은 일을 3년에 한 번씩 겪을 수 있다고 경고한다.² 지속적인 위기의 도전이 일상화되고 있다. 이런 상황을 고려할 때, 코로나로 인한 변화와 영향을 분석해 봄과 함께 한국 교회와 선교단체들은 앞으로 직면할 포스트코로나 시대(또는 위드코로나시대)에 적합한 선교방법을 찾고 선제적으로 대응할 필요가 있다.

본 글을 통해서 코로나 19 팬데믹이 제기하는 지구촌의 변화와 선교 현장에 끼친 영향들에 대해서 살펴볼 것이다. 이런 분석을 바탕으로 새로운 상황에서의 선교사의 역할을 재고하여 보고 보완해야 할 부분이 무엇인지 고찰해보고자 한다. 마지막으로 위기를 극복하기 위한 방법으로써, 기존의 오프라인 사역과 온라인 사역을 병행할 수 있는 올라인(all line)사역을 제안하고자 한다.

II. 본론

1. 코로나 19 팬데믹으로 인한 지구촌 변화와 선교현장에 끼친 영향들

1) 코로나 19 팬데믹으로 인한 지구촌의 변화

신종 코로나바이러스 감염증(코로나 19)이 세상을 바꾸고 있다. '사회적 거리 두기'에 나선 지구촌은 지금 가정, 일터, 사회, 국제 등 전 단계에서 변화를 체험하고 있다. 예상하지 못했던 강제 격리 속에 사회의 최소 단계인 가정이 더욱 중요해졌고, 세계화는 '코로나 장벽' 속에 힘을 잃고 있다. 과거 사회적 덕목이던 어울리기 대신 일상생활과 일터에선 '원거리 시대'가 더욱 익숙해졌다. 월스트리트저널(WSJ)은 코로나 19 창궐이 가정, 의

료, 교육, 정치 등 거의 모든 분야에서 우리의 생각을 바꿀 것이라고 예고했다.[3]

코로나 팬데믹은 전 세계 사회환경을 급격하게 변화시켰다. 먼저, 교육의 변화를 살펴보자. 코로나 19 사태로 지구촌은 거대한 '온라인 교실'을 실험 중이다. 팬데믹 사태로 인해 세계 모든 곳에서 초, 중, 고교뿐만 아니라 대학까지 온라인 교육을 하였다.[4] 오미크론 변이의 반가운 출현으로 팬데믹이 종료될 것이라는 기대와 함께 오프라인 교육으로의 전면 복귀를 예측하는 의견도 있지만, 온라인 교육의 지속을 주장하는 의견도 만만치 않다. 제이슨 솅커는 "교육의 미래는 온라인이다"라고 말했다. 온라인 교육이 미래에 더 좋은 사회로 나가는 기회가 될 수 있다. 또한, 자동화가 확산되는 산업 현장에도 온라인 교육이 노동자들의 생산력 제고를 위한 강력한 도구가 될 수 있다. 온라인 교육은 각종 비공식 교육의 폭발적 확산에도 기여할 것이다.[5] 현재의 위기가 종결되더라도 한국을 포함한 전 세계 온라인 교육은 계속될 전망이다.

마지막으로 코로나 팬데믹은 의료부문에도 영향을 미쳤다. 원격 의료가 그 한 영역이다. 원격 의료 시스템은 이미 갖추어져 있었으나 서비스 질의 저하를 우려한 의료진들의 반대로 활성화되지 못하고 있었다. 그런데 코로나 팬데믹으로 인해 병원 내 진료가 불가능해지자 급속도로 도입되는 추세이다. 코로나 감염 확산의 위험 부담 없이 환자를 케어할 수 있기 때문에 원격 진료가 주목을 받게 된 것이다. 이와 함께 원격진료를 위한 다중언어 챗봇과 가상 의료 보조 인력의 도입도 활발하게 진행되고 있다[6]

다음으로 정부 권한 강화와 국제관계의 변화가 예상된다. 코로나 팬데믹 위기 상황에 대응하면서 정부들의 권한이 확대되었다.[7] 대규모 감염 방지와 국민건강의 보호라는 명분 아래 정부는 백성들의 삶 깊숙이 개입할 수 있었고 이런 추세는 위기 상황이 지난 뒤에도 지속될 가능성이 있다.

팬데믹의 위기는 국제관계에도 많은 변화를 가져왔다. 코로나 감염 방지를 위한 국가 간 장벽이 높아질 가능성이 크고 입국 제한도 심해질 것이다. 2020-2021년에 해외 여행자가 급격히 감소한 것은 이를 반증해 준다. 이념적으로 자국 우선주의가 강화될 가능성이 있다. 한편 이와는 다른 목소리도 존재한다. 전 세계를 강타한 팬데믹은 어느 한 나라의 노력만으로는 해결이 불가능하다. 전염병 방역과 경제위기 극복을 위해서는 범세계적 협력이 반드시 전제되어야 한다. 이 입장을 대변하는 이스라엘 역사학자 유발 하라리는 다음과 같이 말한다.

> 우리가 직면한 중요한 선택은 민족주의적 고립과 세계적 연대 사이의 선택이다. 전염병 자체와 그에 따른 경제 위기는 모두 세계적인 문제이다. 글로벌 협력을 통해서만 효과적으로 해결할 수 있다. 무엇보다도 바이러스를 물리치기 위해서는 전 세계적으로 정보를 공유해야 한다. 경제적 측면에서도 글로벌 협력이 절대적으로 필요하다. 과학자, 의사, 언론인, 정치인, 사업가 등 최소한의 필수 여행자가 계속해서 국경을 넘을 수 있도록 국가가 협력해야 한다.[8]

이상에서 포스트 코로나 시대의 변화에 대해 간단하게 살펴보았다. 이 변화들은 필연적으로 선교에 영향을 미친다. 전문가들의 변화 예측을 바탕으로 적절한 선교전략을 고민해야 하는 이유이다. 온라인/언택트 환경의 증가나 폐쇄적인 국제환경이 어떤 선교적 변화를 요구하는지 논의가 필요하다. 그렇다면 코로나 19 팬데믹이 선교현장에 끼친 영향들은 무엇인가?

2) 코로나 19 팬데믹이 선교현장에 끼친 영향들

필자가 사역했던 동남아시아 M 국뿐 아니라 대부분의 선교현장에서 사역하는 선교사들은 코로나 팬데믹으로 인해 많은 어려움을 겪었다. 이번 위기가 선교 현장에 끼친 영향들이 무엇인가?

첫째, 많은 사역들이 일시적으로 중단되었다. 예정되었던 단기선교가 모두 취소되었고, 현지의 모든 학교와 학원이 폐쇄되었다. 대규모 감염을 막기 위해 학교들을 닫아야 했지만, 대부분 선교지는 인터넷 인프라가 미비해 비대면 수업으로의 전환이 불가능했다. 도시에 비해 시골 지역의 피해가 더 컸다. 유니세프(UNICEF) 보고서에 따르면, 코로나 19 팬데믹에 따른 봉쇄령이나 임시휴교로 영향을 받은 어린이와 청소년이 전 세계 학생 수의 90%가 넘는 190 여 개국 15 억 명에 이른다. 그중 3 분의 1 에 가까운 4 억 6,300 만 명이 온라인 원격수업에 참여하지 못했다고 한다.[9]

이런 상황은 교육을 통해 사역하는 많은 선교사에게 어려움이 되었다. M 국의 경우 어린이와 청소년 사역을 하기 위해서 사립학원으로 등록한 사역장들이 많이 있는데, 정부의 방침에 따라서 사역장을 닫아야 했다. 현지 교회들도 교회를 폐쇄하고 오랫동안 대면 예배를 드릴 수가 없었다. 이 난관을 극복하기 위해 많은 선교사가 비대면을 통한 사역 환경을 만들어 왔는데 이를 통해 온라인 사역이라는 새로운 사역 영역을 경험하고 있다. 이번 위기가 지나가면 예전의 대면교육과 사역이 회복되겠지만, 온라인 사역도 여전히 지속될 것이다. 대면 사역과 비대면 사역이 병행되는 새로운 사역 환경을 대비할 필요가 있다.

둘째, 비자 발급이 제한되고 출입국 절차가 엄격해졌다. 코로나 팬데믹 이후 비행기를 이용한 해외 여행객 수가 급격하게 감소한 것이 그 증거다. 비자 신청 시 심사기준이 더 까다로워졌고 발급에 소요되는 기간도 몇 배 길어졌다. 비자 문제가 선교의 중요 이슈가 되고 있다.[10] 비자 발급 기준이 높아질 것이므로 장기거주 선교사들은 해당 국가에 도움이 될 수 있는 지식이나 기술을 제공해 줄 수 있는 NGO 나 단체와의 동역을 통해 이 문제 해결의 방법을 찾아야 한다.

셋째, 줌이나 유튜브 같은 온라인 사역 전략이 중요해졌다. 온라인 설교와 온라인 성경공부, 온라인 기도모임과 같은 비대면 사역이 활성화되고 있다.11 물론 인터넷 인프라가 미흡한 대부분의 선교현장의 비대면 사역에는 아직 한계가 많다. 그러나 최근 스마트폰 보급이 늘어나고 유무선 인터넷 인프라가 점점 좋아지고 있어 유용한 온라인 사역 모델 개발이 시급하게 요청되고 있다.

2. 포스트코로나 시대 선교사의 역할에 대한 재고

1) 지금은 패러다임 전환기

코로나 19 팬데믹으로 인한 지구촌의 변화는 특히 4차 산업혁명 속에서 더 빨라지고 있다.12 4차 산업혁명은 선교의 패러다임의 본질적 변화를 요청하고 있다. 랄프 윈터 박사는 근대 이후 개신교 선교 패러다임의 변화를 세 개의 시대로 구분해 설명했다.13 무엇이 이 패러다임 변화를 야기했는가? 새로운 선교 영역의 확장이었다. 최근 제4의 패러다임이 제기되고 있는데 그렇다면 다음 시대는 무엇인가? 4차 산업혁명에 의한 '초연결사회'라는 새로운 시대이다. 인공지능, 로봇, 사물인터넷, 빅데이터의 등의 기술이 발전하고 서로 융합되면서 만들어 내는 사회로, 전 세계 어디든지 직접 방문하지 않고도 방문한 것처럼 소통할 수 있는 획기적인 체제이다. 이 초연결사회를 위한 새로운 선교 패러다임은 '스마트 선교'라 불린다. 핵심 선교 수단은 IT 기술이다. 초연결사회에서는 IT 기술을 통해 무수히 많은 온라인 커뮤니티가 생겨나고, 오프라인 모임을 보완하거나 대체하는 온라인 모임이 왕성하게 이루어진다.14 4차 산업혁명으로 탄생한 초연결 사회가 선교의 새로운 최전선으로 부상하고 있다.

2) 학교와 사역장에서의 온라인 교육 시스템 필요성

코로나 19 위기는 비대면 교육의 폭발적 확대를 가져왔다. 하지만 온라인교육이 미래교육의 최고 수단이라거나 오프라인 학교 자체가 사라질 것이라고 예상하는 것은 지나치다. 가르치고 배우는 공간이 교실에서 온라인으로 옮겨졌다기보다는 온라인, 비대면 교육 방법의 등장으로 교육 접근이 다양해진 것으로 이해해야 한다. 학교와 사역장에서 IT 기기의 활용능력을 위한 교육을 확대하고 온라인 수업을 위한 시스템을 개발함으로써 이 기회를 효과적으로 활용할 필요가 있다. 온라인상에 올릴 다양한 복음 컨텐츠와 교육 컨텐츠의 제작도 요구된다. 실제로 여러 사역자가 기존 오프라인 사역 내용을 온라인 컨텐츠로 변환해 성공적으로 사역전환을 진행하기도 했다.15

그런데 이러한 전환을 위해서는 IT 기술에 대한 이해가 전제되어야 한다. 즉 선교사들이나 현지 사역자들에게 온라인 교육 툴, 유튜브 제작, 동영상 제작 기술 등에 대한 교육이 필요하다. 안타깝게도 선교현장에 있는 대다수 선교사는 정보통신기술에 능숙하지 못하고 준비되지 못한 실정이다. 비대면 커뮤니케이션이 일상화되는 포스트 코로나 시대에 적합하도록 선교사들을 준비시키는 일은 앞으로의 선교사역의 발전을 위해 시급하고도 중요한 과제가 되고 있다.16

필요한 경우 국제개발협력 사업을 활용할 필요가 있다. 개인이 하기 어려운 영역을 국제개발협력 사업을 통해 할 수 있다. 국제개발협력에서 민관협력(public-private partnership)은 중요한 이슈 가운데 하나다. 민관협력은 문자 그대로 공공부문과 민간부문이 파트너십을 형성해 공적개발원조(ODA) 사업을 시행하는 것을 일컫는다. 민간 기업이 참여할 경우, 개발재원이 확대되고, 민간부문의 전문성과 창의성을 활용함으로써 원조사업이 더욱 효과적으로 추진되고 실행될 수 있다. 민간부문의 역할은 교회와 선교단체도 참여할 수 있다. 선교사는 대부분 현지의 언어와 문화에 상당한 정도로 익숙하고 적응되어 있으며 현지인들과 종종 깊은 사회적·문화적·정치적·경제적 관계를 맺고 있어, 국제개발협력 사업에 매우 효과적이다. 필요한 지역연구를 위해 전문성을 제공할 수도 있고 개발원조 사업의 계획 수립과 실행 과정에서도 중요한 역할을 할 수 있다.[17]

필자가 속한 선교회는 국제개발협력을 통해 중앙아시아에서 컴퓨터 센터를 운영하고 있는데, 센터를 중심으로 현지인들의 정보 활용능력을 향상시키는 교육을 실시하고 있다. 컴퓨터 센터의 설립과 운영이 더 중요해질 전망이다. 이런 류의 사역은 IT 사역을 하는 선교단체들뿐 아니라 오프라인 환경에서 사역하는 선교 사역자와 현지교회 사역자를 위해서도 필요하다. 이를 통해 오프라인 기독교 사역자들도 오프라인과 온라인을 병행하는 새로운 사역 환경을 조성할 필요가 있다.

3) SNS를 이용한 비대면 선교 사례들

그렇다면 현장 사역자들이 익히면 도움이 될 수 있는 비대면 사역 툴에는 어떤 것들이 있을까? 전도와 선교가 자유로운 열린 지역에서는 지역 상황에 따라 유튜브와 페이스북, Zoom 등이 유용할 것이다. 닫힌 지역에서는 보안이 필요하므로 페이스북에 포함되어 있는 페이지나 보안성이 있는 텔레그램 같은 채팅 앱을 사용하면 좋을 것 같다. 페이지는 원래 비즈니스 홍보 목적으로 만들어진 것으로 광고비용을 내면 원하는 타게팅 대상들에게 홍보물을 보게 할 수가 있다. 이런 페이지 특성을 이용하여 복음 콘텐츠를 원하는 타게팅 그룹, 예를 들어 터키에 있는 아프간 난민들에게 보낼 수가 있다. SNS를 활용한 선교 사례들이 모든 선교현장에서 동일하게 적용될 수 없겠지만, 현지 상황에 맞게 변형하여 사용한다면, 포스트 코로나 시대에 공간적, 환경적 장애 극복에 큰 도움이 될 것이다.

SNS를 통한 선교의 대표적 사례는 페이스북 페이지를 이용한 온라인 전도 방법이다. 터키에서 사역하던 한 외국인 사역자는 다른 나라에서 오는 난민들을 위한 사역을 하였다. 그는 이슬람 배경 난민 전도를 위해서는 복음 방송과 성경보급이 효과적이라고 판단하고 난민들에게 성경을 보급하고자 하였다. 하지만 난민 전도가 위험한 상황으로 몰리자 대안으로서 온라인 성경 보급과 함께 페이스북 페이지를 이용해 난민들에게 전도하였다. 터키 안에 있는 아프간 난민에 대한 복음 전도, 제자 양육, 교회 개척을 위해 4개의 페이지를 운영하였는데 이를 통해 약 5,000명에게 성경을 전달했으며, 3개의 교회가 개척되었다. 또한, 150명 정도의 회심자를 기신자들에게 연결해 줄 수 있었다.[18]

주목할 점은 위의 터키에서의 난민 사역의 경우, 믿을 만한 현지 사역자들과의 협력이 있었다는 것이다. 온라인을 통해 연결된 관심자들이 오프라인의 현지인 사역자들과 연결되었다. 이들 간의 대화는 보안성 있는 채팅 앱상에서 진행되었는데 이로 인해 사역은 훌륭한 결과를 얻을 수 있었다.

SNS를 활용한 또 다른 예는 미국의 빌리그래햄전도협회(BGEA)에서 개발한 SFJ(Search For Jesus) 전도 플랫폼이다. 현재 6개 언어로 진행되고 있으며, 최근에는 아랍어 사역이 개발되어 큰 결실을 맺고 있다. SFJ의 전도 과정은 다음과 같다. 불신자 중 구도자가 인터넷 상에서 키워드를 검색하면 해당 키워드의 랜딩 페이지로 연결되도록 한다. 이어서 복음 제시 페이지로 연결되고, 그다음 양육 페이지로 연결하여 최종적으로는 지역 교회와 연결되도록 안내한다.[19] 노방 전도를 할 때, 우리는 누가 하나님 나라와 진리에 관심이 있는지 알 수 없다. 그러나 온라인에서는 검색과정을 통해 진리를 찾는 사람을 쉽게 만날 수 있다. 이점에 착안한 창의적인 온라인 사역 방법이라 할 수 있다.

4) 올라인(All line) 개념과 올라인(All line) 교회사역 사례

코로나 19 팬데믹이 종료되면 다시 전면적인 오프라인 사역으로 돌아가는 것이 바람직한가? 그렇지 않다. 비대면 사역의 장점들이 너무나 많기 때문이다. 온라인에서는 시간과 공간의 한계를 넘어 다양한 만남이 이루어 짐으로써 새로운 가치들이 창출될 수 있다. 반대는 어떤가? 비대면의 장점들이 많기 때문에 오프라인 사역은 사라져야 하는가? 그것도 아니다. 사람들 간의 신뢰를 쌓고 신앙적 성숙을 이루기 위해서는 오프라인의 만남이 반드시 필요하기 때문이다. 즉, 미래의 선교사역은 대면과 비대면이 병행되는 사역이어야 한다.

영국에서 시작된 선교적 교회 운동 전문가이며 선교학자인 마이클 모이나는 '흐름의 공간'(the space of flow)의 개념을 강조한다. 정보화 시대는 제한된 공간을 뛰어 넘어 다이나믹한 관계를 맺을 수 있는 '흐름의 공간'이 지배한다. 교회도 예외가 될 수 없다. 교회는 선교적 접촉점으로서 온라인상의 '흐름의 공간'을 주목해야 한다. 캠벨(Heidi Campbell)은 '디지털 종교'(digital religion)라는 개념을 통해 온라인 공간은 디지털 문화를 만들고, 유연한 환경을 유지하며 새로운 '제 3 의 공간'[20]의 역할을 담당할 것이라고 강조한다.

주상락 박사는 디지털 공간이 더 유연하고 더 선교적인 장소임을 인정하면서도, 진정한 코이노니아를 위해서는 교회가 온&오프를 병행하는 올라인(all line)사역을 지향해야 한다고 주장한다. 그는 이를 '제 4 의 공간'의 창조라 말한다. 제 4 공간의 핵심은 오프라인 병행을 통해 온라인 교회의 한계를 극복하고 진정한 공동체성을 구현하는 데 있다. 직접 만날 수

없을 때는 온라인으로 모여 채팅룸을 통해 소통하지만, 기회가 되면 코이노니아를 위해 오프라인으로 전환하는 '올라인 사역'을 해야 한다고 도전한다.21

사이버교회와 제 4 공간의 예로서, 1996 년 개척된 미국의 라이프처치(LifeChurch.tv)와 한국의 만나교회를 들 수 있다. 만나교회는 2018 년 4 월 '미디어 교회'라는 이름의 온라인 교회를 시작했는데, 이는 '선교적 교회론'에 근거한 것이었다. 현재는 만나교회의 조직 전체가 온라인 역량을 갖추는 단계로, 현재진행형이다. 만나교회는 예배, 중보기도, 목양, 교육, 훈련, 선교, 나눔, 구제 등 교회가 하고 있던 모든 사역을 온라인으로 전환했다. 담임목사인 김병삼 목사는 설교의 효과적인 전달을 위해 설교가 영상으로 제작되어야 하고, 또한 단순 설교 영상을 넘어, 성도들에게 전달하는 교육, 훈련, 광고 등 모든 것이 영상으로 전달되어야 한다고 말한다.22

오프라인과 온라인을 포함하는 총체적인 공간인 올라인(all line)에서의 사역이 국내외에서 이미 진행되고 있다. 올라인 사역은 포스트코로나 시대에 피할 수 없는 도전이다.

5) 메타버스 공간에서의 선교사역 필요성

제 4 공간에서의 올라인(all line) 사역과 함께 관심을 가져야 할 영역이 메타버스(metaverse)영역이다. 코로나 19 가 종식되면 예배를 비롯한 모든 신앙 활동이 대면으로 돌아갈 것이다. 그럼에도 불구하고 메타버스를 주목해야 한다. 메타버스는 지금껏 만나 보지 못한 새로운 종교 활동 공간이 될 것이기 때문이다.23 메타버스가 보편화 단계에 들어서면 현실 세계를 그대로 복사한 쌍둥이 지구가 가상공간에 출현할 수 있다.24

최근 종교 공간으로서의 메타버스에 대해 신학적 논쟁이 벌어지고 있다. 특히 '교회 4.0'에 대한 토론이 그렇다.25 여기서 '교회 4.0'은 4 차 산업혁명과 함께 등장한 가상공간, 즉 메타버스 공간에서의 교회를 의미한다.[26] 그러면 '교회 4.0'의 쟁점은 무엇인가? '교회 4.0', 메타버스 공간에서의 교회가 신학적으로 정당한가? 라는 질문과 메타버스에서도 하나님께서 일하시는가의 여부이다.

미래학자인 최윤식 박사는 피할 수 없는 미래라면 메타버스 세계에 더 적극적으로 뛰어들어, 교회가 이 영역에서의 영성을 이끌어야 한다고 말한다.[27] 가상 세계를 창조명령과 지상명령을 수행하는 선교의 최전선으로 인식해야 한다는 말이다. 필자는 신학적 논쟁보다는 메타버스 공간의 활용성에 더 관심을 갖고 있다. 메타버스 공간이 선교 현장의 교육 사역의 효율성을 높일 수 있다면 이를 적극 활용해야 한다고 생각한다.

6) 선교 사역자의 선교적 맥락 이해와 복음 콘텐츠의 중요성

비대면 환경에서의 사회활동이나 선교사역은 계속 확대될 것이다. 이러한 급격한 환경적 변화 가운데서 선교 사역자들은 이 모든 변화를 통해 말씀하시는 하나님께 귀를 기울여야 한다. 삼위일체 하나님의 선교적 관점에서, 코로나 상황을 허용하신 선한 계획과 목적이 무엇인지 질문해야 하고, 새로운 상황 속에서 어떻게 하나님의 선교에 참여해야 할지를 물어야 한다.

레슬리 뉴비긴은 '삼위일체 하나님의 선교'를 주장한다. 하나님은 교회 안에 현존하시지만, 교회 안에 갇히지 않으신다. 하나님은 교회를 다스리고 인도할 뿐만 아니라 교회보다 앞서서 일하신다. 성령은 증인이요 세상과 교회를 변화시키는 분이며 선교 여정에서 언제나 교회보다 앞서가는 분이다.[28] 코로나 위기 상황 속에서 '삼위일체 하나님'은 새로운 길을 열고 계신다.

온라인과 오프라인이 함께 하는 올라인(all line) 사역이 열리고 있다. 이제 우리는 이 새롭게 열린 길을 통해 흘려보내야 할 복음의 본질을 다듬어야 한다. 필자는 불교 세계관에 젖은 청년들에게 성경 말씀을 전하면서 어떻게 하면 저들이 복음을 쉽게 이해할 수 있을까? 에 대해 많이 고민했다. 요한복음 9장이 한 예다. 이 말씀은 불교 배경 사람들에게 무척 도전적인 말씀이다. 제자들은 예수님에게 "소경 거지가 누구의 죄 때문에 저렇게 되었나요?"라고 질문한다. 예수님은 "누구의 죄 때문이 아니라 하나님의 영광을 나타내기 위함"이라고 말씀하신다. '인과응보'와 '업보'의 불교 가치관에 매여 어둡고 무거운 운명주의에 빠져 있는 사람들에게 주님의 이 말씀은 '좋은 소식'이다. 복음의 본질적인 이해에 기초해 저들의 세계관에 맞는 복음 컨텐츠를 동영상으로 제작하고 이것들을 가상공간에 올려 더 많은 사람에게 전달할 수 있는 길이 열리고 있다.

III. 맺는말: 포스트코로나 시대 올라인 선교 방식의 제안

코로나 19 팬데믹 상황으로 인해 2년 넘게 전 세계가 멈춰 섰고 지구촌 환경은 엄청난 변화를 겪고 있다. 이러한 상황은 선교현장에도 많은 영향을 미쳤다. 정부의 강력한 방역 정책 때문에 예배와 모임이 중단되었고 사역 현장은 한동안 문을 닫아야 했다. 시간이 지나면서 대면 사역을 위한 환경은 점차 나아지고 있지만 팬데믹의 충격은 앞으로도 상당 기간 사역 현장에 영향을 미칠 것이다.

팬데믹 위기 상황 속에서도 하나님의 선교는 멈출 수 없다. 땅끝을 향한 복음 전파는 계속되어야 한다. 그래서 하나님은 대면 사역과 비대면 사역을 병행하는 올라인(all line) 사역의 문을 열고 계신 것이다. 이 새롭게 열린 기회를 활용하기 위한 노력이 요구되고 있다. 팬데믹 이전에 대면 사역 때에 활용하던 교육 콘텐츠와 복음 콘텐츠들을 온라인화하고 페이스북이나 유튜브, 그리고 메타버스 같은 온라인 플랫폼에 올리는 작업을 계속해야 할 것이다. 동시에 새롭게 열리는 가상공간을 새로운 선교 최전선으로 인식하고 이 안에서 하나님의 선교를 이끌어 갈 하나님의 일군을 세워야 한다. 온라인과 오프라인의 장점을 살려서 온라인/오프라인 병행구조인 올라인(all line) 선교를 하게 된다면 선교지 현지인들과의 복음 안에서의 지속적인 만남이 이어지고 더 깊어질 것이다.

새롭게 열린 사역 현장을 돌파한 좋은 사례들이 많이 생겨야 한다. 그리고 현지교회 사역자들과 이 사례들을 공유하면서 올라인(all line) 선교를 확장해 나가야 한다. 이러한 고민을 공유한 선교사들의 공동체가 형성되고 그 안에서 다양한 사례들이 공유되길 바란다. 본 글에 소개한 비대면 사역 방법들이 모든 현장에 100% 그대로 적용될 수는 없을지 모른다. 그러나 각자의 상황에 맞게 재해석해 오프라인과 병행해 시도된다면 기존 사역에 활력을 불어넣을 수 있을 것이라 기대해 본다.

9

Has anything changed?
Participation in God's mission in the light of
the Covid-19 pandemic

Has anything changed?
Participation in God's mission in the light of the Covid-19 pandemic.

Paul Bendor-Samuel

Introduction:

Has anything fundamentally changed in how we understand and participate in God's mission due to the Covid-19 pandemic? For some, it is just a question of longing to get back to business as usual. The disruption to travel, restrictions on in person events and the very unequal ways in which people have been impacted by the pandemic have all served to raise questions about our approach to mission. The pandemic has been a pause button, an opportunity to take stock and ask what God might be saying to us.

There is evidence that the frequency of new infectious diseases is on the rise[1]. Covid-19 is not a 'one-off' and we have entered an era of epidemics and pandemics. We do well to expect a future that is characterised by repeated disruptive events, whether due to disease, extreme weather events, economic instability and, of course, war. A few weeks ago, when asked to write on this topic, it seemed perfectly reasonable to focus on a post-Covid-19 world. Since then, the world's attention has moved from the biggest global health threat in living memory, with estimated up to 18 million excess deaths[2], to the reality of war again in Europe and, arguably, the biggest threat to global stability since the end of the second world war. We live in times of rapid change and disruption. In the reflection that follows, I wish to address the question of how we participate in God's mission in this context of change, instability and disruption; a so-called VUCA world. Volatility, uncertainty, complexity, and ambiguity; VUCA was first used 35 years ago by the US military to describe post-Cold war global realities. The model drew on concepts developed by leading leadership theorists, Bert Nanus and Warren Bennis.

Whilst the dynamics of global power are an important part of today's VUCA world, there are a host of other global trends that Christian mission leadership needs to be aware of. Although I have written about these elsewhere[3], the impact of these trends on the mission movement is so significant that a brief resume is appropriate here.

After outlining some global trends, I will address ways in which we see mission changing. God is Lord of both history and his Church. He is at work sovereignly shaping the affairs of nations as well as working in and through his people. As we will see, changes in mission are being driven both by contextual realities and what God is doing with his Church. I will end the paper with three invitations to how we re-imagine mission in the light of change.

Global Contextual Trends:

First, a word about global trends. We live in a globalised world and therefore it is legitimate to seek to understand global trends. This is entirely in keeping with Jesus' expectation that leaders of God's people need to be able to read the signs of the times (Matt 16:2-4). Reading these trends is important not only for sense-making in our search for how to be faithful witnesses in the world but also because each trend represents a boundary-crossing challenge to the gospel.

Whilst important to study global trends, we live with the tension created by the polarity of global and local. Our participation in God's mission is always deeply shaped by both contexts. God does his work in specific places, at specific times and among specific people. Whilst it is important and helpful to see the big picture, we must never lose sight of the reality that the local is always the unique location of God's action.

An example may illustrate this. The capital cities in SE Asia share a number of commonalities: dynamic, centres of wealth and culture, religiously and ethnically pleural and so on. We might also identify some common church trends, such as the growth of vibrant, charismatic mega churches. Yet each city is distinct, a unique blend of its own history, culture and spiritual heritage. This means that while we can draw on global trends to a degree to help make sense of what is happening in these cities, we need to be careful to investigate the needs, opportunities and movement of the Spirit in each place. In other words, we need to ask not just 'what does the kingdom of God look like in Asia', or south east Asia but 'what does the kingdom of God look like here'?

Furthermore, the world does not represent a single spiritual environment in which these trends play out equally. Consider the difference between the following contexts: secular/material; religiously plural; contexts in which the church is a tiny percentage of the population; contexts of hostility and persecution; displaced populations; contexts of poverty and marginalisation; contexts in which the church has had centuries of presence, impacting history and culture compared with contexts where the church is a relatively new arrival. Global contextual trends affect these varied contexts to different degrees and with differing outcomes.

We will now review eight contextual trends impacting mission. Whilst I will briefly address the trends individually, they are very much interconnected and those connections need to be made in order to understand the interplay of factors.

1. Global inequality:

For most of the 20th century, important indicators for global poverty and inequality, such as the % living in extreme poverty and life expectancy, were moving in the right direction. The numbers in absolute poverty have dropped remarkably since the 1960s largely due to Chinese urbanisation and economic development in poorer nations.

In January 2022, Oxfam released their latest report on Global inequality and poverty.

2020 proved to be the first year in some decades when the % of people in absolute poverty globally went up as millions in Africa and Asia were pushed into poverty as a side effect of Covid. Lock-down measures developed in wealthy countries, designed to protect populations, proved disastrous in places like India where are significant percentage of the population depend on survival as daily labourers. An additional 160million were estimated to have been pushed into absolute poverty in low- and medium-income countries. Meanwhile the 10 richest people in the world saw their incomes double, while 99% of the world's population experienced a fall[4].

Whilst urbanisation and economic growth has supported massive reduction in levels of absolute global poverty, it has also generated its own problems. The UN estimate that by 2050, 68% of global population will be urban[5]. According to Habitat for Humanity, approximately 1 in 7 people globally live in slums but this rises to 1 in 3 in developing countries[6]. This leads us to a second global trend.

2. Socio-economic system failure:

For some decades fundamental questions have been raised about unregulated capitalism and its mythical story of limitless economic growth. This is of course a lie and the materialism that lies behind it is one of the worst forms of idolatry identified in Scripture. It has now been demonstrated by economists that the level of affluence attained by a relatively small percentage of the global population is impossible to replicate for all because the world's resources are limited. Prof Kate Raworth's work on 'doughnut' economics provides an accessible and coherent insight into the unsustainability of the current economic system.[7]

We need a new economic model that replaces consumerism with an economy of production designed to sustain human flourishing. The goal of the economic system must move from growth to human thriving. As Jesus reminds us, a person's thriving does not depend on the abundance of their material possessions (Matt 10:15).

Interestingly, Israel's economic laws of faming, debt, slavery and land management meant that, if followed, it's system of sabbaths, fallow years and Jubilee would ensure no huge differences in personal wealth would emerge in society. It was an economic system that honoured both individual, family and societal responsibility and was predicated on the understanding that God is the owner of the land. As such, Israel was called to steward God's good gift of land. Which brings us to the next global trend.

3. Climate change and ecological degradation:

The first 'great commission' given to humankind was to fill the earth and take mastery of it. God created an extraordinary rich and beautiful world that still required tending, care and ordering. Stewardship does not mean exploitation.

Climate change and loss of biodiversity are now established facts in the scientific world and the impact of both the lived reality of countless millions. The link to an economic system of consumption is undeniable, with its dependence on fossil fuels, destruction of forests for the production of cash crops, the poisoning of land and water systems and unsustainable farming practices. Furthermore, the fight to control earth's limited primary resources had had a catastrophic effect on local populations whether through ongoing neo-colonialism, government elites or localised militias and banditry. It is a major contributor to the next global trend, the displacement of people.

4. Mass movement and displacement of people:

Today the UNHCR estimates there are 84 million refugees globally. 86% hosted in developing countries, 68% from just five countries: Syria, Venezuela, Afghanistan, South Sudan and Myanmar[8].

Refugees are in need of compassion, whatever their faith. They are also able to bear witness to Christ, although this is often costly in their already vulnerable position.

Another 55m displaced internally due to conflict and disaster, although this figure changes constantly.[9] Overall the numbers of internally displaced peoples have been growing. Today 1 in 95 of the global population has had to flee their home compared with 1 in 160 ten years ago.

It is clear that the movement of the followers of Jesus, rather than organised sending by the church, was primarily responsible for the spread of the gospel in both apostolic and post-apostolic times. Jehu Hanciles has argued that migration was the primary way in which the gospel grew in the first 15 centuries of the Church's life.[10] Could we be there again?

5. Changing economic and military power:

We are in a period of prolonged transition in terms of world superpower, moving from the USA to China. Economists have been surprised at the speed of China's economic growth and note the way in which China has positioned itself to control many of the world's primary resources, especially in Africa.

No major power transition has taken place peacefully in human history. What we are seeing in Europe today is part of the changing dynamics of global power.

6. Nationalism, religious radicalism and violence:

The subplot to the shift in global power are the multiple local and regional tensions created by resurgent nationalism and territorial disputes, often legitimated through religious radicalism. In a globalised world, many are desperately seeking a sense of identity. Nationalism, combined with religious radicalism, provide an opposing force to the seemingly homogenising forces of globalisation. It has great mobilising power for despots intent on strengthening their power and we have see it in places as diverse as the USA, Venezuela, India and Myanmar.

The United Nations lists over 90 countries currently experiencing dangerous socio-political crisis, most of which are in Africa and Asia[11]. Our world continues to be an often unstable and violent place, especially for women, children and the marginalised.

7. Technology and Artificial Intelligence:

Technology and, so called, Artificial Intelligence (AI), are deeply impacting the way society functions. We enjoy the domestic gadgets, travel and communications benefits, navigation with GPS, ability to search out information, leisure activities, etc. We are also increasingly aware of the downsides of this, including the constant distraction, addictions, anxiety generated by social media, on-line sexual exploitation and violence, the lure of escapism to the metaverse, the monitoring of individuals by business and governments and much more. AI is being harnessed for violent ends. Cyber-attacks are now a recognised part of modern warfare and so called lethal autonomous technologies (LATs) exist today that enable killing without any human decision-making.[12]

Scientists of great repute have been warning for years that without regulation, AI threatens to undermine the most basic human freedoms and challenge the very nature of what it means to be human[13].

8. Reimagining what it means to be human:

Every person is made in the image of God and is, therefore, of inestimable value. We support a vision of society in which all are able to flourish. In the West this commitment to human flourishing has been merged with a rights-based agenda. Space does not permit an analysis of the strengths and weaknesses of this approach. However, it is clear that difficulty arises when a rights-based approach to flourishing is pursued in a context where a hyper-individualistic view of personhood is normative.

A hyper-individualistic anthropology protects the rights the individual over others in community and society as a whole. It inevitably leads to unreconcilable conflicts. Covid and the call to get vaccinated is a good example of this tension between individual rights to chose and the needs for community protection. Hyper-individualism privileges the individual's right to choose, including the most fundamental identity markers. These tensions will only grow in the years ahead in modern and post-modern societies.

Implications of global trends:

Each of these trends are creating boundary-crossing frontiers for faithful Christian witness. All call for courageous discipleship supported by careful research, Biblical analysis and prophetic leadership. Although not new, the pause in the mission system created by Covid-19 has provided us with an opportunity to stand back and acknowledge their interconnectedness and importance. We rejoice that in many of these areas Christians are speaking up, serving, caring and responding as the Body of Christ in a broken, suffering world. At the same time, many Christians seem unaware of these trends and the call to faithful witness that each offers.

The trends cited above do not impact populations uniformly. Women, children, migrants, particular ethnic groups; these and other groups are disproportionately affected. This provides an additional, compelling call to faithful witness in the name of the Triune God who has demonstrated throughout Scripture a compassion and zeal for justice for the poor, vulnerable and marginalised.

We now turn to ways in which the evangelical Protestant mission movement is beginning to find new language and focus.

The prevailing mission paradigm:

The understanding of mission we have inherited is drawn from the 19th and 20th century and has been referred to as the Christendom model of mission. Evangelicals and Pentecostals tend to imagine that their understanding and practice is principally shaped by simple, unmediated Biblical revelation. Important as this is, we may underestimate the influence of history, context and our own experience in shaping our assumptions concerning mission.[14] The Christendom paradigm of mission developed in the context of empire and colonialism. This is not a word of judgement, as if right or wrong. It is simply an observation. That colonial context profoundly shaped an understanding of mission, grounded primarily on the text of Matthew 18.

Alan and Eleanor Kreider proposed that the paradigm was characterised by four things[15]:

- Mission defined by territory: Christian and non-Christian
- Mission done by a small section of the church called missionaries

- Mission seen as something the church does – mainly through the agency of specialised organisations. It was a short step from this to seeing mission as a task to be accomplished.
- The goal of mission as gaining converts and establishing new churches, primarily in the image of the missionary experience.

These criteria made sense at the time and God used the faith, courage and sacrifice of countless of his people to grow Christianity into the most diverse and widespread religious movement globally.

Over time, the Christendom model has been adapted:

- Ethnicity has replaced territory as the focus for mission action.
- An international cross-cultural workforce, often in multicultural teams, has replaced an exclusively Western one, with 'mission from everywhere to everywhere'.
- Reverse sending to a 'post-Christian' West.
- Shorter term commitments have largely replaced decades-long commitment as normative. Millions mobilised in short term teams.
- Multiplication of agencies
- Local churches are direct sending alongside agency sending
- The goals of mission have become more integrated and wholistic, yet conversion and church planting remain the measurement of success.

We suggest that despite these adaptations, the fundamental elements of the prevailing paradigm have remined intact. Mission requires specialists who generally travel to very different cultures and contexts to their own to engage in conversionary activities with the goal of multiplying churches. Within the minds of many, especially caught up within the cross-cultural mission movement, mission remains synonymous with sending and going.

The paradigm of mission-as-sending has been tested by Covid. The system has been disrupted. Short term mission and mission teams, an essential part of the affluent church's practice of mission-as-sending, has come to a complete stop. A percentage of longer-term workers have been unable to return to their ministry contexts. It remains to be seen whether, post-Covid, mission agencies will take advantage of the pause in business as usual to reflect and change course. Anecdotally it seems that some are beginning to do that, although change will require a fundamental realignment of mission theology, language, systems and practice.

David Bosch predicted the emergence of an ecumenical missionary paradigm[16], and devoted the third part of his magnum opus to describing elements of this paradigm. His focus was on theologically diverse ways of understanding mission. Whilst we agree with the importance of diversity in mission theology and practice, Dr Kirk Franklin and I prefer the term 'Global Church paradigm', placing the emphasis on the reality of the Church, in all its diversity, as the driving force behind a fresh understanding of participation in God's mission.

We now look very briefly at five features of the emerging Global Church paradigm

1. The Missio Dei and Trinitarian missiology:

Evangelicals have lagged behind the ecumenical mission movement in recognizing that mission is first and foremost who God is and what God does. One might speculate as to the source of this slowness. Theologically, suspicion of ecumenism may have played a part. However, we also suggest that in the past fifty years, pragmatism have driven the development of mission theology in North America, rather than theology driving praxis. Practically, this reflects the weakness inherent in the evangelical activism.

Whatever the reason for its slow adoption, the evangelical mission movement is increasingly embracing the understanding that mission is God's. Mission flows from who God is, for the nature of Love is to reach out beyond itself. The whole creation is the expression of God as mission. Not surprising then that, following the fall, Scripture consistently declares God's ultimate purpose to restore every part of the created order, using a range of terms including renewal, reconciliation, restoration, healing, shalom and the reign of God.

This God who is mission is also the primary actor in his mission, conceiving, planning, directing, resourcing, giving himself in costly self-sacrifice and empowering mission. This is the message of the whole of Scripture, from beginning to end. Of course, we see it very clearly in the book of Acts. As Willie Jennings puts it in his commentary,

'The deepest reality of life in the Spirit depicted in the book of Acts is that the disciples of Jesus rarely, if ever, go where they want to go or to whom they want to go'.[17] In other words, God is sovereign in directing his constantly boundary-crossing mission and the church is constantly taken by surprise by the nature of this mission.

This is not to say that human obedience is unimportant in the mission of God. We do have agency, a responsibility to respond to the call of Jesus. God has drawn us into his mission, chosen to work in and through us and yet the initiative, authority, power, wisdom and direction always flow from God to us.

The outworking of the theology of the Missio Dei is acutely counter-cultural to the modern mission movement, which has wrapped itself in the language of task, analysis, strategy, programme, resource mobilization, and control. We have convinced ourselves that if we scatter pray through our planning, then we can safely continue with a mindset shaped by pragmatism and 'strategic planning'. We can learn something from Jesus' teaching on money. Since the Scriptures do not categorize money as good or bad, we may be tempted to see it as a neutral resource in our own lives and in the Kingdom. In contrast, Jesus consistently warns of the dangers of money. We are not to fool ourselves, thinking that it is neutral. Instead, we are warned that we cannot serve God and money and wealth makes it humanly impossible to enter the kingdom. How so? Because money undermines faith, creating the illusion of control and independence, the very opposite of the simple, child-like trust necessary for all who would enter the kingdom of God. No wonder the early church emphasized simplicity and the rejection of wealth. Understanding and living out the implications of the Missio Dei provides a life-giving antidote to the deception of control created by strategic planning and money.

2. Investing new meaning into the term 'mission':

The paradigm that we have baptized as 'the Biblical model of mission' is in fact only one way the Church has participated in God's ultimate purposes down the centuries. For example, early church historians are agreed that the expansion of the church in the first three centuries took place without any of what we call mission today[18]. The Latin root for the word mission means 'to send', clearly a Biblical concept. At the same time, the concept of sending conveyed by the Christendom paradigm of mission is very different from the wholistic concept intended by the witness of the whole of scripture summarised by Jesus' words in John 20:21.

Michael Stroope has served us greatly by carefully plotting the development of the use of the word 'mission' from its first usage in the 16th century for papal emissaries, traveling with the Spanish and Portuguese conquistadores in their journey to subjugate the 'New World'[19]. The term has picked up much baggage since. At times the word conveys meaning that is the exact opposite of God's work in the world. Often the word signals a reduced form of God's good purposes for his creation.

Today an increasing number are looking for new terminology that captures the call of God for the whole church to participate in the wholeness of God's ultimate purposes. Terms like faithful witness and discipleship are Biblical terms and hold out the possibility of releasing all God's people into God's boundary-crossing love.

This search for more biblically-grounded and contextually sensitive language goes beyond the use of the term mission. Just as the mission language of 19th and 20th century reflected concepts of war and conquest, so the current mission language and slogans reflect a view of mission as primarily the responsibility of the church alongside North American cultural values of pragmatism, scale and speed. A Coptic Orthodox brother expressed dismay at discovering that Egypt was part of the '10/40 window' and the target of efforts to 'reach unreached people groups' and 'finish the task'. Language does not just express what we think. It shapes what we think and believe. We need to watch our language carefully. In a Global Church paradigm of mission there is no place for simplistic slogans that carry assumptions about the nature of God's work in his world today that are more cultural than biblical.

3. Embracing the wholeness of the Gospel:

The debate about the primacy of evangelism over compassionate service has dogged evangelicalism for over 50 years. Others have traced the debates[20] but increasingly this seems to be an issue that reflect past historic concerns. Most of church history reveals that God's people have had no difficulty in integrating proclamation and service as core elements of faithful witness. The church in the first four centuries grew through a combination of fearless apologetics and fearless counter-cultural living[21]. For much of the 19th through to the mid-20th century cross-cultural workers held the two together. My own mission, Interserve, was founded by women for women in 1852 and was known as the Zenana Bible and Medical Mission. Records show no tension in holding together deep compassion to meet the educational and health needs of Indian women together with the

Has anything changed? • 223

desire to share with them the Word of God. Perhaps the fact that it was a women's mission made the integration of grace and truth the easier?

None the less, a problem continues. What was a 20th century primarily theological consideration is now a 21st century clash of pragmatism in mission. It is not uncommon to hear mission described as a task, perhaps best captured by the phrase 'Finish the task'. Describing our participation in mission as 'a task' is unhelpful for a number of reasons. It suggests that we participate in mission primarily by doing. This is a reductionist view of the Biblical story which shows that in both Old and New Testaments, God's people participate in God's mission first and foremost by who they are as a community of God's people. Living as the people of God, under his Lordship, is the first and decisive step in participation in God's mission of reconciliation and renewal. Mission is not framed by strategy and action but by who we are and how we live in relationship within the Body and towards those who have yet to encounter the living Christ.

The slogan also suggests that there is one task involved in mission. If this is so, it must have primacy over all other tasks. We are back looking at mission from the perspective of a hierarchy of actions rather than the response to what God is doing around us. What is 'The Task' we must finish? The slogan comes from a very modernist reading of Matthew 24:14 and the parallel passage in MK 13:10. The task, we are told, is to preach the gospel to all nations. Of course, Jesus was not talking about nations in the modern sense of sovereign states. The Greek word is 'ethnos' and from this, it is concluded that Jesus is referring to 'people groups'. Yet the concept of ethnic groups, as defined by 20th century anthropologists, is just as anachronistic when applied to Jesus' words as the idea of nation states.

Instead, we suggest this statement of Jesus is in keeping with his command, recorded variously at the end of each of the synoptic gospels and Acts 1:8 to proclaim the gospel to all creation. It is in keeping with that great vision of Revelation 7:9. The vision of those from every nation, race, tribe and language worshiping the Lamb recalls the idyllic picture of the 70 nations in Genesis 10, complete and united as one human family, each with their own clans, languages, countries and nations (Gen 10:5. 20, 31).

Furthermore, the language of 'finishing' suggests that participation in God's mission is somehow something we can complete, finish. This is dangerously misleading and triumphalist. We suggest there is nothing in Scripture to suggest the church will ever complete her calling to be a faithful witness. On the contrary, Jesus' warnings of increased persecution and troubles for his followers leads him to ask the question, 'But will the Son of Man find faith on the earth when he comes again?' The slogan undoubtedly stirs the imagination and has mobilising power but does not reflect the Biblical witness to the wholistic nature of our participation in God's mission that sees as its vision everyone and everything flourishing under the healing, just and gracious Lordship of Christ.

4. The centrality of the local:

This is undoubtedly the big story in the changing way we participate in boundary crossing witness. While the percentage of the world pop identifying as Christian has slightly dropped since the beginning of the 20th century (34% to 33%), growth in its diversity and spread has been phenomenal. Thanks, in part, to the blessing of God on the pioneering, sacrificial, sending model of mission, the church has grown in extraordinary diversity, especially in the past 30 years.

This growth of the church in the nations is driving a transition from a Christendom model of mission to a Global Church model of mission. Put simply, whereas in the past the cross-cultural worker was understood to be primary resource in the growth of the gospel, it is now local and proximal believers who carry the primary responsibility for faithful witness. As Jay Matenga puts it, 'The future of missions is indigenous'[22].

Historically, of course, local witness has always been the primary driver of growth in the Body of Christ. Despite the establishment of a handful of small, fragile worshiping communities across Asia Minor, the apostle (sent-one) Paul could confidently declare that now the gospel was ringing out throughout the region (Acts 19:10). We now recognise that mission history tends to be written from the perspective of the cross-cultural worker rather than the local disciples who quickly become the carries of the gospel. It has become clear that where rapid movements to Christ has happened historically and is happening today, this growth is due to the faithful, bold witness of same or proximal-culture followers of Jesus[23]. This is not to say there is not a place for cross-cultural workers who come from distant cultures, but these roles are not generally those involved in directing or leading the work. This calls for increasing self-awareness on the part of the international cross-cultural work, all too often unaware of the power differentials they bring to relationships through finance, education and, where relevant, simply being white.

5. Community as the location for faithful witness:

Both Old and New Testaments reveal that God has always worked principally through the communal witness of God's people. Of course, God uses individuals, particularly in prophetic and apostolic roles, but the normative way in which God displays his glory − that is the visible manifestation of his character − is through his people living counter-culturally in righteousness, justice and oneness.

It has been common teaching that in the OT God's missionary method was to draw the nations to Israel (centrifugal), the people of God, while the NT demonstrates the reverse, with the people of God going out to bear witness (centripetal). This is only partially true. God's choice of Israel, the giving of the Law and his willingness to live among her is so that she would become a signpost to the nations demonstrating the nature of YHWH, attracting them to the worship of YHWH. The NT emphasis on counter-cultural living is no less evident. Acts 2 and 4 show how proclamation and radical generosity in communal living worked together.

The early church discipled new believers rigorously and this included learning Scripture by heart. It is unlikely that this text exists in any of our modern discipling programmes but a core text for the early church was Isaiah 2:2-5[24].

2In the last days!
the mountain of the Lord's temple will be established
as the highest of the mountains;
it will be exalted above the hills,
and all nations will stream to it.
3Many peoples will come and say,
"Come, let us go up to the mountain of the Lord,
to the temple of the God of Jacob.
He will teach us his ways,
so that we may walk in his paths."
The law will go out from Zion,
the word of the Lord from Jerusalem.
4He will judge between the nations
and will settle disputes for many peoples.
They will beat their swords into plowshares
and their spears into pruning hooks.
Nation will not take up sword against nation,
nor will they train for war anymore.

The text recognises God's intention to bless all nations and to dwell once more among them, ushering in his kingdom of peace and justice. What was significant to the early church was the prophet's charge to the people of God in the light of what God is going to do:

5Come, descendants of Jacob,
let us walk in the light of the Lord.

The church understood its mission primarily in terms of counter-cultural living in the light of God's ultimate purposes. God's primary means for the growth of the gospel is not just local witness but communal, local faithful witness. Once again, this is a far cry from a missiology of task, strategic planning and resource mobilization.

Three invitations for the church:

There are many implications to what we have laid out very briefly above.

Here are just three that come immediately to mind.

1. A call to humility and dependence: re-frame our missiology around the Missio Dei.

The more we understand our calling as participation in the ultimate purposes of God and his mission, the more we are led to a posture of dependence, humility and freedom. This is not a call to passivity or withdrawal. Far from it. But the more we are drawn into the heart of God and his vision for abundant life, the more we will recognise the inadequacy of our own wisdom, strategizing and power.

We should not underestimate how difficult this change of posture will be as we move from a Christendom to Global Church paradigm of mission. The last 50 years have seen a hegemonic hold on mission theology, theory and practice arising from, notably, North American evangelicalism. Given that most mission research and scholarship continues to be resourced from this context, it will take a very deliberate effort to nurture and promote other voices. Part of the challenge is that the cultural assumptions framing our understanding and practice of mission are still deeply wedded to a modern, enlightenment worldview of individualism and control. These assumptions have been unconsciously transferred to the emerging mission movements of the global church, making the development of alternative missiologies even more difficult.

As we take seriously the revelation of the whole of Scripture in relation to the Missio Dei,[25] so we will discover the resources that enable the whole church to participate in God's mission in the incredibly diverse contexts in which the global church is situated.

2. A call from the command to go to the invitation to come.

William Carey, in writing his 'Enquiry into the obligation of Christians to use means for the conversion for the heathen' in 1792, drew inspiration from Matthew 28: 19,20. This text not only launched the modern Protestant missionary movement but has sustained and continued to justify it.

As I have written elsewhere[26], the dependence of mission on obedience to the so called 'great commission' distorts the Biblical witness to our participation in God's mission and puts a burden on God's people that was never intended. In Scripture, the invitation to mission is first to relationship and intimacy with the Triune God. True obedience always flows from the place of intimacy. Secondly, our participation in the Missio Dei is always predicated on God's initiative and action in the world.

This can be summarised as a move from the Command to Go, to the Invitation to Come. It is from this invitation to come and be with God that we are enabled to join him in his work. Mark's record of the appointment of the apostles (sent ones) captures this perfectly:

> Jesus went up on a mountainside and called to him those he wanted, and they came to him. He appointed twelve a **that they might be with him and that he might send them out** to preach and to have authority to drive out demons. (Mark 3:13-15)

The disciples are invited to first be with Jesus and it is in this place of being that they are sent out. Again, the experience of the apostle Paul in Acts 16 is illustrative. Paul and Barnabas have been used to establish a number of worshiping communities in 5 cities in Asia Minor. He returns, now with Timothy, to encourage them and then, he assumes, to continue to press on with the same ministry further westwards. But the Spirit of God restrains Paul, not once but twice. Finally, the vision is given of a man in Macedonia saying 'come over and join us'. Paul had no intention of going to Macedonia but the Spirit is the director of God's mission and plans otherwise. Most importantly, the invitation is to come and join what God is already doing. In this sense, the language of 'unreached' is unhelpful. God is already present and at work among our friends, our neighbourhoods, our cities, nations and in every place.

One of the implications of the Global Church paradigm is to recognise how God is already at work and to discern the varied contributions of the people of God in joining him in that work.

3. A call from a singular to multiple approaches to participation in God's mission.

We have been through a period in history when homogenising approaches to theology and mission, arising in specific contexts, have dominated the self-understanding of the Church. Thankfully we are now in a time when we recognise the gift of locally generated mission theologies for the global Church. We suggest that the Biblical narrative is able to support the diversity of the Church by providing diverse images and metaphors for understanding mission participation 30 years ago, Donald Senior noted three distinct, yet complimentary, ways in which the New Testament authors presented the church-in-mission[27]. These he summarised as follows:

- A "sending" church conceived of as a community of disciples or as a pilgrim, itinerant church whose mission is to cross boundaries and to proclaim the gospel to the entire world;
- A "witnessing" church whose mission is to give credible witness to the world through its manifest faith and its virtue;
- A "receptive" church whose mission is expressed in its very being as a hospitable and inclusive community of healing, reconciliation, and unity.

He drew attention to a range of texts, each dealing with the church in different contexts, that support these different perspectives on mission engagement, suggesting that while not mutually exclusive, the church in varied circumstances could draw on particular 'images' to shape its missional engagement.

The Bible describes God's people through a wide range of metaphors and images. Each image provides insight not only as to the identity of the church but also its missionary vocation, since being and doing are inseparable. Some years ago, Paul Minear identified nearly 100 images of the church in the NT alone[28]. These images include: Household of God, people of God, flock, pilgrims and aliens, salt and light, new creation, spiritual house, Body of Christ and so on.

Each of these images tells us something about the nature of the church in mission. They speak of the multiple ways of being the people of God and it should be no surprise then that the church in its hugely diverse contexts will find locally appropriate ways of applying the Biblical imagery to its context. Little has been written on the theme of images of the church and missiology in the past 30 years. As we do this, we can expect the Spirit of God to grow a rich diversity of mission understanding and practice in the years ahead, missiology for a Global Church paradigm, reflective of the polycentric, polyphonic, polymodal expressions of the Church worldwide.

Conclusions:

In this paper we have reflected on the changing nature of our understanding of mission in the light of global contextual realities and a changing paradigm from Christendom to Global Church. The Covid pandemic has disrupted the cross-cultural mission system and in so doing provided an opportunity to reflect on what God has been doing in recent decades. Disruption is likely to characterise the experience of an increasing percentage of the church, driving us to draw increasingly on the gifts, perspectives and distinctives of the Body of Christ in its local content. There is much still to be done to dismantle the homogenising Christendom approach to mission but the Scriptures teach us that this is primarily the work of the Spirit who 'blows where he wills' and moves us into unexpected places as participants in God's mission.

Paul Bendor-Samuel

Oxford

March 2022.

주

1_변한 게 있는가? 코비드 팬데믹 상황에서 하나님의 선교 참여하기

1 https://www.thelancet.com/journals/lanplh/article/PIIS2542-5196(20)30305-3/fulltext, accessed March 11, 2022.

2 https://www.thelancet.com/journals/lancet/article/PIIS0140-6736(21)02796-3/fulltext, accessed March 11, 2022. 1,800 만 명은 일반적으로 공식 사망자 수의 3 배에 달하는 초과사망자를 의미한다(편집자 주).

3 See *Trends in Global Mission, Covid-19 and God's Work among Muslims* in Muslim-Christian Encounter. Torch Trinity Centre for Islamic Studies Journal Vol 13, Number 2, September 2020, p127ff. Also Covid-19, Trends in Global Mission and Participation in Faithful Witness. Transformation, Volume 37 No 4 October 2020.

4 https://policy-practice.oxfam.org/resources/inequality-kills-the-unparalleled-action-needed-to-combat-unprecedented-inequal-621341, accessed Jan 17, 2022.

5 https://ourworldindata.org/urbanization, accessed March 10, 2022.

6 https://www.habitatforhumanity.org.uk/what-we-do/slum-rehabilitation/what-is-a-slum, accessed March 10, 2022.

7 https://www.kateraworth.com/doughnut, accessed March 10, 2022.

8 https://www.unhcr.org/uk/figures-at-a-glance.html, accessed March 10, 2022.

9 https://www.internal-displacement.org/database/displacement-data, accessed January 17, 2022.

10 Jehu Hanciles, *Migration and the Making of Global Christianity* (Eerdmans, Michigan, 2021).

11 https://reliefweb.int/report/world/alert-2021-report-conflicts-human-rights-and-peacebuilding, a- ccessed March 10, 2022; https://www.visualcapitalist.com/mapped-where-are-the-worlds-ongo-ing-conflicts-today, accessed March 10, 2022.

12 https://www.un.org/en/un75/new-era-conflict-and-violence accessed, March 10, 2022.

13 https://www.independent.co.uk/news/science/stephen-hawking-transcendence-looks-at-th-

e-implications-of-artificial-intelligence-but-are-we-taking-ai-seriously-enough-9313474. html, accessed March 11, 2022.

14 See Charles van Engen for an Integrated Model of Mission Theology and Practice: Charles Van Engen, Transforming Mission Theology (Pasadena: William Carey Library, 2017), 25-27.

15 Kreider A & Kreider E, *Worship and Mission after Christendom* (Milton Keynes: Paternoster 2009), 16.

16 David J. Bosch, *Transforming Mission: Paradigm Shifts in Theology of Mission* (Maryknoll: Orbis Books, 1991).

17 Willie James Jennings, *Act* (Kentucky: Westminster John Knox Press, 2017), 11.

18 Carlos F Cardoza-Orlandi and Justo L Gonzales, *To all Nations, from all Nations: A History of the Christian Missionary Movement* (Nashville: Abingdon Press, 2013), 67-68.

19 Michael W Stroope. *Transcending Mission: The Eclipse of a Modern Tradition* (London: IVP, 2017).

20 See, for example, Al Tizon, *Transformation after Lausanne: Radical Evangelical Mission in Global-Local Perspective* (Oxford: Regnum, 2008).

21 See, for example, Alan Kreider, *The Patient Ferment of the Early Church* (Grand Rapids: Baker Aacdemic, 2016) and Michael Green, *Evangelism in the Early Church* (Sussex: Highland Books, 1984).

22 https://weamc.global/lb2020-2, accessed March 12, 2022.

23 See for example, David Garrison, *A Wind in the House of Islam*, WIGTake Resources, 2014.

24 Alan Kreider, *The Patient Ferment of the Early Church* (Grand Rapids: Baker Aacdemic, 2016), 158.

25 See, for example, Christopher J H Wright, *The Mission of God: Unlocking the Bible's Grand Narrative* (Nottingham: IVP, 2006).

26 P Bendor-Samuel, "Challenge and Realignment in the Protestant Cross-Cultural Mission Movement," *Transformation* (Sage) Vol 34, No. 4 October (2017): 267-81.

27 Donald Senior. "Correlating Images of Church and Images of Mission in the New Testament," *Missiology: An International Review*, Vol. 23, No. I, January (1995).

28 Paul S Minear, *Images of the Church in the New Testament* (Philadelphia: Westminster Press, 1975). See also John Driver, *Images of the Church in Mission* (Philadelphia: Herald Press, 1997).

2_Divine Reset—본질 회복을 요구하시는 하나님의 섭리적 개입

1   17세기 영국 성공회 주석가 John Trapp 의 명언이 이 개념을 잘 표현한다. "There is no standing before a lion, no hoisting up a sail in a tempest, no contending with the Almighty." (인용: Enduring Word Bible Commentary Ecclesiastes Chapter 7)

2   "When unusual or unexpected challenges are thrown at us, reflexive leadership doesn't work." Michael Frost, *Incarnate: The Body of Christ in an Age of Disengagement* (Dowers Grove, IL: IVP Books, 2014), p.190.

3   Andrew Walls, "The Gospel as Prisoner and Liberator of Culture," in *The Transmission of Christian Faith* (1996), 3-15.

4   John Stott, *The Contemporary Christian: An Urgent Plea for Double Listening* (Leicester: IVP, 1992);『현대를 사는 그리스도인』, 한화룡, 정옥배 역 (서울: IVP), 1993.

5   이러한 목적에 부합한 자료들로 최근 출간된 John Dickson 의 *Bullies and Saints: An Honest Look at the Good and Evil of Christian*(2021)을 비롯해서 한국교회 역사를 정직하게 재조명한 옥성득의『초대 한국교회사』,『다시 쓰는 초대 한국교회사』,『한국 기독교 형성사』등을 추천한다.

3_지난 세기의 선교 패러다임 변화들과 코로나 이후의 선교

1   Mark Laing, "Looking Back to Move Forward: Some Lessons and Challenges from Mission History," in *Understanding Asian Mission Movements: Proceedings of the Asian Mission Consultations,* eds. Kang San Tan, Jonathan Ingleby and Simon Cozens (Gloucester: Wide Margin: 2011), 105-09.

2   사실 뉴비긴의 제안은 새로운 것은 아니었다. 롤랜드 앨런이 이미 20 여 년 전에 동일한 내용을 제안했다. 롤랜드 앨런은『바울의 선교 우리의 선교』(1912)에서 바울은 빠른 시간 안에 현지인 주도로 사역을 전환했으며 가능한 빨리 사역현장을 성령과 현지 지도자에게 맡기고 그 자리를 떠났다고 주장했다. 필요 이상 선교사가 길게 머무르게 되면 토착 문화에 기초한 기독교 정체성 형성이 지체되고 선교사 의존적인 교회를 양산하게 된다고 비판하면서 선교사들은 바울의 모델을 따라야 한다고 주장했다.

3   Laing, "Looking Back to Move Forward: Some Lessons and Challenges from Mission History," 109.

4   이 논문은 1984 년 Missiology: *An International Review,* 12(2)에 발표한 것이다.

5   윌버트 R. 쉥크,『선교의 새로운 영역』(서울: 기독교문서선교회, 2001), 223. 선교 영역에 있어 크리스텐덤의 와해가 본격적으로 진행된 것은 제 2 차 세계대전의 종식과 더불어 시작된 식민지 국가들의 독립, 중국 등의 공산화가 진행되었던 1940 년대 말

에서 50 년대 초부터이다. 많은 서구 선교사가 선교지를 떠났고 선교지에 대한 서구의 영향력도 급격히 감소했다. 이런 추세는 1970 년대 '선교 모라토리엄'을 통해 크리스텐덤 방식의 종식에 대한 선교학적 논의로 이어진다.

6 크리스텐덤이란 인간 경험의 모든 영역을 그리스도의 주재권 아래 굴복시키기 원하는 문화를 의미한다. 알란 크라이더는 그의 책 *The Change of Conversion and the Origin of Christendom*『회심의 변질』에서 크리스텐덤 (선교방식)에 대해 다음과 같이 설명한다. 1) 공통의 신념: 정통 기독교 - 이단을 용납하지 않으며 사회의 상징, 예술, 제의는 기독교적이다. 2) 공통의 소속: 시민 구성원과 교회의 구성원들이 정확하게 일치한다. 유아세례가 행해지며 교회와 국가는 공생관계를 유지한다. 신앙적 선택권은 없다. 3) 공통의 행동: 그리스도인의 행동양식은 상식, 전통, 그리고 성경, 특별히 구약에 기초한다. 4) 강제: 유인책과 억압, 폭력 등 다양한 형태가 존재한다.

7 데이나 로버트, "'세계 기독교 명명하기' 세계 기독교와 선교역사에 있어서 예일-에딘버러 학회에 관한 역사적이며 개인적인 관점,"『현대선교』 25 (2021): 64-69. 1970 년대 제기되어 이후 복음주의 선교운동에 영향을 미친 새로운 관점들은 다음과 같다. 1974 년 로잔 세계복음화 대회를 통해 시작된 미전도족속 선교운동이 그 한 예다. 교회가 없는 미전도지역 집중을 통해 선교 모라토리엄의 충격을 극복하고자 했다. 선교신학적으로는, 1970 년 후반부터 진행된 '상황화'를 중심으로 한 문화와 복음의 관계에 대한 논의이다. 빌링겐 IMC 대회(1952) 이래 제기되었던 '삼위일체 하나님의 선교'에 대한 토론이 복음주의 안에서 논의가 확산된 것도 이 시기라 할 수 있다. 세계 기독교의 무게 중심이 서구에서 비서구로 이동할 것이며 이에 따른 선교 패러다임 변화가 예고된 것도 이즈음이다. 이 예측은 비서구교회의 빠른 성장과 서구교회의 침체로 현실이 되었고 그 연장선상에서 '세계 기독교'(world Christianity)에 대한 논의가 이어졌다. 선교역사학자 데이나 로버트는 1970 년대를 "식민주의 이후 선교 연구의 재구성과 세계 기독교의 재탄생"이 시작되는 시기로 설명한다.

8 출애굽기 9:3, 15; 역대하 7:13-14; 예레미야 27:8; 누가복음 21:11.

9 로드니 스타크,『기독교의 발흥』, 손현선 역 (서울: 좋은씨앗, 2016), 128.

10 초대교회 당시 두 번의 팬데믹이 발생하는데, 첫 번째는 AD 165 년에 발생한 '안토니우스 전염병'이다. 천연두로 추측되는 전염병이 발생해 약 500 만 명이 죽었다. 100 년 뒤인 AD 251 년에 다시 전염병이 발생하는데 이는 '키프리아누스 전염병'으로 불리는데 이 경우는 피해가 더 심각했다. 약 2,500 만 명이 죽었다고 한다.

11 로드니 스타크,『기독교의 발흥』, 129-30.

12 최윤식, 최현식,『빅체인지 한국교회』(서울: 생명의말씀사, 2021), 69-70.

13 옥성득,『한국 기독교 형성사: 한국 종교와 개신교의 만남. 1876-1910』(서울: 새물결플러스: 2020), 293-94. 초기 선교사들의 사역 기간 여러 차례 전염병이 창궐했다. 19 세기 말에서 20 세기 초까지 한국에는 대여섯 차례의 콜레라가 유행했다. 1878 년 부산항에서 발생해 1886 년에는 전국적으로 퍼졌다. 전염병이 발생할 때마다 선교사들은 전염병의 원인이 보이지 않는 세균임을 홍보하고 보건수칙을 지키면 이겨낼 수 있다고 교육했다. 자신을 돌보지 않고 병자들을 섬기는 선교사들의 모습을 통해 기독교에 대한 경계심이 누그러졌다.

14 옥성득, 『한국 기독교 형성사: 한국 종교와 개신교의 만남. 1876-1910』, 295.

15 옥성득, 『한국 기독교 형성사: 한국 종교와 개신교의 만남. 1876-1910』, 293. 스페인 독감이 절정으로 치닫던 1918년 10월부터 이듬해 2월까지 한반도에서의 전염병 사망자 수가 14만 명을 넘었다.

16 2020년 10월 "SBS 창사 30주년 기념 SBS D 포럼"에서 유발 하라리 교수는 "겪어본 적 없는 세상, 새로운 생존의 조건"이란 제목의 기조 강연을 했는데, 그는 코로나 사태 자체는 인류의 멸망에 이르는 공포까지는 아니고 일정 기간이 지나면 종결될 수 있는 위기로 평가하면서 그러나 그 변화의 방향은 인류의 존재 자체를 위협할 수도 있는 매우 본질적인 것이라 주장했다. 그는 인류 파멸의 위기로 다음 세 가지를 예시한다. 핵무기, 자연 생태계 파괴, 그리고 인공지능, 유전자 조작 등 신의 영역으로까지 확장되는 과학 기술 등.

17 마이클 고힌, 『교회의 소명: 레슬리 뉴비긴의 선교적 교회론』, 이종인 역 (서울: IVP, 2021), 194-95.

18 벤더-사무엘 박사는 의사로서 12년 동안 튀지니에서 사역했고 이후 인터서브 선교회 총재로서 12년 동안 사역했다. 2016년부터 Oxford Center for Mission Studies (OCMS) 학장으로 섬기고 있다.

19 Paul Bendor-Samuel, "Covid 19 Trends in Global Mission, and Participation in Faithful Witness," *Transformation* 37(4) (2020): 255-65.

20 Lamin Sanneh, "World Christianity and the New Historiography: History and Global Interconnections," in *Enlarging the Story: Perspectives on Writing World Christian History*, ed. Wilbert R. Shenk (Maryknoll: Orbis Books, 2002), 95.

21 Andrew Walls, "The Transmission of Christian Faith: A Reflection," in *The Wiley Blackwell Companion to World Christianity*, ed. Lamin Sanneh (West Sussex: Wiley & Son's Ltd), 694.

22 서구 기독교의 근간이었던 크리스텐덤은 왜 해체의 길을 걷게 되었는가? 이 과정은 양방향에서 진행되었는데 그 배경은 서로 달랐다. 먼저는 서구사회 내부로부터의 움직임이다. 서구교회는 세속주의와 계몽주의적 세계관에 의해 기독교의 초월적 신앙의 토대가 무너졌으며, 모든 절대적 진리 가능성을 부정하는 포스트모더니즘 세계관의 대두는 서구 사회에 대한 기독교의 지배적 영향력을 심각하게 손상시켰다. 복음은 사회의 공적(公的) 영역으로부터 밀려나 개인적 신념의 영역으로 축소 또는 주변화되었다. 또 다른 움직임은 피선교지 기독교 상황으로부터 유래된 것이다. 서구 기독교의 영향을 받은 선교지 교회들은 크리스텐덤의 확산으로 연결되지 못했다. 이들은 전통문화와 타종교의 압력 속에서 소수파로서 생존해야 했고 정치권력의 비호 아래 성장한 서구 기독교와는 완전히 다른 길을 걸어야 했기 때문이다.

23 Stuart Murray, *Post-Christendom: Church and Mission in a Strange New World* (Eugene: Cascade Books, 2018), 137.

24 Dana L. Robert, *Christian Mission: How Christianity Became a World Religion* (West

Sussex: Wiley-Blackwell, 2009), 67-69.

25 Andrew F. Walls, 2017. "World Christianity and the Early Church," in *Crossing Cultural Frontiers: Studies in the History of World Christianity* (Maryknoll: Orbis Books), 3-17. 앤드류 월스는, 크리스텐덤 이전의 초기 기독교를 다문화적 기독교로 구성된 세계 기독교로 규정하면서, 다문화적이면서 동시에 세계적인 21세기의 세계 기독교를 이 초기 기독교의 이상의 성취로 설명한다.

26 Robert, *Christian Mission: How Christianity Became a World Religion*, 73-74.

27 Robert, *Christian Mission: How Christianity Became a World Religion*, 73. 아마추어 선교의 배경으로 로버트는 "서구로부터 비서구로 향하는 일방통행적 자원주의 선교는, 전방위로 진행되는 이주와 다문화적 네트워크로 대체되었으며, 통신기술의 발달과 항공 여행의 보편화는 평범한 그리스도인들의 다양한 단기 선교사역을 가능케 만들었다"라고 설명한다. 한편, 단기 선교운동이 과연 각종 장벽을 넘어 땅끝을 향한 선교를 효과적으로 이뤄낼 수 있을지, 또한 투여되는 비용에 비해 효율적 방법인지에 대한 비판적인 목소리도 존재한다. 아마추어 선교의 미래에 대해서는 더 깊은 연구가 필요해 보인다.

28 윌리엄 D. 테일러, 『21세기 글로벌 선교학』, 김동화, 문상철, 이현모, 최형근 역 (서울: CLC, 2004), 329-443.

29 테일러, 『21세기 글로벌 선교학』, 59-92, 185-215. 두 논문의 제목은 "세기의 전환기에서 본 글로벌 시나리오", "복음주의 선교학: 세기의 전환기의 미래에 대한 응시"이다.

30 호켄다이크는 "선교적 사고에 있어서 교회"(The Church in Missionary Thinking)라는 논문에서 이 문제를 이야기했다. 이전에는 타문화로 가서 복음을 전해 회심자를 얻고 그들을 중심으로 교회를 설립하면 이 교회들을 통해 자연스럽게 하나님의 통치가 이뤄질 것이란 전제(교회주의)에 기초해 선교가 진행되었다. 그런데 역사적 사례들은 교회가 세워졌음에도 그 지역의 변화로 이어지지 못했음을 보여준다. 왜 이런 일이 벌어지는가? 호켄다이크는 선교의 궁극적 지향점을 '하나님의 뜻'이 아니라 교회 자체에 두었기 때문이라 설명한다. 호켄다이크는 하나님의 피조세계 전체의 회복을 지향하는 하나님의 관점에서 선교가 재정의되어야 하며 "교회는 하나님의 선교를 담아내는 존재가 되어야 한다"라고 주장했다.

31 Johannes Christiaan Hoekendijk, "The Church in Missionary Thinking," *International Review of Mission*, 41(163) (1952): 335-36.

32 고힌, 『교회의 소명: 레슬리 뉴비긴의 선교적 교회론』, 411.

33 크레이그 오트, 『선교신학의 도전』, 엄주연 역 (서울: 기독교문서선교회, 2017), 179.

34 테일러, 『21세기 글로벌 선교학』, 205. 에스코바는 서두에 삼위일체 하나님의 선교학은 기독론 중심의 기존의 선교학적 패러다임을 폐기하는 것이 아니라 삼위일체 하나님의 관점 안에서 기존의 선교학적 틀을 이해하려는 노력으로 설명한다.

35 크리스토퍼 라이트는 『하나님의 선교』(The Mission of God, 2006)와 함께 『하나님 백

성의 선교』(*The Mission of God's People*, 2010)를 출판해 '하나님의 선교'와 '교회의 선교'가 함께 가야 함을 잘 설명했다. 한편 선교적 교회 논의도 선교에 있어서 교회의 중심성을 포기하지 않으면서 하나님의 선교의 통합을 시도한 좋은 예라 할 수 있다.

36 오트, 『선교신학의 도전』, 33.

37 데이비드 보쉬, 『길 위의 영성』, 이길표 역 (서울: 올리브나무, 2011), 119-44. 데이비드 보쉬는, 고린도후서에 나타난 선교사 바울의 모습, 십자가의 예수를 설명하면서 선교의 영성을 '약함의 영성'으로 설명한다. 우월한 문명과 재정적 힘을 통해 전개되던 서구 선교의 모습은 성경적 선교영성과 거리가 있다고 주장한다.

38 Joel Cabrita and David Maxwell, and Emma Wild-Wood, *Relocating World Christianity* (Boston: Brill, 2017), 1.

39 마크 A. 놀, 『나는 왜 세계 기독교인이 되었는가?』, 배덕만 역 (서울: 복있는사람, 2016), 171-82.

40 용어 정리도 주요한 쟁점 중 하나이다. 영어로는 world Christianity 와 global Christianity 가 혼용된다. 서구 기독교의 지리적 확산보다는 각 지역적으로 형성된 기독교적 정체성들의 세계적 연결이라는 관점을 담아내기 위해서, (영어 표현에서) '지리적, 지역적' 의미가 포함된 'global'보다는 'world'를 쓰려는 경향이 강해 보인다. 본 소고에서는 영어와의 일관성을 위해 world Christianity 는 '세계 기독교'로, global Christianity 는 '지구촌 기독교'로 번역할 것이다.

41 이 논문에서 박형진 교수는 world Christianity 를 '세계 기독교'보다는 '지구촌 기독교'로 번역한다.

42 Robert, *Christian Mission: How Christianity Became a World Religion*, 112-13.

43 Hugh McLead, ed., *The Cambridge History of Christianity* Volume 9: *World Christianities C.1914 - C.2000* (Cambridge: Cambridge University Press, 2006).
케임브리지 대학 출판부가 2006 년부터 2010 년에 걸쳐 총 9 권으로 출판한 기독교 역사 시리즈이다. 그리스도부터 21 세기 초에 이르는 시기까지 기독교 역사 전체를 정리했다. 제 8 권과 9 권은 1815 년 이후의 기독교 역사를 기술하고 있는데, 이 시기의 기독교를 복수의 기독교들로 규정하고 기독교 역사를 서술한 점이 눈에 띈다.

44 '세계 기독교'에 관한 학술적 토론은, 앤드류 월스와 라민 사네가 주도해 1992 년부터 시작된 '예일-에딘버러 세계 기독교 및 선교역사학회'를 중심으로 30 년 가까이 진행되고 있다. 이 학회의 연구활동과 의미에 대해서는 이재근 교수의 "세계기독교학의 부상과 연구 현황"(2014)을 참조하라.

45 Wilbert R. Shenk, "Reflections on the Modern Missionary Movement: 1792-1992," *Mission Studies* 9(1) (1992): 75.

46 데이비드 보쉬, 『길 위의 영성』, 이길표 역 (서울: 한국교회선교연구소, 2011), 56.

47 테일러, 『21 세기 글로벌 선교학』, 59-92.

48 Lamin Sanneh, *Translating the Message: The Missionary Impact on Culture* (Mary-

knoll: Orbis Books, 1989);『선교신학의 이해』, 전재옥 역 (서울: 대한기독교서회, 1993).

49 Dana L. Robert, "Naming 'World Christianity': Historical and Personal Perspectives on the Yale-Edinburgh Conference in World Christianity and Mission History," *International Bulletin of Mission Research*, 44(2) (2020): 119.

50 이문장, 앤드류 월스 외,『기독교의 미래: 기독교의 중심이 이동하고 있다』(서울: 청림출판, 2006), 35-36.

51 Lamin Sanneh, *Translating the Message: The Missionary Impact on Culture. Second Edition, Revised and Expanded* (Maryknoll: Orbis Books, 2008), 36-37.

52 앤드루 월스,『세계 기독교와 선교운동』, 방연상 역 (서울: IVP, 2018), 75.

53 이 과정을 가장 극적으로 보여주는 순간이 바로 엡 2:22 이 묘사하는 교회의 모습이다. 앤드류 월스는 이를 '에베소 모멘트'(the Ephesian moment)로 설명한다. "너희도 성령 안에서 하나님이 거하실 처소가 되기 위하여 그리스도 예수 안에서 함께 지어져 가느니라" 교회 내에 다양한 문화, 정체성이 공존하며 이들은 함께 한 성전으로 지어져 간다. 건물을 구성하는 각 벽돌은 각 문화를 통해 형성되는 기독교적 정체성의 다양성을 의미하며, 동시에 이 다양성은 한 그리스도의 몸으로서 연합되고 통일성을 이룬다. 히 11:39-40 로 이를 보여준다.

54 Andrew Walls, *The Cross-cultural Process in Christian History: Studies in the Transmission and Appropriation of Haith* (Maryknoll: Orbis Books, 2002), 79.

55 보쉬,『길 위의 영성』, 114.

56 랄프 윈터, 스티븐 호돈, 한철호 편,『퍼스펙티브스: 성경적.역사적 관점, 개정 4 판』, 정옥배, 변창욱, 김동화, 이현모 역 (고양시: 예수전도단, 2010), 412.

57 Roland Allen, *The Spontaneous Expansion of the Church and the Causes Which Hinder It* (Eugene: Wipf & Stock Publishers, 1962), 96.

58 월스,『세계 기독교와 선교운동』, 468.

59 Allen, *The Spontaneous Expansion of the Church and the Causes Which Hinder It*, 106-07.

60 Bruce K. Camp, "A Theological Examination of the Two-Structure Theory," *Missiology* 23(2) (1995): 207.

61 월스,『세계 기독교와 선교운동』, 459-82. 이 논문은 *The Evangelical Quarterly* 88(2) (1988): 141-55 에 처음 게재되었다.

62 근대선교구조는 근대에 발전된 일반 세속 조직의 효율성을 수용해 급속한 기독교 전파를 이뤄냈고, 평신도 중심의 선교운동을 촉발했으며 여성들의 리더십 기회에도 큰 기여를 했다. 세계의 변화를 위한 교회의 참여를 자극했으며 교파를 넘어선 협력의 문을 열었다.

63 브라이언 스탠리,『1910 에딘버러 세계선교사대회 어떻게 볼 것인가?』, 이용원 역 (서

울: 2010 한국대회, 2010), 151-54. 공식적인 이 대회의 참석자 수는 1,215 명이며 이 중 비서구 출신 참석자의 수는 18 명이었다. 소수의 비서구 출신 참석자들은 자국 교회 대표가 아니라 서구 선교단체 회원이나 초청자 자격으로 참석한 것이었다.

64 이 결의에 따라 IMC 는 (1961 년 WCC 델리회의에서) WCC 산하 조직인 '세계선교와 전도위원회'(Commission on World Mission and Evangelism, CWME)로 통합되었다. 이 변화는 선교의 주체로서 교회의 위치가 명확해진 반면, 선교가 교회의 한 기능으로 축소되고 타문화 선교운동이 위축되는 결과를 초래하기도 하였다.

65 스탠리, 『1910 에딘버러 세계선교사대회 어떻게 볼 것인가?』, 431.

66 윌스, 『세계 기독교와 선교운동』, 493.

67 Bendor-Samuel, "Covid 19 Trends in Global Mission, and Participation in Faithful Witness," 260. 이 구조는 세계화된 기독교 시대에 맞는 '쌍방향 구조'가 되어야 할 것이다. 기독교 역사 학자인 알랜 크라이더(Alan Kreider)도 '보냄과 떠남'의 모델(the sending and going model)에 기초한 근대 선교구조가 근본적으로 변화되어야 한다고 주장한다.

68 Bendor-Samuel, "Covid 19 Trends in Global Mission, and Participation in Faithful Witness," 260.

69 윌스, 『세계 기독교와 선교운동』, 481.

70 Bendor-Samuel, "Covid 19 Trends in Global Mission, and Participation in Faithful Witness," 259. 밴더스-사무엘 박사는 그 이유를 다음 네 가지로 요약한다. (1) 유지 (지속) 불가능한 재정적 구조, (2) 선교의 주체인 지역교회와 분리된 선교단체 중심의 사역. (3) 피선교지 정부들의 비자 통제 (정치적 장벽), (4) 단기 사역 확대 추세와 장기사역 헌신의 감소 등이다. 이런 변화 속에서 전통적 선교구조는 존재의 정당성 자체에 대한 질문에 직면하고 있다.

71 Bendor-Samuel, "Covid 19 Trends in Global Mission, and Participation in Faithful Witness," 261.

72 Phil Parshall, 2001. "Muslim Evangelism: Mobilizing the National Church," *Evangelical Missions Quarterly* 37(1): 44-47. 필자의 멘토인 필 파샬 박사는 1990 년대 이미 이 원칙에 기초해 사역했다. 필리핀 무슬림 선교사로서 그는 대부분 에너지를 필리핀 교회가 무슬림 사역을 주도하도록 하는 데 집중했다. 필리핀 무슬림 선교는 궁극적으로 필리핀 교회가 주도해야 할 사역이며 선교사는 이를 위한 촉매자임을 강조했다.

73 Lesslie Newbigin, "The Enduring Validity of Cross-cultural Mission," *International Bulletin of Missionary Research* 12(2) (1988): 50.

74 Lesslie Newbigin, "Context and Conversion," *International Review of Mission* 68(271) (1979): 310. *International Review of Misssions* 는 1912 년 창간된, 가장 오래된 선교전문 학술지이다. 뉴비긴이 아직 편집인으로 있을 때 저널 제목의 'Missions'를 하나님의 선교를 강조하기 위해 'Mission'으로 바꿔야 한다는 의견이 많았다. 뉴비긴은 바꾸는 것을 끝까지 거부했는데 이유는, Missions 를 단수로 바꾸게 되었을 때, 선교단

체가 약화되고 선교사역이 여전히 필요한 미전도 지역 선교가 위축될 우려했기 때문이다.

75 Craig Ott, ed., *The Mission of the Church: Five Views in Conversation* (Grand Rapids: Baker Academic, 2016), xvi.

76 Donald McGavran, "Will Uppsala Betray the Two Billion?" in *Eye of the Storm: The Great Debate in Mission*, ed. Donald McGavran (Waco: Word Books, 1972), 233-45.

77 Ralph D. Winter, "Ghana: Preparation for Marriage" *International Review of Mission*, 67(267) (1978): 349.

78 크레이그 오트, 『선교신학의 도전』, 447-48.

79 크레이그 오트, 『선교신학의 도전』, 459.

80 Robert, *Christian Mission: How Christianity Became a World Religion*, 73.

81 https://100.daum.net/encyclopedia/view/55XXXXX30973, 특정한 목적을 달성하기 위해 두 개 이상의 기능이나 요소를 결합한 것. 서로 다른 요소의 장점만을 선택해 합친 것으로 성능이나 경제성이 뛰어나다.

82 온라인이 일상화되면서 다양한 하이브리드 형태의 사역이 개발되고 있다. 한 예는, 중동에서 한국어 교육 사역을 하던 선교사가, 한국 내에서 외국인들에게 한국어를 가르치던 자원봉사 단체를 동원해 온라인으로 현지 한국어 관심자들을 연결해 복음전도의 기회를 개발하는 경우이다.

83 크리스토퍼 라이트, "선교의 미래적 동향," 크레이그 G. 바돌로뮤 외 2 인 편『복음주의 미래: 쟁점과 전망』(서울: 기독교문서선교회, 2012), 201-02.

4_낯선 코로나 19 상황에서 기독교의 본질을 발견하고 회복하다

1 Lamin Sanneh, *Translating the Message: The Missionary Impact on Culture* (Maryknoll, NY: Orbis Books, 1989), 211.

2 Lamin Sanneh, *Whose Religion Is Christianity?: The Gospel beyond the West* (Grand Rapids, MI: Eerdmans, 2003), 97.

3 Lamin Sanneh, *Reflections on the Comparative History of Translation in Islam and Christianity* (Unpublished, 2007).

4 예수님께서 어떤 언어를 사용하셨는지에 대해서는 의견이 분분하다. 물론 하나의 언어만 사용하지 않으셨을 것이라는 점은 대개 동의한다. 당시 여러 언어가 사용되고 있었기 때문이다. 하지만 헬라어를 알고 계셨을 것으로 생각되지만 그 언어를 일상 언어로 사용하지는 않으셨을 것이라는 점도 대개 동의한다. 이 주제에 대해 동의가 안 되고 있는 지점은 히브리어를 사용하셨는지 아람어를 사용하셨는지에 대한 것이다. 북부 지역은 아람어로 남부 유대지역은 히브리어를 사용하고 있었을 것이며 성전

중심의 유대인들은 히브리어를 사용하고 있었을 것이라고 추정된다. 본 글과 관련하여 아람어인지 히브리어인지가 관건이 아니라 예수님이 사용하신 언어로 신약이 기록되지 않았다는 점이 핵심이다.

5　앤드류 월스, 『세계 기독교와 선교 운동』, 방연상 역 (서울: IVP, 2018), 26.

6　월스, 『세계 기독교와 선교 운동』, 77.

7　http://www.asiafutureforum.org/2020/ko/program/program.php?type=DAY1, 토마스 프리드먼은 2020 년 아시아미래포럼에서 기조강연의 제목을 "'B.C.'(Before Corona, 코로나 이전)와 'A.C.'(After Corona, 코로나 이후)의 세계"로 정했다.

8　정민, 『옛 사람이 건넨 네글자』 (서울: 휴머니스트, 2016), 217-8.

9　앤드류 월스, 『세계 기독교와 선교 운동』 (서울: IVP, 2018), 29.

10　폴 히버트, 『선교와 문화인류학』 (서울: 죠이선교회, 2018), 271.

5_진정한 동반의 길을 찾아서

1　영어 단어 'partnership'의 적합한 우리말 번역에 대해 고민했으나 '동반', '동역', 혹은 '협력' 모두 필자가 의도하는 것을 담지 못해 음역인 '파트너십'을 그대로 사용한다. 이 글에서 '파트너십'은 단순히 업무를 위해 협약을 맺는 관계를 넘어서 선교의 길을 함께 걸어가는 길동무의 의미가 강하다. 그 여정 안에서 일어나는 동반, 동역, 협력을 모두 아우르는 표현이라고 정의한다.

2　James Scherer, *Gospel, Church and Kingdom: Comparative Studies in World Mission Theology* (Minneapolis: Augsburg Publishing House, 1987), 33.

3　Taylor W. Denyer, "Decolonizing Mission Partnerships: Evolving Collaboration between United Methodists in North Katanga and the United States of America," (DTh diss., The University of South Africa, 2018), 66.

4　예를 들면 1947 년 위트비에서 열린 IMC 에서는 '순종안에서의 파트너십'이라는 문구가 지배적으로 사용되었고, 자원의 불균형문제에 대한 인식이 첨예해진 1972 년 방콕 세계교회협의회(WCC) 이후 교회간의 자원의 나눔/재분배의 의미로서 '코이노니아'가 널리 쓰이게 되었다.

5　Graham Duncan, "The Growth of Partnership in Mission in Global Mission History during the Twentieth Century," *HTS Theological Studies* 63(3) (2007): 1033-65. 20 세기에 일어난 파트너십에 대한 논의는 그라함 던컨(Graham A. Duncan)에 의해서 자세히 소개되었다.

6　Duncan, "The Growth of Partnership in Mission in Global Mission History during the Twentieth Century," 1040.

7　선교지교회와 피선교지교회의 관계를 이야기 할 때 '기존교회'(older church)/'신생교

회'(younger church) 이외에도 다양한 용어가 사용되고 있다. '서구교회/비서구교회,' '북반구교회/남반구교회' 등이 그 예이다. 피선교지 교회였고 비서구교회, 남반구교회에 속했다고 볼 수 있는 한국교회가 세계에서 가장 많은 선교사를 파송하는 교회중의 하나가 된 현재 이러한 구분이 한국교회의 입장에서는 적절하지 않지만, 이 글에서는 '기존교회'/'신생교회'라는 용어로 선교사가 속한 교회와 피선교지의 교회를 구분하도록 하겠다.

8 Denyer, "Decolonizing Mission Partnerships: Evolving Collaboration between United Methodists in North Katanga and the United States of America," 69.

9 Samuel Cueva, *Mission Partnership in Creative Tension* (UK: Langham Partnership, Perlego, 2015), chapter 1.

10 Duncan, "The Growth of Partnership in Mission in Global Mission History during the Twentieth Century," 1046.

11 E. Castro, "Bangkok: The New Opportunity," *International Review of Mission 62*, 246 (1973): 140.

12 식민주의와 신식민주의가 기존교회와 신생교회의 관계에 미친 영향은 요어그 리거(Joerg Rieger) (2004)의 소논문과 테일러 덴여(2018)의 논문 2장을 참조하였다.

13 David Bosch, *Transforming Mission: Paradigm Shifts in Theology of Mission* (Maryknoll: Orbis Books, 1991), 303.

14 Bosch, *Transforming Mission: Paradigm Shifts in Theology of Mission*, 298.

15 Albert Memmi, *The Colonizer and the Colonized* (London: Earthscan Publications, 1974), 8.

16 신식민주의는 기존의 직접적인 군부통치나 간접적 정치적 영향력 대신에 경제적/문화적 제국주의, 세계화, 조건부 원조 등을 이용하여 저개발국에 영향을 행사하는 관행이다(위키피디아).

17 Denyer, "Decolonizing Mission Partnerships: Evolving Collaboration between United Methodists in North Katanga and the United States of America," 56.

18 Joerg Rieger, "Theology and Mission Between Neocolonialism and Postcolonialism," *Mission Studies*, 21(2) (2004): 209.

19 한반도와 관련된 국제 이슈에서 한국이 소외된 채 주변국끼리만 논의가 진행되는 현상을 코리아 패싱이라고 하는데, 현지의 선교에서 현지교회가 소외되는 현상을 빗댄 말이다.

20 이슬람 상황에서 '하나님의 아들'이란 표현은 신성모독으로 간주한다. 따라서 성경번역 시 이 표현을 그대로 번역할 것인가에 관해 서로 다른 견해가 존재한다.

21 Jay Matenga, "Centring the Local: The Indigenous Future of Mission," presented at the Wycliffe Global Alliance/SIL "Together in Christ 2021" Conference(2021).

22 Matenga, "Centring the Local: The Indigenous Future of Mission," 4.

23 Matenga, "Centring the Local: The Indigenous Future of Mission," 3.

24 Matenga, "Centring the Local: The Indigenous Future of Mission," 4.

25 랄프 윈터, "네 사람, 세 시대, 두 전환기: 현대선교,"『퍼스펙티브: 성경적. 역사적 관점』, 랄프 윈터, 스티브 호돈, 한철호 편, 정옥배, 변창욱, 김동화, 이현모 역 (고양시: 예수전도단, 2010, 557. 랄프 윈터(Ralph D. Winter)는 "네 사람, 세 시대, 두 전환기: 현대선교"라는 글에서 수단 내지 선교회의 해럴드 풀러가 말한 선교활동의 네 단계를 소개한다. 그 네 단계는 영어 알파벳 P를 머리글자로 한 것으로 개척자(pioneer), 부모(parent), 협력자(partner), 참여자(participant) 단계이다.

26 현지의 R 시에 있는 기독교 연구소(Christian Study Center) 소장이며 성공회 주교인 S 사제가 필자가 현지에서 출석하는 교회에 초대되어 2021년 7월 25일에 요한복음의 오병이어 사건을 본문으로 설교하였다. 설교 중에 아주 짧게 "오병이어를 가지고 온 아이에게서 파트너십의 문제를 생각해 볼 수 있다"라고 언급했는데, 파트너십에서의 재정에 대한 성찰은 그 부분에서 영감을 받았음을 밝힌다.

6_새 시대, 새로운 세대를 위한 새로운 선교전략: 아랍 MZ 세대 분석을 통한 로드마스터(Road Master) 사역을 중심으로

1 2, 3장은 Muslim-Christian Encounter 2022 의 "개인화가 가속되는 아랍 MZ 세대에 관한 분석"을 요약 정리 및 첨가한 것이다.

2 사우디 아라비아, 아랍에미리트, 카타르, 쿠웨이트, 바레인, 오만

7_메나(MENA) 지역에서의 코로나 이후 선교적 도전들

1 MENA(Middle East & North Africa)는 중동과 북아프리카의 영어 약자이다. 중동과 북아프리카 영역 내지는 서남아시아와 북아프리카 영역을 합친 영역을 말한다.

2 MENA 4 개국은 서남아시아 A 국, 중동 B 국, 아랍 C 국, 북아프리카 D 국을 말한다.

3 데이비드 보쉬,『선교신학-신학적 관점에서 본 선교』, 전재옥 역 (서울: 두란노서원, 1985).

4 David Bosch,『변화하는 선교』, 김만태 역 (서울: 기독교문서선교회, 2017), 29.

5 사역지 이동이라 하지 않고 사역지 확장이라는 용어를 사용한 이유는 사역의 단절이 아니라 사역의 연속성이 있었기 때문이다.

6 박바울, "중동의 정치변동과 이집트교회의 마지막 선교운동,"「미션투데이」(2014)에서 요약 인용함.

7 '모까담'은 콥트 정교회가 성지로 추앙하는 동굴교회인 성 시몬 사원이 있는 곳이다. 기도의 사람이었던 구두 수선공인 시몬은 애꾸눈이었는데, 그는 이슬람 술탄의 핍박에 대항해 '기도로 산을 옮기는' 기적을 행한 사람으로 알려져 있다. 이 사건은 콥틱 교회의 신앙적 단호함을 보여주는 대표적 사례로 알려져 있다.

8 데탕트의 뜻은 긴장 완화.

9 지하드 3.0 을 대표하는 알카에다, 지하드 4.0 을 대표하는 ISIS 로, 지하드 5.0 은 차세대 지하디스트를 의미한다.

10 박보라, 『ISIS 의 미디어 전략과 테러담론』 (서울: INSS 연구보고서, 2020), chapter 3.

11 앨런 크라이더, 『초기 교회와 인내의 발효』 (서울: IVP, 2021), 485. 앨런 크라이더는 "어쩌면 초기 그리스도인이 우리에게 새로운 관점을 제공하고 잃어버린 유산을 알려줄지도 모른다"라고 했는데, 이 말이 현실화되는 것을 경험하게 될지도 모른다.

12 Klaus Koschorke, "New Maps of the History of World Christianity: Current Challenges and Future Perspectives," *Theology Today* 71(2) (2014): 191.

13 고성준, 『데스티니: 하나님의 계획』 (서울: 규장, 2016), 33.

8_코로나 19 팬데믹 시대에 선교사 역할 재고와 All-Line 선교방식 제안

1 2021 년 7-8 월에 필자가 사역하던 동남아시아 M 국에 코로나 대유행이 있었다. 코로나 사태에 설상가상으로 2021 년 2 월 쿠데타가 발생하여 의료체계가 마비됨으로 많은 현지인이 생명을 잃었다. 심지어 현지 한국교민들도 생명을 잃었다. 코로나 감염으로 호흡이 어려운 중증 환자의 호흡을 돕기 위해서 산소가 필요했는데, 산소통에 산소를 채우기 위해 수많은 인파가 몰렸다. 이 어려운 상황을 극복하기 위해 한국교회와 단체가 모금하여 산소 공급기와 의약품을 M 국에 보내는 운동이 일기도 하였다.

2 최재천 외, 『코로나 사피엔스』 (서울: 인플루엔셜, 2020), 39-40.

3 https://www.joongang.co.kr/article/23743189#home (중앙일보, 2020.3.31.).

4 코로나 팬데믹 상황에서 대부분 학생이 ZOOM 과 기타 온라인 플렛폼으로 온라인 수업을 경험하였다.

5 제이슨 솅커 『코로나 이후의 세계』, 박성현 역 (고양시: 다빈치하우스-미디어숲, 2020).

6 박영숙, 『세계미래보고서 2021』 (고양시: 비지니스북, 2020), 362.

7 그 예로써, 우선 불확실한 상황에서 정부들은 코로나의 대규모 전염과 사망을 줄이기 위하여 법적인 구속력으로 검증되지 않은 백신을 국민에게 접종하도록 하였다. 또한 학교에서의 대규모 감염을 막기 위하여 등교를 제한하고 수업을 온라인으로 전환시켰다. 또한 식당과 카페 같은 전염 가능성이 높은 업종에 대하여 영업을 제한시키기도 하였다.

8 Yuval Noah Harari, "The World after Corona-virus," 「Financial Times」 (2020). https://www.ft.com/content/19d90308-6858-11ea-a3c9-1fe6fedcca75.

9 이규대, "코로나 19 펜데믹 상황과 아시아 선교," 「선교와 신학」 52 (2020): 109-12.

10 인도의 경우 비즈니스 비자 발급 시 정말 비즈니스를 활발히 하고 있는지를 검토하고 그렇지 않은 경우 비자를 발급하지 않아서, 선교 사역자들 가운데 인도를 떠나야 하는 경우가 많아지고 있다고 한다.

11 정부가 모든 모임이 금지한 동남아시아 M 국의 상황이 한 예다. 정부의 강력한 단속이 시행되자, 처음에는 어떻게 해야 할지 몰라 당황했으나, 현지 사역자들이 Facebook을 이용해 실시간 방송을 통해 말씀을 전하기 시작했다. 시간이 지나서 YouTube를 이용한 설교방송이 많아졌다. 최근에는 Zoom을 이용한 성경공부와 예배가 진행되고 있다.

12 클라우스 슈밥, 『위대한 리셋』, 이진원 역 (서울:메가스터디, 2021), 16-17.

13 위의 세 시대는 해안선 선교(1792-1910), 내지 선교(1865-1980) 그리고 미전도종족 선교로 구분되었다.

14 FMnC 선교회, 『온라인으로 선교합니다』 (서울: 두란노서원, 2021), 28-34.

15 지난 2년여 동안 코로나 위기로 인해 모든 것이 정지한 듯 보였지만, 어학원을 통해 진행된 사역들은, 운영진들의 발 빠른 대처로 인해 오히려 사역이 성장했다. 온라인 교육 시스템을 갖추고 이에 적합한 교육 콘텐츠를 개발해 빠른 전환을 시도했는데 이를 통해 기존 오프라인 학생들을 온라인 교육으로 흡수했을 뿐 아니라, 전국적으로 새로운 학생들을 모집할 수 있었다.

16 이규대, "코로나 19 펜데믹 상황과 아시아 선교," 109-12.

17 조흥국, "동남아시아의 기독교선교 전략," 「동남아선교정보센터」 (2021): 8. (http://www.seamission.net)

18 FMnC 선교회, 『온라인으로 선교합니다』, 45-47.

19 FMnC 선교회, 『온라인으로 선교합니다』, 107-08.

20 도시 사회학자인 레이 올덴버그(Ray Oldenburg)는 공간을 나눌 때, '제 1 장소'는 가정, '제 2 장소'는 일터, 그리고 '제 3의 공간'은 접근하기 쉽고 수용성이 높으며 중립적인 장소인 '공공의 공간'(the public sphere)이라고 구분한다.

21 주상락, "포스트 코로나시대의 전도와 선교: 총체적 공간선교, 전도," 「한국실천신학회」 제 78 회 정기학술세미나 (2020): 116-17.

22 https://www.christiantoday.co.kr/news/339284 (크리스천투데이, 2021.4.9.).

23 최윤식 박사는 지금 시작된 메타버스가 보편화되려면 최소 10-20 년의 시간이 더 필요하다고 본다. 인공지능 아바타, 홀로그램, 지연 없는 초실감 가상현실, 6G-7G 기술, 휴먼 인터페이스, 웨어러블 컴퓨터, 3D 그래픽 및 디스플레이 등 다양한 미래기술들이 완성단계에 들어서야 하기 때문이다.

24 최윤식, 최현식, 『빅체인지 한국교회』 (서울: 생명의말씀사, 2021), 428.

25 교회의 역사적 변화는 다음과 같다. '교회 1.0'은 오순절 성령강림과 함께 시작된 사도행전 내에서의 교회를 말한다. '교회 2.0'은 기독교가 콘스탄티누스 황제 치하에서 로마제국의 지배적인 종교가 되었을 때 시작되었다. '교회 3.0'은 종교개혁으로 시작된 교회들을 의미한다.

26 Guichun Jun "Virtual Reality Church as a New Mission Frontier in the Metaverse: Exploring Theological Controversies and Missional Potential of Vertual Reality Church," *Transformation* (2020): 1-2.

27 최윤식, 최현식, 『빅체인지 한국교회』, 433.

28 레슬리 뉴비긴, 『오픈 시크릿』, 홍병룡 역 (서울: 복있는사람, 2012), 110-11.

9_Has anything changed? Participation in God's mission in the light of the Covid-19 pandemic

1 https://www.thelancet.com/journals/lanplh/article/PIIS2542-5196(20)30305-3/fulltext accessed 11 March 2022.

2 https://www.thelancet.com/journals/lancet/article/PIIS0140-6736(21)02796-3/fulltext accessed 11 March 2022.

3 See *Trends in Global Mission, Covid-19 and God's Work among Muslims* in Muslim-Christian Encounter. Torch Trinity Centre for Islamic Studies Journal Vol 13, Number 2, September 2020, p127ff. Also Covid-19, Trends in Global Mission and Participation in Faithful Witness. Transformation, Volume 37 No 4 October 2020.

4 https://policy-practice.oxfam.org/resources/inequality-kills-the-unparalleled-action-needed-to-combat-unprecedented-inequal-621341/ accessed17 Jan 2022.

5 https://ourworldindata.org/urbanization accessed 10 March 2022.

6 https://www.habitatforhumanity.org.uk/what-we-do/slum-rehabilitation/what-is-a-slum/ accessed 10 March 2022.

7 https://www.kateraworth.com/doughnut/ accessed 10 March 2022.

8 https://www.unhcr.org/uk/figures-at-a-glance.html accessed 10 March 2022.

9 https://www.internal-displacement.org/database/displacement-data accessed 17 January 2022.

10 Migration and the Making of Global Christianity. Jehu Hanciles. Eerdmans, Michigan, 2021.

11 https://reliefweb.int/report/world/alert-2021-report-conflicts-human-rights-and-peacebuilding accessed 10 March 2022, https://www.visualcapitalist.com/mapped-where-are-the-worlds-ongoing-conflicts-today accessed 10 March 2022

12 https://www.un.org/en/un75/new-era-conflict-and-violence accessed 10 March 2022.

13 https://www.independent.co.uk/news/science/stephen-hawking-transcendence-looks-at-the-implications-of-artificial-intelligence-but-are-we-taking-ai-seriously-enough-9313474.html accessed 11 March 2022.

14 See Charles van Engen for an Integrated Model of Mission Theology and Practice: Van Engen, Charles. *Transforming Mission Theology.* Pasadena: William Carey Library, 2017. p25-27.

15 Kreider A & Kreider E. Worship and Mission after Christendom, Milton Keynes, Paternoster 2009 p.16.

16 David J Bosch, Transforming Mission: Paradigm Shifts in Theology of Mission. Orbis Books, New York, 1991.

17 Willie James Jennings, Acts. Westminster John Knox Press, Kentucky, 2017, 11.

18 Carlos F Cardoza-Orlandi and Justo L Gonzales. To all Nations, from all Nations: a History of the Christian Missionary Movement. Abingdon Press, Nashville, 2013 p67-68.

19 Michael W Stroope. Transcending Mission: The Eclipse of a Modern Tradition. Apollos (IVP), London, 2017.

20 See, for example, Al Tizon, Transformation after Lausanne: Radical Evangelical Mission in Global-Local Perspective. Regnum, Oxford, 2008.

21 See, for example, Alan Kreider, The Patient Ferment of the Early Church, Baker Aacdemic, Grand Rapids, 2016 and Michael Green, Evangelism in the Early Church, Highland Books, Sussex, 1984.

22 https://weamc.global/lb2020-2/ accessed 12 March 2022.

23 See for example, David Garrison, A Wind in the House of Islam, WIGTake Resources, 2014.

24 Alan Kreider, The Patient Ferment of the Early Church, Baker Aacdemic, Grand Rapids, 2016 p158.

25 See, for example, Christopher J H Wright, The Mission of God: Unlocking the Bible's Grand Narrative. IVP, Nottingham, 2006

26 P Bendor-Samuel, Challenge and Realignment in the Protestant Cross-Cultural Mission Movement. Transformation, (Sage) Vol 34, Number 4 October 2017, p267-281.

27 Donald Senior. Correlating Images of Church and Images of Mission in the New

Testament. Missiology: An International Review, Vol. XXIII, No. I, January 1995.

[28] Paul S Minear. Images of the Church in the New Testament. Westminster Press, Philadelphia, 1975. See also John Driver. Images of the Church in Mission. Herald Press, Philadelphia, 1997.

저자소개

폴 벤더 사무엘(Paul Bendor-Samuel)
현 OCMS(Oxford Centre for Mission Studies) 학장, 전 국제인터서브 선교회 국제총재

정민영
전 위클리프(Wycliffe Global Alliance) 국제 부대표, 전 성경번역선교회(GBT) 공동대표

임태순
GLF(Global Leadership Focus) 사역본부장, 아신대 선교학 외래교수, 전 개척선교회(GMP) 대표

권성찬
현 한국해외선교회(GMF) 대표, 전 성경번역선교회(GBT) 대표, 전 위클리프 아시아-태평양 대표

한종석
성경번역선교회(GBT) 선교사

제이홍
개척선교회(GMP) 선교사

이브라함
전문인협력기구(HOPE) 선교사

박아브라함
기술과학전문인선교회(FMnC) 선교사